本书获2023年度广西高等教育本科教学改革工程项目一般A类项目
高校外语语言学课程'学研用'教学模式的研究与实践"（项目编
本书系广西外国语学院翻译硕士点建设资助成

同题语篇视域下的中国英语学习者
衔接与连贯的实证研究

莫连花　姚　康　吴丹丹
黄显英　黄艳杰　胡晓雯　◎著

吉林大学出版社
·长春·

图书在版编目（CIP）数据

同题语篇视域下的中国英语学习者衔接与连贯的实证研究 / 莫连花等著. -- 长春：吉林大学出版社，2025.
5. -- ISBN 978-7-5768-5042-0

Ⅰ．H319.3

中国国家版本馆 CIP 数据核字第 20255LN045 号

书　　　名：	同题语篇视域下的中国英语学习者衔接与连贯的实证研究
	TONGTI YUPIAN SHIYU XIA DE ZHONGGUO YINGYU XUEXIZHE XIANJIE YU LIANGUAN DE SHIZHENG YANJIU
作　　　者：	莫连花　姚　康　吴丹丹　黄显英　黄艳杰　胡晓雯
策划编辑：	卢　婵
责任编辑：	卢　婵
责任校对：	单海霞
装帧设计：	文　兮
出版发行：	吉林大学出版社
社　　　址：	长春市人民大街 4059 号
邮政编码：	130021
发行电话：	0431-89580036/58
网　　　址：	http://press.jlu.edu.cn
电子邮箱：	jldxcbs@sina.com
印　　　刷：	武汉鑫佳捷印务有限公司
开　　　本：	787mm×1092mm　　1/16
印　　　张：	22
字　　　数：	240 千字
版　　　次：	2025 年 5 月　第 1 版
印　　　次：	2025 年 5 月　第 1 次
书　　　号：	ISBN 978-7-5768-5042-0
定　　　价：	98.00 元

版权所有　翻印必究

前　言

　　衔接与连贯性作为语篇分析的核心概念，引起语言学、写作研究、教育学、认知心理学等多个学科的广泛关注。自20世纪60年代语篇分析作为独立研究领域兴起以来，学者们逐渐超越句子层面的语言使用，深入探讨如何理解与构建连贯的篇章。特别是Halliday和Hasan在1976年出版的 *Cohesion in English*，详细阐述了衔接的多种形式，包括指代、替代、省略、连接和词汇衔接，为后续研究奠定了坚实基础。根据他们的理论，衔接性是篇章连贯性的表层特征；而连贯性则涉及篇章意义的整体性和逻辑性，既依赖于语言形式，也依赖于读者的背景知识和认知能力。

　　连贯性是一个主观概念，强调读者如何理解和解释篇章内容；而衔接性则是可观察的语言特征，帮助读者掌握篇章结构与意义。Halliday与Hasan的理论对后来的写作教学、文本分析及自然语言处理等领域产生了深远的影响。

　　同题语篇研究是应用语言学领域内一项重要且常见的研究方法，旨在通过要求参与者根据相同的题目或情境进行写作或口语表达，从而收集并分析生成的文本或语料。这种方法不仅便于比较来自不同背景（如母语背景、学习阶段、教育背景等）的人在语言运用上的异同，还为研究者提供了丰富的分析视角。同题语篇研究的目的和意义具有多维度和深远性。首先，它有助于语言能力分析。通过对比不同人群在相同题目下产生的语言材料，研究者能够评估和理解他们的语言能力，特别是在词汇运用、语法正确性及语篇结构等方面的发展。其次，对于语言教师而言，分析学生的同题语篇能够揭示共性错误和学习问题，从而为教学实践提供反馈，帮助调整教学策略和内容。再次，同题语篇研究还具有重要的评估工具开发价值。在语言测试和评估领域，研究能够帮助开发者理解不同水平语言使用者的表现，进而设计出更为科学和合理的评估标准和工具。最后，它对第二语言习得研究也提供了关键的视角，揭示语言习得过程中的规律性与个体差异，帮助我们更深入地理解语言习得的内在机制。

　　跨文化交流是同题语篇研究的重要领域，通过分析不同文化背景下的语言使用者如何处理同一个话题，研究者可以探讨文化因素对语言表达和交流的影响。此外，同题语篇还可以作为构建专门语料库的资源，这些语料库对语言学研究及自然语言处理技术的发展具有重要意义。同时，研究结果能够为写作指导提供实证支持，帮助学习者认识优秀写作的特点，从而提升其写作能力。然而，同题语篇研究面临的挑战在于确保研究设计的有效性和语料的可比性，需要考虑不同参与者的个体差异如何影响他们的语言产出。通过精心设计研究和严格控制变量，同题语篇研究能够为语言学习和教学提供深刻的洞见，推动教育实践与理论的发展。

　　简而言之，语篇衔接与连贯性的研究为理解语言使用和文本结构提供了重要视角，并为教育实践提供了理论支持。通过跨文化交流的同题语篇研究，我们能够深入洞察语言学习和教学，推动教育理论与实践的发展。因此，本书将在跨文化交流的背景下探讨中国英语学习者在语篇衔接与连贯性方面的使用特征，旨在为英语学习提供可借鉴的数据。

莫连花　姚　康　吴丹丹
黄显英　黄艳杰　胡晓雯
2025年3月

目 录

引　言 ………………………………………………………… 1
　一、衔接与连贯的研究背景 ………………………………… 1
　二、同题语篇研究概述 ……………………………………… 4

第一章　语篇衔接和连贯理论 ………………………………… 6
　一、语篇衔接理论 …………………………………………… 6
　二、主要的语篇衔接手段示例 ……………………………… 8
　三、语篇连贯 ………………………………………………… 10
　四、主要的语篇连贯手段 …………………………………… 20
　五、本章小结 ………………………………………………… 24

第二章　语篇衔接和连贯的研究方法 ………………………… 26
　一、语篇衔接的研究方法 …………………………………… 26
　二、语篇连贯的研究方法 …………………………………… 37
　三、本章小结 ………………………………………………… 57

第三章　语篇衔接和连贯研究范式 …………………………… 59
　一、语篇衔接的研究范式 …………………………………… 59

—1—

二、语篇连贯的研究范式 ·················· 69
　　三、本章小结 ·························· 76

第四章　语篇衔接和连贯研究相关理论框架 ·········· 78
　　一、语篇衔接研究相关理论框架 ··············· 78
　　二、语篇连贯研究相关理论框架 ··············· 85
　　三、本章小结 ·························· 93

第五章　语篇衔接和连贯研究文献综述 ············· 95
　　一、语篇衔接文献综述 ···················· 95
　　二、语篇连贯研究文献综述 ················· 115
　　三、本章小结 ························· 131

第六章　中国英语学习者语篇衔接特征研究 ·········· 133
　　一、中国英语学习者语篇衔接特征研究背景 ········ 133
　　二、本章拟解决的问题 ··················· 141
　　三、本章拟采用的研究方法 ················· 141
　　四、本章的研究内容 ···················· 144
　　五、中国英语学习者语篇衔接类型以及频次列表 ····· 145
　　六、中国英语学习者衔接使用的类型以及频次特征结论 ·· 147
　　七、中国英语学习者衔接类型以及频次特征讨论 ····· 148
　　八、英语母语者衔接类型以及出现频次数据 ········ 154
　　九、英语母语者语篇衔接类型以及频次结论 ········ 154
　　十、英语母语者语篇衔接类型以及频次讨论 ········ 155
　　十一、中国英语学习者与母语者的语篇衔接类型
　　　　以及频次对比结果 ·················· 158

十二、中国英语学习者与母语者的语篇衔接类型
　　　　　以及频次对比结果讨论 …………………………… 159
　　十三、同题语料视域下中国英语学习者语篇衔接研究的
　　　　　学术价值 …………………………………………… 163
　　十四、同题语篇视域下中国英语学习者语篇衔接研究的
　　　　　应用前景 …………………………………………… 165
　　十五、本章小结 …………………………………………… 166

第七章　中国英语学习者语篇连贯特征研究……………… 168
　　一、中国英语学习者语篇连贯特征研究背景 …………… 168
　　二、本章拟解决的问题 …………………………………… 177
　　三、本章拟采用的研究方法 ……………………………… 178
　　四、本章的主要研究内容 ………………………………… 178
　　五、中国英语学习者语篇连贯类型以及频次数据 ……… 180
　　六、中国英语学习者语篇连贯类型以及频次总结 ……… 183
　　七、中国英语学习者语篇连贯类型以及频次讨论 ……… 184
　　八、英语母语者语篇连贯类型以及频次总数据 ………… 193
　　九、英语母语者语篇连贯类型以及频次总结 …………… 194
　　十、英语母语者语篇连贯类型以及频次的结果讨论 …… 194
　　十一、中国英语学习者与母语者语篇连贯类型以及频次对比 … 197
　　十二、中国英语学习者与母语者语篇连贯类型
　　　　　以及频次对比结果讨论 …………………………… 198
　　十三、同题语篇视域下中国英语学习者语篇连贯研究的
　　　　　学术价值 …………………………………………… 202

十四、同题语篇视域下中国英语学习者语篇连贯研究的

　　　应用前景 …………………………………………… 203

十五、本章小结 ………………………………………… 204

结　语 ……………………………………………………… 206

一、研究发现 …………………………………………… 206

二、本研究对未来的启示 ……………………………… 209

三、对策与建议 ………………………………………… 210

参考文献 …………………………………………………… 212

附录1　中国英语学习者衔接的案例分析 ……………… 227

附录2　英语母语者衔接案例分析 ………………………… 277

附录3　中国英语学习者连贯的案例分析 ………………… 291

附录4　英语母语者连贯的案例分析 ……………………… 334

引 言

一、衔接与连贯的研究背景

衔接是语篇分析（discourse analysis）中的重要概念，也是语言学、写作研究、教育学和认知心理学等多个学科关注的焦点。在20世纪60年代，语篇分析开始作为一个独立的研究领域出现，关注如何超越句子级别分析语言的使用。Halliday和Hasan在1976年的 *Cohesion in English* 中详细探讨了衔接的各种方式，如指代、替代、省略、连接和词汇衔接，为后续研究奠定了基础。Halliday和Hasan认为，衔接是构成篇章连贯性的表层特征，而连贯性则是更为深层的概念，涉及篇章意义的整体性和逻辑性。连贯性不仅仅依赖于语言形式的衔接手段，还依赖于读者的背景知识、对篇章主题的理解以及认知推理能力。一个文本可能在表面上具有衔接性，但如果读者不能理解其深层意义或无法将信息片段整合成一个有意义的整体，那么这个文本对于读者来说就不是连贯的。因此，连贯性是一个更为主观的概念，它涉及读者如何理解和解释篇章内容，而衔接性则是篇章中具体可观察到的语言特征，它帮助读者理解篇章的结构和意义。Halliday和Hasan的理论对后来的写作教学、文本分析以及自然语言处理等领域产生了深远影响。

（一）认知科学与文体学的影响

认知科学和文体学是两个不同但相互关联的领域，它们对语篇衔接与连贯的研究产生了深远的影响。

1.认知科学的影响

（1）模型构建：认知科学对语篇理解过程的研究帮助语言学家构建了语篇理解的认知模型，如心理表征理论和概念整合理论。这些模型试图解释人们如何在大脑中构建和理解连贯语篇的心理表征。

（2）工作记忆：认知科学中的工作记忆概念对理解语篇衔接和连贯性至关重要。读者或听者利用工作记忆来存储信息、建立联系和推理，使语篇在心理层面上连贯。

（3）认知负荷：认知科学的认知负荷理论影响了我们对语篇复杂性的理解。如果语篇衔接手段使用得当，可以减少读者的认知负荷，提高信息处理的效率。

（4）注意力和知觉：研究如何通过视觉和听觉线索来指导注意力，有助于理解语篇中的衔接信号如何影响读者对信息的接收和处理。

（5）语篇理解策略：认知科学研究表明，语篇理解是一个动态的、策略性的过程，这促使语言学者研究个体如何使用不同的策略来理解和构建连贯的语篇。

2.文体学的影响

（1）文本分析：文体学提供了一系列工具和方法来分析文本，包括语篇衔接和连贯性。文体分析可以揭示特定文体中衔接手段的使用及其对读者期待的影响。

（2）修辞和风格：文体学研究中的修辞和风格理论对理解语篇连贯性有重要作用。它们帮助分析作者如何使用语言来影响读者的理解和情感反应。

（3）叙述结构：文体学中的叙述学研究提供了分析叙述文本结构的框架，这些结构通常对语篇的衔接和连贯性起着关键作用。

（4）文本功能：文体学研究强调文本的社会功能和交际目的，这影响了语篇衔接和连贯性的研究，因为不同的交际目的可能需要不同的衔接策略。

（5）多模态分析：随着文体学向多模态文本分析的拓展，对图像、声音等非言语元素与语言元素如何共同工作以构建连贯性的理解也在增加。

总的来说，认知科学提供了理解语篇衔接与连贯性的心理机制和过程的框架，而文体学则提供了分析文本如何在形式和功能上实现连贯性的工具。两者相结合为语篇分析提供了一个更加全面、深入的理解视角。

（二）写作教学

在写作教学领域，衔接和连贯性成为教学重点，尤其是在英语作为第二语言（English as a second language，ESL）和英语作为外语（English as a foreign language，EFL）的教学中。衔接和连贯性理论在教学中的应用主要体现在以下几个方面。

（1）课程设计与教学策略：教师可以根据衔接和连贯性理论来设计课程，确保教学内容有逻辑性和层次性，有助于学生理解和吸收知识。在语言教学中，特别是在写作和阅读理解课程中，教师可以直接教授衔接手段如代词重指、同义词替换、连接词使用等，帮助学生构建连贯的文本。

（2）促进阅读理解：教师可以通过衔接和连贯性的练习提高学生的阅读理解能力，例如，通过标出文本中的衔接手段，让学生识别和理解文中的联系。通过讨论文本连贯性的不同方面，教师可以帮助学生发展批判性思维和深层次的理解能力。

（3）提升写作能力：在写作教学中，教师可以引导学生如何使用连接词、照应、省略等手段，使他们的写作更加流畅和连贯。通过分析优秀的写作示例，教师可以展示如何在段落和全文层面构建连贯性，帮助学生提高自己的写作水平。

（4）提高语言交际能力：在口语交际教学中，教师可以强调连贯性的重要性，教授学生如何在对话中保持话题的连贯和衔接，提高交际的流畅性和有效性。

通过角色扮演和模拟对话，学生可以在实际语境中练习运用衔接和连贯性手段。

（5）评估与反馈：教师可以使用衔接和连贯性作为评估学生写作和口语表达的标准之一。在给予学生反馈时，教师可以具体指出文本中的衔接和连贯性问题，并给出改进建议。

（6）语言测试：在语言能力测试设计中，衔接和连贯性是评估学生综合语言运用能力的重要方面。测试题目可以专门设计来评估学生在衔接和连贯性方面的理解和应用能力，如完形填空、段落排序题等。在应用这些理论时，教师需要根据学生的具体情况和学习需要灵活调整教学方法，并且持续跟踪学生的进展，以确保教学效果的最大化。

（7）不同领域的融合：20世纪90年代，跨学科的研究日益增多，语篇分析、语言学、认知心理学、社会心理学、教育学等领域的研究者对衔接和连贯性进行了更为深入的探讨。认知语言学与语篇分析的融合：认知语言学的发展对语篇分析产生了影响，研究者开始关注读者在理解语篇时的心理表征和推理过程。多模态和数字媒体：随着互联网和数字媒体的普及，衔接与连贯性的研究扩展到了多模态语篇分析，包括图像、视频和在线交流。

（8）当前趋势：衔接和连贯性的研究继续发展，并且开始利用大数据和自然语言处理技术来分析大规模语篇数据集。研究者也在探索文化和跨文化因素如何影响语篇的衔接和连贯性。

二、同题语篇研究概述

同题语篇研究（prompt-based writing research）是应用语言学领域中常见的研究方法，它要求参与者根据相同的题目（prompt）或情境进行写作或口语表达，然后收集产生的文本或语料进行分析。这种研究方法可用于比较不同背景（如母语背景、学习阶段、教育背景等）的人在语言运用上的异同。同题语篇研究的目的和意义通常包括如下内容。

（1）语言能力分析：通过对比分析不同人群根据同一题目所产生的语言材料，可以评价和了解他们的语言能力，特别是在学习语言的过程中，如词汇运用、语法正确性、语篇结构等。

（2）教学反馈：对于语言教师而言，分析学生的同题语篇可以帮助发现学习者的共性错误和问题，从而为教学实践提供反馈，调整教学策略和内容。

（3）评估工具开发：在语言测试和评估中，同题语篇研究可以帮助开发者理解不同水平语言使用者的表现，从而设计出更为科学和合理的评估标准和工具。

（4）第二语言习得研究：同题语篇研究对于揭示第二语言习得过程中的规律性和个体差异性极为重要，有助于理解语言习得的内在机制。

（5）跨文化交流：通过分析不同文化背景下的语言使用者如何处理同一个话题，研究者可以探究文化因素如何影响语言表达和交流。

（6）语料库建设：同题语篇可以作为构建专门语料库的资源，这些语料库对于语言学研究、自然语言处理技术开发等有着重要作用。

（7）写作指导：研究结果可以为写作教学提供实证支持，帮助学习者了解优秀写作的特点，从而提高自己的写作水平。

简而言之，同题语篇研究的挑战在于确保研究设计的有效性和语料的可比性，同时需要考虑到不同参与者的个体差异如何影响他们的语言产出。通过精心设计研究、严格控制变量，同题语篇研究可以为语言学习和教学提供深刻的洞见。

第一章 语篇衔接和连贯理论

一、语篇衔接理论

衔接理论是文本分析的一个核心概念，主要由Halliday和Hasan在其1976年的著作*Cohesion in English*中提出。语篇衔接理论由这两位语言学家提出和发展。

（一）M.A.K. Halliday

M.A.K. Halliday是一位英国语言学家，他的主要贡献是在系统功能语法方面。他发展了系统功能语法，并对其进行了重要修订，使其更加适合现代语言学研究。Halliday的贡献还包括对语言的社会功能、语法隐喻、语篇分析等领域的研究，这些研究在语言学界产生了深远影响。此外，他还对语言与认知、语言与文化、语言与符号学等领域进行了深入研究。总之，M.A.K. Halliday是一位杰出的语言学家，他的贡献对语言学研究产生了重要影响。

（二）Ruqaiya Hasan

Ruqaiya Hasan是巴基斯坦裔英国语言学家，与Halliday合作密切，在许多研究项目中共事。她在语言学和教育方面做了很多研究，尤其是在语篇分析和衔接理论方面。他们共同的著作*Cohesion in English*（1976）是语篇衔接理论的里程碑，书中详细阐述了构成英语语篇衔接的不同方式。这些衔接手段在文本中形成明显的关联，帮助读者理解文本的结构和内容。Halliday和Hasan的理论对之后的研究者和实践者提供了一个分析文本衔接性的框架，并对学术研究、教学实践和语言学的其他领域产生了深远的影响。他们认为衔接手段主要分为以下几类。

1. 参照（Reference）

参照是指文本中的某一元素通过指代、替代等方式指向文本中的另一元素。它分为三类。

（1）个人参照（personal reference）：使用代词和冠词等语言形式指代人或事物。

（2）指示参照（demonstrative reference）：使用指示代词指向文本中的其他成分。

（3）比较参照（comparative reference）：通过比较结构（如比较级、最高级）来建立联系。

2. 替代和省略（substitution and ellipsis）

替代是用一个词或短语替换另一个相近义的词或短语，以避免重复。省略则是省去已经提到或可以从上下文中推断出的词或短语。

（1）名词性替代/省略。

（2）动词性替代/省略。

（3）句子性替代/省略。

3. 连接（conjunction）

连接包括添加（and，also）、对比（but，however）、因果（so，therefore）等逻辑关系词，它们可以连接句子或段落，显示它们之间的逻辑和关系。

4. 词汇衔接（lexical cohesion）

词汇衔接是通过词汇选择来实现语篇的连贯，包括：

（1）同义词/反义词。

（2）上义词/下义词。

（3）重复（使用相同的词或短语）。

（4）词汇链（一系列相关的词汇形成主题串联）。

衔接和连贯（coherence）是语篇分析中两个互补的概念。衔接通常指的是语篇表面结构的连接特征，而连贯则涉及读者如何理解文本的整体意义和其内在逻辑。一个文本可能在形式上衔接良好，但如果读者无法理解其含义或逻辑，那么它就不一定是连贯的。因此，语篇的连贯性也是由读者的背景知识、推理能力和对文本的解释等因素决定的。

这个理论为分析和教授书面和口头的文本提供了基础，也被广泛应用于第二语言教学、写作、语言测试和自然语言处理等领域。

二、主要的语篇衔接手段示例

1.参照（reference）

在语篇分析中，参照（reference）是一种常见的衔接手段，主要用于引用或指代文本中已经提到过的实体或概念。以下是参照的主要类型。

（1）个人参照（personal reference）。这种参照主要使用代词（如"他""她""它"）或具有所有格形式的名词（如"他的""我们的"）来指代文本中的人或物。

（2）指示参照（demonstrative reference）。使用指示代词（如"这个""那个"）或指示副词（如"这里""那里"）来引用特定的人、物或情境。

（3）比较参照（comparative reference）。通过比较或类比来引用文本中的内容。比较参照常常使用比较和相似的词语，比如"同样的""不同于""像"等。

（4）泛指（general reference）。这种类型的参照并不指向特定的实体，而是泛指一类人或物，常用的词汇有"人们""事物"等。

2.替代（substitution）

（1）名词替代（nominal substitution）。使用一个名词来替代前面或后面的名词或名词短语。例如，"我喜欢这辆车。它很快。"在这个例子中，"它"就是用来替代"这辆车"的。

（2）词组替代（verbal substitution）。使用一个动词或动词短语来替代前面或后面的动词或动词短语。例如，"她可以做这个，你也可以。"在这个例子中，"可以"就是用来替代"可以做这个"的。

（3）句子替代（clausal substitution）。使用一个句子来替代前面或后面的句子。例如，"他说他会来，但我不确定他会不会。" 在这个例子中，"他会不会"就是用来替代"他会来"的。

3.省略（ellipsis）

（1）名词省略（nominal ellipsis）。这是指省略名词或名词短语。例如，在对话中，"你想喝咖啡吗？" "我想（喝咖啡）。"

（2）动词省略（verbal ellipsis）。这是指省略动词或动词短语。例如，"我可以做这个，你也可以（做这个）。"

（3）句子省略（clausal ellipsis）。这是指省略整个句子的一部分，这种情况下，通常省略的部分可以从上下文中推断出来。例如，"他说他会来，但我不确定（他会来）。"

4.连词（conjunction）

（1）并列连词（coordinating conjunctions）。这种连词用于连接两个或多个语法地位相同的词或句子，例如"和""或""但是"。例如，"我喜欢苹果和香蕉。"

（2）从属连词（subordinating conjunctions）。这种连词用于连接主句和从句，例如"因为""虽然""如果"。例如，"如果你完成作业，你就可以看电视。"

（3）关联连词（correlative conjunctions）。这种连词是成对出现的，并用于连接两个相似的句子结构，例如"既……又……""不仅……而且……"。例如，"他既善良又聪明。"

（4）连接副词（conjunctive adverbs）。这种连词通常用于连接两个独立的句子，并提供额外的转折或对比信息，例如"然而""因此""另外"。例如，"他很善良；然而，他并不善于交际。"

5.词汇连贯性（lexical coherence）

（1）重复（repetition）。在文本中重复使用相同的词汇可以强化某个主题或概念，也可以帮助读者更好地理解和记忆文本的内容。例如，"他是个勤奋的学生，一个真正的学生。"

（2）同义词和近义词（synonyms and near-synonyms）。使用同义词和近义词可以避免过度重复，同时保持文本的连贯性。"happy"和"joyful"，"sad"和"unhappy"等是同义词；"end"和"finish"，"big"和"large"等是近义词。

（3）反义词（antonyms）。"dead"和"alive"，"true"和"false"就是反义词。反义词可以用来描绘对比或对立的概念，从而增加文本的深度和复杂性。

（4）"搭配"或"词语搭配"（collocations）。某些词汇常常会一起出现，这些词汇的组合可以帮助读者预测和理解接下来的内容。比如在英语中，"开门"通常表达为"open the door"而不是"start the door""take a shower"（洗个澡）、"make a decision"（做决定）等。

（5）上下义词（hyponyms and hypernyms）。上义词和下义词可以帮助建立层次关系，例如，"狗"是"动物"的下义词，"动物"是"生物"的下义词。

三、语篇连贯

（一）语篇连贯研究代表性人物

语篇中的连贯（coherence in discourse）是指文本或口语交流的各个成

分在逻辑上和意义上紧密相连，使得整个话语成为一个意义完整、组织有序的整体。语篇连贯理论的领域是跨学科的，涉及语言学、认知心理学、文学和教育等多个领域。以下是一些语篇连贯理论领域的代表性人物。

1. M.A.K. Halliday

英国语言学家，系统功能语言学的创始人，他的工作对篇章分析产生了深刻的影响。他的理论着重于语言如何在不同的社会交际功能中发挥作用，并且他强调了语境在理解篇章连贯性中的重要性。他的主要贡献可以概述如下。

（1）系统功能语言学（systemic functional linguistics，SFL）：Halliday提出并发展了系统功能语言学，这是一种视语言为社会交往的资源并侧重于语言如何在社会情境中实现意义的理论框架。SFL特别强调语言的三个元功能：表述性（ideational function，即语言如何构建我们的经验和对世界的表述）、交际性（interpersonal function，即语言如何建立和维护社会关系）和篇章性（textual function，即语言如何组织成连贯、有凝聚力的文本）。

（2）语篇分析：Halliday致力于发展一种旨在分析实际语言使用的语篇分析方法，尤其是口语和书面文本中的语言结构和功能。

（3）语义学和词汇功能：他的研究强调了词汇选择和语法结构是如何表达不同社会和文化意义的。他提出了"词汇语法连续体"（lexico-grammatical continuum）的概念，这表明词汇和语法是连续不断且不可分割的。

（4）语言发展：Halliday的另一项重要研究领域是儿童语言的发展。他对儿童如何学习使用语言来理解世界和与他人交流的过程进行了深入的研究。

（5）教育语言学：他强调了语言教育中功能性的重要性，这对语言教学法和课程设计产生了重要影响。

（6）语言和社会：Halliday探讨了语言、社会和文化之间的相互作用,尤其是如何通过语言来实现和展现社会结构和社会变化。

(7) 跨学科研究:他的理论在许多其他学科中也很有影响力,例如人类学、心理学和计算机科学(特别是自然语言处理)等领域。

Halliday 的工作以其丰富的著作体现出来,包括多本书籍、论文和演讲。他的理论不仅对语言学理论产生了长远影响,而且对教育、计算机科学、法律和其他多个领域的专业实践也有所贡献。

2. Ruqaiya Hasan

与 Halliday 合作,共同撰写了 Cohesion in English,在篇章分析和衔接性理论方面做出重要贡献。Ruqaiya Hasan 的研究贡献主要集中在以下几个领域。

(1) 语篇分析(discourse analysis):hasan 对话篇分析的贡献尤为显著,她提出了一系列用于分析口语和书面语篇的概念和方法。她的研究强调了语言在构建社会关系和社会身份中的作用。

(2) 语境理论(context theory):她的工作在理解语言与其语境之间的关系方面是开创性的。Hasan 提出语境不仅仅是语言发生的背景,它还是与语言相互作用和塑造的一个动态系统。

(3) 语义学(semantics):Hasan 对词义的选择和排列的研究也很深入,她探讨了这些选择如何表达社会意义和如何在不同的语篇类型中体现出来。

(4) 教育中的语言:她研究了教育情境中的语言使用,尤其是教室里的交流如何影响教学和学习。Hasan 对儿童早期的语言发展和教育中的批判性语言意识也有所贡献。

(5) 语言变异(linguistic variation):Hasan 研究了语言在不同社会群体和文化背景下的变异,这些工作对于理解语言的多样性和复杂性起到了重要作用。

(6) 合作研究:Hasan 与其他学者的合作研究,尤其是与迈克尔·哈利迪的合作,加深了系统功能语言学理论的发展和应用。

Ruqaiya Hasan 的工作通过其多篇论文、书籍和编辑作品体现出来，这些作品对语言学，特别是功能语言学的发展产生了深远影响。她的研究不仅在理论上具有创新性，而且在教育、法律、健康和其他专业领域的应用中也极具价值。

3. Teun A. van Dijk

Teun A. van Dijk 是一位著名的话语分析学家，对话语研究、文本理论、语境分析、认知心理学与话语、社会心理学与话语等领域做出了显著贡献。以下是他的一些主要学术贡献。

（1）话语分析（discourse analysis）：Van Dijk 是话语分析领域的先驱之一，他的工作强调了语言、文本和话语在社会结构和过程中的作用。他研究了话语如何构建、维持和传播社会不平等，特别是权力、种族和意识形态。

（2）文本语篇学（text linguistics）：Van Dijk 发展了文本语篇学的理论，这是研究文本如何构成、被理解和使用的学科。他的工作涉及文本的结构特征、如何组织信息，以及叙述和论证的模式。

（3）语境模型（context models）：他为理解语言使用者如何在具体语境中生产和解释文本提出了语境模型的概念。这些模型是心理社会结构，能够解释社会和心理因素是如何影响话语的。

（4）批判话语分析（critical discourse analysis，CDA）：Van Dijk 是批判话语分析的主要贡献者之一，CDA 是一种旨在揭示话语中隐藏的权力关系、不平等和意识形态的方法。他的研究聚焦于话语中的支配和抑制，如种族主义话语。

（5）认知心理学与话语：他还探索了话语与认知之间的关系，尤其是如何通过心理认知过程理解和生产话语，以及这些过程如何与社会结构相互作用。

（6）社会心理学与话语：在社会心理学领域，Van Dijk 研究了个体如何通过话语来解构社会现实，以及这些话语如何反映和形塑社会认同和群体关系。

（7）意识形态研究：Van Dijk 对意识形态在话语中的表达和再生做了深入研究，特别是通过新闻报道、政治话语和学术话语等公共领域的语言使用。

简而言之，Van Dijk 的研究不仅对语言学和社会科学产生了影响，而且对于教育、文化研究、政治学、社会学以及其他领域的学术讨论和实践都有深远的意义。他是多本书籍和大量文章的作者，这些作品广泛地探讨了话语、权力和社会不平等之间的复杂关系。

4. Walter Kintsch

Walter Kintsch 是一位认知心理学家，他在文本理解和记忆方面的研究中做出了重要贡献。以下是他的一些主要学术贡献。

（1）构建—综合模型（construction-integration Model）：Kintsch 提出的构建—综合模型是理解文本阅读过程的一个重要框架。该模型描述了阅读理解过程中的两个阶段：构建阶段，读者从文本中提取信息并形成多种概念表示；综合阶段，这些表示通过背景知识和前文内容的整合，构造出一个连贯的意义网络。这个模型对后来的文本理解理论影响深远。

（2）情境模型（situation model）：与构建—综合模型相连，Kintsch 还研究了情境模型，这是人们阅读时在心中建立的对文本内容的心理表示。情境模型不仅包括了文本直接提供的信息，还包括读者的背景知识、推理和解释，形成了一种对文本所述事件和情境的全面理解。

（3）记忆和知识表示：Kintsch 的工作概述了记忆在文本理解中的作用，特别是如何通过语义记忆和认知结构来组织和存储信息。他对概念网络如何促进信息检索和理解的分析，对认知心理学领域有着深刻的影响。

（4）心理语言学和语义学：他在心理语言学中的工作涉及了语义处理，尤其是如何处理文本中的单词和概念，并在更高层次上整合这些信息。通过研究单词和句子的处理，Kintsch 探讨了语义理解的复杂过程。

（5）教育心理学：Kintsch 的研究也对教育心理学产生了影响，尤其是在阅读理解和阅读教育方面。他的理论为设计有效的阅读策略和教学方法提供了理论基础。

（6）智能信息检索和自然语言处理：Kintsch 的理论也被应用于计算机科学领域，特别是在智能信息检索和自然语言处理中。他的工作有助于改进计算机程序对语言的理解和处理能力，尤其是在理解文本含义和上下文方面。

简而言之，Walter Kintsch 的研究强调了认知过程在语言理解和记忆中的重要性，并提供了关于这些复杂心理过程的深刻见解。他的理论和模型被广泛应用于心理学、教育和人工智能等多个领域。

5. Herbert H. Clark 和 Eve V. Clark

Herbert H. Clark 和 Eve V. Clark 是认知心理学和心理语言学领域的重要学者，他们对语言使用、交流过程以及儿童语言发展的研究做出了显著贡献。以下是他们的一些主要学术贡献。

（1）交际理论（communicative theory）：Herbert H. Clark 对话语中的合作原则和交际行为有深入的研究。他对话语中的合作原则进行了重新解释，提出了以"合作原则"为基础的"联合行动理论"（joint action theory）。在这个框架中，交流被视为参与者之间的共同努力，他们协作完成交流任务，比如轮流说话、修正误解等。

（2）参与模型（participation model）：Herbert H. Clark 提出的参与模型是对话语分析的一个框架，它强调理解和产生话语的过程不仅是个体的活动，还是社会互动的结果。这个理论涉及了一系列的概念，如"共知"（common ground）、"话语标记"以及"话语管理"。

（3）语言获取和儿童语言发展：Eve V. Clark 在儿童语言发展领域有重要的贡献。她的研究侧重于词汇获取的过程，包括儿童如何学习新词汇、类别名称以及语言中的泛称概念。她对儿童如何使用语境线索来学习和概括词义进行了广泛的研究。

（4）心理语言学和语言理解：Herbert H. Clark 的研究还探讨了成人

在实时语言理解和产生过程中的心理机制，特别是在对话情境中。他关注言语行为的细节，包括词汇的选择、句法结构、暗示以及非言语交流的角色。

（5）社会和文化语言学：Eve V. Clark 的工作不仅仅局限于儿童语言，她还研究了社会和文化因素如何影响语言的使用和发展。这包括对不同社会和语言环境下，语言习得的比较研究。

（6）语言使用中的心理过程：Herbert H. Clark对语言使用中的心理过程进行了丰富的实验研究，涉及了认知心理学、社会心理学和语言学的交叉领域。这些研究提供了对人类如何在实际交流中使用和理解语言的深刻见解。

简而言之，Herbert H. Clark和Eve V. Clark的贡献为我们理解语言如何作为一种社会行为来执行，以及儿童如何在社会互动中学习语言提供了宝贵的视角。他们的理论和发现是心理语言学和发展心理学领域的核心构成，并且影响了后来在这些领域的研究。

6. Deborah Tannen

Deborah Tannen 是一位杰出的社会语言学家和交际学专家，她在性别差异在交际中的作用、对话分析以及人际交流的模式方面做出了重要贡献。她的研究通常集中在日常对话中的交际行为和策略，特别是在性别交际方面。以下是她的一些主要贡献。

（1）性别和语言：Tannen 的研究强调了男性和女性在沟通风格和模式上的差异。她的一系列研究和著作，特别是《你就不懂》（*You Just Don't Understand*: *Women and Men in Conversation*），为大众理解性别在交际中的影响提供了深刻的洞见。她认为，男性和女性在社会化过程中学到了不同的沟通方式，这可能导致误解和冲突。

（2）对话风格：Tannen 研究了个人使用语言的不同风格，她认为这些风格深受文化和社会环境的影响。她提出，交流风格可以看作是一种语言习惯，这些习惯在不同的社会和文化背景中有所不同。

（3）间接性和礼貌：在她的研究中，Tannen 探讨了间接交流在交际中的作用，特别是它与礼貌、权力和社会关系的联系。她指出，间接性可以作为一种策略，用来减少直接请求可能引起的社会压力。

（4）元话语：Tannen引入了元话语的概念，即"交谈关于交谈本身的部分"。她研究了人们如何使用元话语来组织对话、澄清前言、总结观点，以及管理交际中的关系和权力动态。

（5）故事讲述：她还研究了个人在对话中讲述故事的方式，以及这些故事如何构建身份和关系。Tannen分析了叙事在个人表达和社交互动中的作用。

（6）书籍和大众传播：Tannen的研究不仅仅停留在学术界，她的书籍普及了语言和交际的研究，使得更广泛的读者群体能够了解交流中的性别差异和其他相关话题。

简而言之，Deborah Tannen的工作对于理解日常对话中的交际模式和性别通信差异具有重要意义。她的研究方法通常结合了详尽的实际对话分析以及文化和社会语言学的见解，为我们提供了沟通中的深层次理解和洞察。

7. Arthur C. Graesser和Joseph P. Magliano

Arthur C. Graesser 和 Joseph P. Magliano 是心理学和教育领域的研究者，他们在文本理解、教育心理学和认知科学领域做出了贡献。以下是他们各自的主要贡献。

（1）Arthur C. Graesser：Arthur C. Graesser 是认知心理学、教育技术和语言学的专家。他是美国田纳西大学心理学和智能系统研究教授，也是著名的"AutoTutor"系统的开发者之一，这是一种智能教学系统，能够模拟人类导师的行为，提供自适应的学习体验。他的研究涉及问题解决、学习、记忆、情感和人工智能。Graesser 还在文本理解和话语加工方面做出了贡献，尤其是在深层推理和情感状态的建模方面。

（2）Joseph P. Magliano：Joseph P. Magliano 是一位认知心理学家，专

注于阅读理解过程以及人们如何理解叙事和影视作品的认知机制。他对于阅读中的推理过程、读者如何构建情节模型以及如何跟踪故事中角色的目标和动机有深入的研究。Magliano 教授是北伊利诺伊大学的心理学教授，并参与了多项关于阅读理解和教育心理学的研究项目。

以上研究者的工作集中在理解复杂的认知任务，如阅读理解、学习过程以及人工智能在教育方面的应用。他们的研究帮助我们推进了对这些领域的认知，并对发展相应的教学策略和技术产生了影响。尤其是 Graesser 在智能教学系统领域的工作，为结合认知科学和人工智能技术设计有效的学习环境奠定了基础。而 Magliano 的贡献则加深了我们对阅读理解过程的理解。

8. Robert de Beaugrande 和 Wolfgang U. Dressler

Robert de Beaugrande 和 Wolfgang U. Dressler 是文本语言学领域的重要人物，他们共同撰写了 *Introduction to Text Linguistics*（《文本语言学导论》），这是一本广受欢迎且影响深远的教科书，自1981年首次出版以来，就成为文本语言学领域内的核心参考文献。

文本语言学是语言学的一个分支，它关注的是语言文本如何构成有意义和连贯的信息单位。de Beaugrande 和 Dressler 在这本书中提出了七项文本性的标准，这些标准被广泛地接受和应用于文本分析。这七项标准包括以下内容。

（1）连贯性（cohesion）：文本内各部分之间的语言联系，通常通过语法结构和词汇选择实现；

（2）连贯性（coherence）：文本意义的连贯性和逻辑性，包括文本中信息的组织；

（3）意图性（intentionality）：作者创作文本的意图和目的；

（4）可接受性（acceptability）：读者对文本的接受程度，即文本是否满足读者的期望和目的；

（5）情境性（situationality）：文本与其产生和被接受的语境（情

境）的关系；

（6）信息量（informativity）：文本提供的信息量，以及信息是否新颖或预料之外；

（7）互文性（intertextuality）：文本与其他文本之间的关联。

de Beaugrande和Dressler的工作奠定了理解文本如何产生意义的基础，特别是将文本视为交际行为的一个完整单元。他们的理论强调了文本的社会功能和语境的重要性，并且这些理论在后来的文本分析、文化研究和语篇分析等领域中得到了运用。除了与 Dressler 合著的工作外，de Beaugrande 也为批判性语言学、语篇分析和文本理论做出了贡献。而 Dressler 则在形态学和词汇形态变化等领域有所贡献，他的工作不仅限于文本语言学，还涉及了更广泛的语言学研究。

（二）语篇连贯研究范畴

语篇连贯（coherence）是指一篇文字或话语在结构和意义上呈现出的整体一致性和逻辑性。它是语篇分析中的一个核心概念，涉及多个层面。具体来说，语篇连贯主要包含以下几个方面的内容。

（1）逻辑连贯：指的是语篇中的句子和段落之间存在逻辑上的联系。这种联系可以通过因果关系、时间顺序、对比、条件等逻辑关系来体现。

（2）话题连贯：语篇中的句子需要围绕一个中心话题或主题展开，话题的连续性是维持语篇连贯的重要因素。

（3）参照连贯：指代词、指示词等参照表达必须清晰地指向其对应的对象或概念，以确保读者或听者能够追踪到语篇中的各个元素。

（4）衔接连贯：语篇的连贯性还体现在使用衔接手段上。衔接手段包括连接词（如"但是""因此"）、替代表达（如同义词的使用或概括性词汇）、省略（信息的省略但意义能被推断）等。

（5）篇章结构连贯：一个连贯的语篇通常会有清晰的结构，如引言、发展、高潮和结尾，或者按照其他组织原则来安排信息和观点。

（6）主题发展连贯：语篇中的主题或论点应该按照一定的方式逐步展开，比如线性发展、递进、总分总结构等。

（7）风格和语气连贯：在整个语篇中保持一致的风格和语气也是连贯性的一部分。根据语境的不同，语篇可能需要正式或非正式、客观或主观的风格和语气。

（8）语义连贯：语篇中的句子和段落应当在意义上相互关联，信息的呈现应当符合语义逻辑和上下文。

（9）情境连贯：语篇的连贯性还受到语境因素的影响，包括作者的意图、读者的预期、文化背景和交流的目的等。

（10）语用连贯：语篇需要考虑到语用原则，如礼貌原则、合作原则等，在特定情境下表达合适的意义。

简而言之，语篇连贯与语篇衔接（cohesion）相辅相成，衔接是通过语言形式上的显性标记来实现各个语篇单元之间的联系，而连贯更侧重于潜在的意义和逻辑上的整体性。一个连贯的语篇不一定非得有明显的衔接标记，但读者或听者应能够感受到信息的有序性和逻辑性。

四、主要的语篇连贯手段

语篇中的连贯手段是指用来构建和维持语篇连贯性的各种策略和技巧。这些手段可以是语言性的，也可以是非语言性的，它们帮助读者或听者理解文本或口语交流的流畅性和结构。以下是一些主要的连贯手段。

1.衔接手段（cohesive devices）

（1）代词：使用代词来指代前文提到的人或事物，例如"他""它""这个"等。

（2）指示词：使用指示词来指向特定的人、地方或事物，例如"这里""那时""如上所述"等。

（3）复指：重复使用关键词或短语来强调特定的概念或主题。

（4）同义复现：使用同义词或近义词来避免重复，同时保持主题的连续性。

（5）连词：使用连词来连接句子和段落，表明它们之间的逻辑关系，如"和""但是""因此"等。

（6）替代：使用概括性的词语来替代前文中提到的具体内容，如使用"这种情况"替代前文描述的具体情况。

2.情景连贯（situational coherence）

情景连贯涉及一个文本或说话内容与其产生和被解释的具体情境之间的关系。它是文本内部连贯性的外在扩展，重点是文本如何与特定情境中的各种社会文化因素和交际需求相适应。情景连贯强调的是语篇必须与其使用的上下文相符合，这样接收者才能正确理解其意图和含义。以下是情景连贯的几个要素。

（1）适宜性：文本或话语是否适合于其所处的社会文化环境和具体场合。例如，在正式商务会议中使用非正式俚语可能会被认为不恰当，导致情景连贯性的缺失。

（2）一致性：语篇是否与情境相关的预期和规范一致，包括是否符合听众的期望，以及是否遵守了特定场合的交际准则。

（3）交际目标：话语是否有效地达到其预定的交际目的，比如说服、请求、提问、回答等，这也是情景连贯性的一个方面。

（4）信息量：文本或话语提供的信息是否适当，既不过多也不过少，以适应特定的交际需求和情境限制。

（5）参与者关系：说话者或作者与听者或读者之间的关系，以及他们的角色和地位，是否在语篇中得到了适当的体现和处理。

（6）非言语因素：在口语交际中，非言语因素（如语调、肢体语言）是否与言语内容协调，也是情景连贯性的一个重要组成部分。

在实际应用中，情景连贯性尤其重要，因为它直接影响到语篇是否能够在给定的情境中发挥其功能，是否能够被目标听众接受和理解。在多语言环境和跨文化交际中,理解和保持情景连贯性尤为重要,因为不同文化和语言背景的人可能对同一情境有着不同的认知和期望。

3.逻辑关系

逻辑关系是指文本、话语或思想中各部分之间的逻辑联系。这些关系决定了句子、段落或整个论点的组织和结构,它们是确保语篇连贯和理解的基础。在自然语言处理(natural language processing,NLP)和语篇分析中,逻辑关系非常重要,因为它们帮助算法理解和生成有意义、有序的文本。以下是一些基本的逻辑关系类型。

(1)因果关系:表达原因和结果之间的关系,常用的连词包括"因为""所以""由于""因此"等。

(2)对比和对比关系:指出两个或多个事物之间的差异或对比,使用的连词有"但是""然而""相反""虽然"等。

(3)时间关系:描述事件的时间顺序或持续时间,相关的连词或短语有"之后""然后""在……之前""同时"等。

(4)条件关系:表达某件事情发生的条件或假设,通常使用"如果""除非""只要"等词汇。

(5)递进关系:用于表达思想的进一步发展或加强,如"此外""再者""更重要的是"等。

(6)总分关系:从一般到具体或从总体到部分来组织信息,例如使用"总之""例如""特别是"等。

(7)列举关系:提供一系列的例子或事项,常用"首先""其次""最后"等词语来标明。

(8)比较关系:展示两个或多个事物的相似之处,可以用"和""像""同样"等词汇。

(9)转折关系:表示虽然存在某种情况,但还有另外的情况或观点,使用的词汇如"不过""尽管""然而"等。

(10)解释或说明关系:提供额外的信息或详细说明,常用

"即""换句话说""也就是说"等。

逻辑关系不仅体现在单个句子内，也存在于句子之间、段落之间，甚至是整个文本或对话中。在写作和口语交流中，适当地使用逻辑关系可以提高表达的清晰度和说服力。在自然语言处理中，理解和生成逻辑关系是文本理解、摘要、生成和翻译等任务的关键。

4.话题连贯性（topic coherence）

话题连贯性（topic coherence）是指在语篇、讨论或对话中保持对一个连续的主题或话题的关注。它是确保语篇易于跟随和理解的关键因素。话题连贯性要求文本或口语中的句子和段落紧密相关，共同围绕一个中心主题展开，避免跑题或无关内容的插入。以下是话题连贯性的几个主要方面。

（1）主题发展：话题连贯的文本会清晰地介绍并发展其主题，通过相关的支持点、例证和论证来加强主题。

（2）话题维持：在语篇的持续过程中，话题需要被维持，确保新的信息或观点都与中心话题紧密相关。

（3）话题切换：如果必须切换话题，通常需要适当的过渡，让读者或听者能够平滑地跟随语篇的流动，而不感到困惑或失去兴趣。

（4）话题标记：使用话题句和小结可以帮助维持话题连贯性，它们分别在段落开始和结束时点明主题和总结主要内容。

（5）语篇线索和信号词：为了保持话题连贯性，作者或说话者会使用各种语篇线索，如连词、转折词等，这些词汇帮助指示思路的进展和结构的变化。

话题连贯性对于许多应用都至关重要，比如在撰写文章、教学、演讲、对话系统和机器翻译中。缺乏话题连贯性的文本或对话通常会导致读者或听者的困惑，降低信息传递的效率。

5.篇章标记（discourse markers）

（1）使用篇章标记词来组织语篇结构，如"首先""接着""最后"等。

（2）非语言手段，如图表、图像和其他视觉元素的使用来支持文本信息。

（3）文本格式，如标题、子标题、列表和缩进，来清晰展示结构。

这些连贯手段有助于提供清晰和有逻辑的信息传递，使得语篇更容易被理解和跟随。成功运用这些手段能够显著提高写作和口语的效果。

五、本章小结

英语语篇的衔接与连贯研究起源于20世纪60年代和70年代的文本语言学的发展，特别是随着语用学的兴起和语篇分析的关注逐渐增加，学者们开始关注文本内部如何通过各种语言手段实现衔接性和连贯性。在这个阶段，研究主要集中在如何从语篇的内部结构来分析衔接性，即文本表面形式之间的联系，例如指代、省略、替代、顺承等衔接手段。20世纪70年代末到80年代，Halliday和Hasan的著作 *Cohesion in English* 标志着衔接与连贯研究的一个重要发展。他们提出了一个系统的衔接框架，详细阐述了衔接的各种语言形式，并将这些形式与语篇的连贯性关联起来。这项工作对后来的研究产生了深远的影响，使得衔接分析成为语篇分析的一个核心领域。随后，de Beaugrande和Dressler在1981年的著作 *Introduction to Text Linguistics* 中，将衔接与连贯性放在语篇的七大标准之中，进一步扩展了研究的视野。他们强调了连贯性作为理解和解释语篇意义的基础，指出连贯性不仅仅是文本内部的衔接手段，还包括了语篇与语境之间的关系，即语境的配合性。从20世纪80年代到21世纪初，随着认知语言学的发展，研究者开始关注衔接与连贯在认知加工中的作用。进入21世纪以后，随着计算机科学的发展，语料库语言学的方法也被广泛应用于衔接与连贯的研究中。基于大量真实语言数据的定量分析使得研究更加精确和全面。同时，多模态分析的兴起，也将视觉、听觉等非语言符号的衔接与连贯纳入研究范畴，推动了衔接与连贯研究向跨文化和跨领域的方向发展。此外，随着全球化和英语世界通用性的提升，英语作为第二语言或外语的语篇衔接与连贯研究也日益受到重视。这个方向的研究关注非母语者如何在英语写作和口语中实现衔接与连贯，以及如何在教学中培养学生这方面的能力。今天，衔接与连贯研究仍然是语篇分析和应用语言学领域的一个活跃分支。随着跨学科研究方法的不断涌现，包括从社会语言学、教育学、人工智能等多个角度出发的研究正在不断地推进该领域的发展。

第二章　语篇衔接和连贯的研究方法

一、语篇衔接的研究方法

语篇衔接的研究通常涉及对文本或口头交流中的衔接现象进行分析，以理解如何通过各种语言资源实现语言单位之间的连接。研究方法可以多样，包括定性分析和定量分析，并且往往是多方法综合使用。以下是一些常见的衔接研究方法。

（一）文本分析（textual analysis）

1. 定性分析

通过详细阅读和解释文本，识别并解释使用的衔接手段，如代词、连词、指示词等，以及它们如何帮助文本实现连贯性。定性分析是研究文本中衔接手段如何帮助实现连贯性的一个重要方法。这种分析通常涉及以下几个步骤。

（1）选择文本样本：从母语者和非母语者的写作中选择代表性文本样本。确保样本在类型和主题上具有可比性。

（2）阅读并标注文本：详细阅读选定的文本，并且在这个过程中，用不同的颜色或符号标注出使用的衔接手段，如代词、连词、指示词、同义复现、替代词、省略和其他参照手段。

（3）分析衔接手段的使用：解释每个标注的衔接手段是如何在文本中起作用的。例如，代词如何帮助避免重复、连词如何表明句子之间的逻辑关系、指示词如何指向先前提及的概念或即将引入的概念等。

（4）评估连贯性：分析文本整体上的流畅性和逻辑性。评估衔接手段的使用对于文本意义的建构、信息的组织和整体的理解是如何起作用的。

（5）比较和对比：将非母语者的文本与母语者的文本进行对比，识别其中的差异。注意非母语者可能过度依赖某些衔接手段，或者可能使用不恰当的衔接方式。

（6）识别问题和模式：在非母语者的文本中，识别出频繁出现的问题，如衔接手段使用不当、过度使用或不足，以及这些问题如何影响文本的连贯性和清晰度。

（7）整理发现：根据分析结果，总结非母语者在使用衔接手段时可能遇到的典型问题，并提出可能的原因，如第二语言习得过程中的干扰、第一语言对第二语言的负迁移等。

（8）提出建议：基于分析的发现，为非母语者提出改善连贯性的策略，这可能包括更多的实践、目标语言的暴露，以及对特定衔接手段的直接教学。

2.定量分析

对文本中衔接手段的频率进行统计，比如统计代词、连接性词汇的出现次数，以及它们在文本中的分布模式。定量分析在文本研究中是衡量特定现象的一个重要工具。它通过可测量的数据来分析语言使用模式。针对衔接手段的定量分析，可以按照以下步骤进行。

（1）定义研究问题和假设：明确你想要探究的问题。比如，你可能想要比较非母语者和母语者在使用代词和连接性词汇方面的差异。

（2）选择语料库和工具：选择合适的文本集合（语料库）和分析工具。语料库应当包含足够数量的母语者和非母语者的文本，这些文本应当在体裁、主题等方面具有可比性。工具可以是专业的文本分析软件，如AntConc、WordSmith Tools等，或者编程语言，比如Python或R中的文本分析库。

（3）确定衔接手段的类别：定义你想要分析的衔接手段的种类，如代词、连接词、转折词、指示词等。

（4）数据收集：从选定的语料库中提取衔接手段的使用频率。这可能包括对文本进行预处理，如分词、标注词性等。

（5）统计分析：计算各种衔接手段在文本中出现的次数和比率，并分析它们在文本中的分布模式。考虑是否进行归一化处理，比如将频率转化为在一定字数（如每千词）中的频率。

（6）比较和对比：使用统计方法比较母语者和非母语者文本中衔接手段的使用频率。可以使用t检验、卡方检验或ANOVA等统计方法来确定差异是否具有统计学意义。

（7）解释结果：根据统计分析的结果，对比母语者和非母语者在使用衔接手段上的差异。这些差异可能表明了非母语者在语言连贯性方面的特定挑战。

（8）提出结论和建议：基于定量分析的发现，提出对于语言教学和二语习得研究的相关建议。

简而言之，在进行定量分析时，重要的是要确保分析的准确性和数据的可靠性。此外，定量数据应当与定性洞察相结合，以提供更全面的理解。例如，高频率的衔接手段使用并不一定意味着高质量的文本连贯性，定性分析可以帮助解释定量数据背后的语言使用情况。

（二）语料库分析（corpus analysis）

1.使用计算机辅助的语料库分析工具来识别和分类衔接手段的使用

使用计算机辅助的语料库分析工具来识别和分类衔接手段（如代词、连接词、指示词等）涉及一系列的步骤，其中包括文本的选择和预处理、特定衔接手段的搜索和标注、数据的分析和可视化等。以下是一个详细的流程。

（1）选择合适的语料库：根据研究目标选择或构建语料库。这可能是公共可用的语料库，也可能是特定话题或文体的语料库。

（2）语料库的预处理：这个过程包括清洗数据（去除不相关的文本元素，如页眉、页脚、图片说明等）、标记文本（采用自然语言处理工具进行分词（tokenization））、词性标注（part-of-speech tagging）、句法分析（parsing）等以及正规化文本（确保文本的格式一致，以便于分析）。

（3）选择分析工具：选择合适的分析工具，如AntConc、WordSmith Tools、CLAWS、NLTK（Python）、spaCy（Python）等。

（4）识别衔接手段：使用工具的搜索功能找出代词、连接词、指示词等衔接手段。对于更复杂的衔接手段，可能需要使用高级搜索功能或编写自定义脚本。

（5）分类衔接手段：根据衔接手段的功能和形式将其分类。例如，可以分类为指示性衔接手段、因果连接词、对比连接词、时间顺序连接词等。

（6）提取和计数：记录每种衔接手段在语料库中的出现次数。可以进一步分析它们在不同文本、文体或话语功能中的分布差异。

（7）统计分析：使用统计工具对提取的数据进行分析，比如计算频率、分布和潜在的关联性等。进行t检验、卡方检验或ANOVA等，以探索不同群体、文体或条件下衔接手段使用的差异。

（8）可视化数据：利用图表和图形展示衔接手段的分布。使用条形图、饼图、热图等可视化技术帮助解释和理解数据。

（9）解释结果：分析衔接手段的使用模式，探讨其对文本连贯性和内聚性的影响。结合语言学理论和文本分析的背景知识来解释统计结果。

（10）报告和应用：将分析结果整理成报告或研究论文。根据发现提出对语言教学、写作指导或进一步研究的建议。

在整个过程中，确保你的方法论透明、可重复，并且能够经受同行评审的挑战。此外，为了提高分析的准确性，可能需要多种工具和方法的结合使用，以及对结果的多次校验和解释。

2.进行大规模文本集合的分析，以揭示衔接现象的模式和趋势

进行大规模文本集合的分析以揭示衔接现象的模式和趋势是文本分析领域的一个复杂而深入的任务。以下是进行这种分析的一般步骤。

（1）定义研究问题：明确你想从衔接现象中了解什么。这可能包括探索特定类型的衔接手段、不同文体或领域中的衔接使用情况，或者衔接手段如何随时间变化等。

（2）构建或选择语料库：根据研究问题选择适当的文本集合。这可能需要收集特定领域的文本，如新闻报道、学术文章、小说等。

（3）预处理语料库：清洗文本，去除杂项和非文本元素。进行分词、词性标注、句法解析等操作，以标准化文本格式并提取有用信息。

（4）设计和使用自动化工具：使用自然语言处理（NLP）工具，如NLTK、spaCy、Stanford NLP等，来自动提取衔接手段。这可能包括编写脚本来识别词汇、短语和句法结构，这些都是衔接的标记。

（5）定量分析：利用统计软件（如R、SPSS、Python中的Pandas）进行定量分析。计算频率、分布、相关性、回归分析等统计度量。

（6）定性分析：对于衔接手段的使用，除了统计数字之外，考虑其语境、语用功能和可能的语义效果。使用定性分析软件（如NVivo、Atlas.ti）来协助分析。

（7）可视化结果：利用图表、网络图、热图等可视化工具来展示数据。可视化可以帮助识别模式、趋势和异常值。

（8）解释发现：结合语言学、社会学、心理学等理论，解释数据中观察到的衔接现象。考虑文本的语境、作者意图、受众反应等因素。

（9）验证结果：通过抽样验证、交叉验证等方法来测试结果的可靠性和稳定性。如果可能，与专家进行讨论，或者使用外部数据集进行验证。

（10）撰写报告：将你的发现撰写成报告、论文或呈现在学术会

议上。提供详细的方法、分析过程、结果解释,以及任何软件或脚本的代码。

(三)实验研究(experimental studies)

(1)实验设计,比如操纵文本中的衔接手段,然后观察这些改变如何影响读者的理解和对文本的评价。

(2)使用眼动追踪技术来研究读者在阅读过程中对衔接手段的注意和处理。眼动追踪技术(eye tracking technology)是一种监测和记录人眼视点或眼球运动的技术。这种技术能够详细了解人在看某个物体时的视线路径、注视点、眨眼频率和瞳孔反应等,广泛应用于心理学研究、市场营销、用户体验设计、医疗诊断以及驾驶安全等领域。随着技术的发展,眼动追踪设备变得更加精确和便携,使得它们能够被集成到日常使用的设备中,如智能手机、平板电脑和电脑屏幕。这种集成为研究者和开发者提供了更多机会来探索和利用眼动数据,以创造个性化和响应式的交互界面。

(四)话语分析(discourse analysis)

话语分析(discourse analysis)关注语言使用的社会语境,研究文本或言语在实际交际中的意义和功能。而文本衔接分析(cohesion analysis)则更专注于文本内部的连接机制,探究文本如何通过语言手段实现逻辑和意义上的连贯性。话语分析对文本衔接分析的重要性体现在以下几个方面。

(1)语境理解:话语分析考虑语言的社会语境,有助于解释文本中衔接手段的使用。不同语境下同样的语言形式可能具有不同的衔接功能。

(2)话语结构:话语分析提供了识别和分析文本宏观结构的工具,如篇章的开端、发展和结尾。理解这种宏观结构有助于更好地评估文本的衔接性。

(3)话语意义:话语分析强调语言使用的目的性和功能性,这可以帮助研究者理解文本衔接手段是如何为了特定的交际目的而使用的。

(4)交际意图:话语分析帮助分析者理解说话人的交际意图和预期

的听话人反应。衔接手段的使用与实现这些交际意图紧密相关。

（5）话语权力和意识形态：话语分析揭示了语言、权力和意识形态之间的联系。文本的衔接手段有时被用来构建或维护特定的权力关系或传达某种意识形态。

（6）批判话语分析：批判话语分析（critical discourse analysis，CDA）尤其关注话语如何影响社会结构和权力关系，这种分析可以帮助揭示文本衔接中的潜在偏见和立场。

（7）多模态分析：话语分析不仅限于文字，还包括其他符号系统，如图像、音响和手势。这种多模态分析对于理解衔接手段在非言语层面的运用尤为关键。

（8）跨文化交际：在不同文化背景下，衔接手段可能存在差异。话语分析有助于发现和理解这些差异，从而提升跨文化交际的有效性。

（9）交互性：话语分析关注语言的交互性，特别是在对话中。文本衔接不仅体现在单一发言者的语言使用中，也体现在对话各方的互动中。

综上所述，话语分析为文本衔接分析提供了宽阔的视角，帮助研究者从更深层次理解文本的连贯性，并考量背后的社会、文化和心理因素。通过综合运用话语分析和文本衔接分析，可以更全面地捕捉语言在实际使用中的复杂性和丰富性。

（五）比较研究（comparative studies）

1.对不同类型文本或不同语言背景的文本进行比较，以探讨衔接手段的使用差异

对不同类型的文本或不同语言背景的文本进行比较，以探讨衔接手段的使用差异，是一个复杂而有趣的研究领域。以下是几个可能的比较维度和考虑因素。

（1）不同类型文本的衔接手段比较

叙述文与说明文：叙述文通常依靠时间顺序的衔接手段，如时间连词（然后、之后）和时态变化。说明文可能更多地使用逻辑顺序和因果连

接词（因为、所以）、定义（即、也就是）和列举（首先、其次）等。学术论文与小说：学术论文使用严密的逻辑衔接手段，包括专业术语的一致性、引用和交叉引用、明确的段落结构等。小说则可能更依赖于叙事技巧，如闪回、视角转换和象征等来创建衔接。

新闻报道与博客文章：新闻报道常常遵循"倒金字塔"结构，通过事实和证据的堆砌来构建衔接。博客文章可能更自由地使用个人化的语言、修辞问题和直接对读者的呼唤等策略。

（2）不同语言背景文本的衔接手段比较

英语与汉语：英语中的衔接手段可能包括明确的连接词（如however、therefore、moreover）和严格的文章结构。汉语可能更多依赖于词汇重复、省略和话题链（话题的重复或变体来维持话题的连贯性）。

罗曼语族与日耳曼语族：罗曼语族（如法语、西班牙语）的文本可能更倾向于使用形式严格的衔接结构，如从句和长句连结。日耳曼语族（如德语、荷兰语）可能更多使用复合词和前缀来创建衔接。

高语境文化与低语境文化语言：高语境文化（如日本、阿拉伯文化）的语言可能依赖于读者或听者对背景知识的理解来构建衔接。低语境文化（如美国、德国文化）的语言则可能使用更直接和明确的衔接手段。

2.母语者和非母语者的文本比较

对母语者和非母语者的文本进行比较，以分析非母语者在使用衔接手段时可能遇到的问题。在比较母语者（native speakers，NS）和非母语者（non-native speakers，NNS）的文本时，可以分析非母语者在使用衔接手段上可能遇到的问题。这种比较可以揭示语言习得的差异，以及非母语者在书面表达中的特定挑战。以下是一些可能观察到的差异和问题。

（1）词汇使用上的差异。连接词的使用：NNS可能过度依赖某些连接词，如"and""but""so"，而不是使用更多样化的连接表达，这可能会使文本显得单调或过于简单。替换词的多样性：NS在使用代词、同义词和替换表达时往往更加多样和精确，而NNS可能在这方面有限，导致重复或模糊。

（2）语法结构的差异。从句和复合句的构建：NS在构建从句和复合句时通常更为熟练，能够创造流畅且结构复杂的句子。NNS可能在这方面遇到困难，导致衔接不自然或句子结构错误。时态和语态的一致性：NNS可能在保持时态和语态上出现不一致，这会影响文本的衔接性和清晰度。

（3）语篇结构上的差异。段落结构：NS通常能够有效地组织段落，使得信息逻辑清晰、层次分明。相比之下，NNS可能在段落划分和主题句的使用上遇到难题。主题发展：NS能更熟练地在文本中引入、维持和发展主题，而NNS可能在这方面做得不够连贯，主题可能会突然改变或没有得到恰当的展开。

（4）文化和语境上的差异。预设和背景知识：NS的文本通常假设有共享的文化背景和预设知识，而NNS可能缺乏这种文化敏感性，或者在文本中提供过多或过少的背景信息。语境适应性：NS通常能够根据不同的语境调整其语言和风格，而NNS则可能在识别和适应特定语境（如正式场合与非正式场合）上有所挑战。

（六）教育应用研究（educational application studies）

教育应用研究在文本衔接分析中非常重要，因为文本衔接是确保信息清晰传达、促进理解和记忆的关键因素，这对教育领域尤其关键。在教学和学习过程中，无论是语言学习还是其他学科的知识传授，清晰、连贯的文本都能够更好地帮助学生理解和吸收材料。下面是教育应用研究在文本衔接分析中的重要功能。

（1）提升理解力：衔接良好的文本可以帮助学生更好地理解复杂的概念和理论。教育应用研究可以揭示如何通过不同的衔接手段（如同义词复现、代词使用、连接词汇等）提高文本的可理解性。

（2）增强记忆：研究表明，结构清晰和逻辑严密的文本更容易被记忆。教育应用研究着重于如何利用衔接技巧来增强学习材料中重要信息的记忆效果。

（3）改善教材设计：通过分析文本衔接如何影响学习，教育专家可以设计更好的教材，这些教材在结构和内容上都能够促进学习者的理解和吸收。

（4）评估学习材料：教育应用研究可以帮助老师评估教学材料的质量，特别是材料的连贯性和衔接性，从而确保这些材料能够有效地支持学习目标。

（5）促进批判性思维：通过了解文本衔接，学生可以更好地评估不同作者的论点如何构建和支撑，从而培养批判性思维技能。

（6）支持语言学习：对于学习第二语言的学生来说，文本衔接分析尤为重要，因为它有助于学习者理解语言如何在实际使用中组织信息和构建意义。

（7）教学方法发展：教育应用研究不仅关注文本自身的衔接分析，还研究不同教学方法如何影响学生对文本衔接性的认识和应用。

（8）技能评估与发展：通过衔接分析，教育者可以评估学生在写作和阅读中使用和理解衔接手段的能力，并据此开发相应的教学策略。

（9）多模态文本分析：在数字时代，文本往往包括多种模态（如文字、图像、声音）。教育应用研究探讨如何在这些不同模态间建立衔接，以支持多模态文本的教学和学习。

通过对文本衔接的分析和研究，教育者能够更有效地设计和调整教学策略，以帮助学生发展必要的阅读和写作技能。这不仅增强了学生的学术能力，还为他们日后的职业生涯和社会参与打下了坚实的基础。

（七）计算模型和工具开发（computational modeling and tool development）

第一，开发和应用自然语言处理工具来自动识别和生成衔接结构。第二，利用计算模型来分析和预测衔接手段在文本中的使用。计算模型和工具在文本衔接分析中的重要性体现在以下几个方面。

（1）自动化文本分析：计算模型能够快速分析大量文本数据，识别其中的衔接手段，如参照表达、词汇复现、连接词使用等。这种自动化的分析可以大大提高研究的效率。

（2）一致性和标准化：计算工具通过应用一致的标准来分析文本衔接，有助于确保分析结果的客观性和可重复性。

（3）跨语言分析：计算模型可以设计成支持多种语言的文本衔接分析，这对于比较不同语言的文本结构和衔接手段尤为重要。

（4）复杂模式识别：高级计算模型，如机器学习和深度学习算法，能够识别和学习文本中不明显的衔接模式，可能超出人类直觉的识别范围。

（5）教育资源开发：计算模型可以用于开发教育工具，比如自动评分系统、写作辅导软件以及个性化学习计划，通过分析学生的写作来提供有关衔接性的反馈。

（6）实时反馈：在写作辅导中，计算工具可以提供实时反馈有关文本的衔接性，帮助作者在创作过程中改进文本结构。

（7）大数据研究：在处理大规模文本数据集（如社交媒体帖子、新闻文章等）时，计算模型能够有效地进行衔接分析，提供有关语言使用和传播模式的洞察。

（8）可视化工具：计算工具能够将复杂的衔接分析结果以图表或其他直观形式展示出来，帮助研究者和用户更好地理解和探索数据。

（9）辅助语言学习：计算工具可以辅助语言学习，通过分析和提供学习材料的衔接特点，帮助语言学习者更好地理解目标语言的使用方式。

（10）支持研究：计算模型为语言学、认知科学、社会学等多个学科的研究者提供了强大的工具，用于探索文本如何在不同情境下实现衔接和交流意义。

简而言之，计算模型和工具的持续发展对于扩展我们对文本衔接性的理解至关重要，尤其是在信息时代，这些工具在处理和分析海量文本数据方面发挥着不可替代的作用。通过这些高级工具，研究者能够揭示文本的深层结构和功能，进而优化信息传达和知识共享。

这些研究方法使研究者能够从不同的视角和层次上探讨语篇衔接问题，从而更全面地理解和解释语篇衔接现象。在应用这些方法时，研究者需要根据研究目的和语篇材料的性质来选择最适合的方法或方法组合。

二、语篇连贯的研究方法

语篇连贯性的研究方法涉及多种不同的理论框架和分析手段，旨在探究文本或话语是如何为读者或听者构建意义、逻辑和理解性的。以下是一些主要的研究方法。

（一）文本分析法（textual analysis）

文本分析法是指用来分析书面材料（如文学作品、报告、文章或任何形式的书面交流）的一系列方法和技术。在文本连贯性分析方面，文本分析法特别重要，因为它提供了一套工具和框架来理解和评估文本如何表达意义、如何被组织以及如何实现不同元素之间的逻辑联系。以下是文本分析法在文本连贯性分析方面的重要性。

（1）逻辑结构评估：文本分析可以揭示文本的内部逻辑和结构，评估各个部分如何系统地连接以及如何支持整体的论点或叙述。

（2）主题和意义发展：它有助于分析主题如何在文本中被介绍、发展和得出结论，确保主题的连贯性和深度。

（3）语言连贯性：文本分析法可以评估词汇的一致性、句式构造、时态和视角的使用，以及这些元素在文本中如何相互作用以产生连贯性。

（4）话语标记的使用：通过分析连接词、指代词和其他话语标记，文本分析有助于理解作者如何指导读者通过文本，以及这些标记构建连贯的论述。

（5）风格和语调：文本分析法可以揭示作者的风格和语调如何贯穿整个文本，以及这些元素如何与文本的目的和受众预期相协调。

（6）叙述和论证结构：文本分析揭示了叙述和论证如何构建和展开，以及它们如何通过逻辑顺序和因果关系来维持连贯性。

（7）文化和语境关联：文本分析法还考虑到文本与其文化和历史背景的关系，分析这些背景如何影响文本的连贯性和意义。

（8）跨文本连贯性：它可以评估一个文本如何与其他文本相联系，例如通过引用、回应或对话，这些关联有助于构建跨文本的连贯性。

（9）应对多模态文本：在现代的文本分析中，文本分析法需要适应不仅包括书面语言而且还包括视觉元素和其他模式的多模态文本，以确保全面理解文本的连贯性。

简而言之，文本分析法通过对文本的系统分析，提供了深入理解文本如何组织和传达信息的洞察力。这对于评估文本的效果、理解作者的意图以及改进文本的编写都是至关重要的。

（二）文本自动分析工具

1. Coh-Metrix

Coh-Metrix 是一个先进的计算机辅助工具，旨在通过多个语言和话语层面上的测量来评估文本的连贯性和理解难度。它是由孟菲斯大学的心理学教授 Art Graesser 和其他研究人员开发的。Coh-Metrix 允许用户输入文本，然后提供关于该文本的多维度分析，这些分析包括以下内容。

（1）语言维度：例如，词汇难度、句子复杂性、语法结构和语法的多样性。

（2）话语维度：譬如，叙述与对话的形式、话语中的因果关系、连贯性信号（如连接词）、参考和代词的一致性。

（3）文本结构：包括段落和全文的组织结构。

（4）概念维度：例如，文本的主题一致性、信息的丰富度以及概念间的关联。

（5）情境模型：读者对文本内容的情景化理解，如时空框架、人物和情感状态等。

通过这些测量，Coh-Metrix 能够提供有关文本可读性、难度和教育有效性的信息。这使得它在教育研究、文本编辑、语言学习以及任何需要精确评估和改善文本连贯性的领域都是一种宝贵的工具。

Coh-Metrix 提供了一个在线平台，用户可以注册后将文本粘贴到一个界面中进行分析，系统会生成一系列指标和分数，以帮助用户理解文本在不同层面上的特性。这些数据可以用来指导写作实践，改进教育材料，或者作为语言研究的一部分。然而，由于它的复杂性和输出的多样性，理解和解释 Coh-Metrix 提供的数据通常需要一定的专业知识。

2. Leximancer

Leximancer 是一种高级文本分析软件，它通过一个称为概念地图的可视化界面来展示文本数据中的概念和主题之间的关系。它能从文本集中自动识别关键概念和主题，并分析这些概念和主题之间的关联性。Leximancer 通过使用自然语言处理（NLP）技术和机器学习算法来实现这一点，提供了一个相对直观的方式来洞悉复杂数据集的内容。以下是 Leximancer 的一些关键特点。

（1）概念识别：Leximancer 使用统计和数据挖掘算法来识别文本中的关键概念，不需要用户提前定义。

（2）主题发现：软件能够自动识别出文本中的主题，并显示主题之间的关系。

（3）可视化：通过概念地图，Leximancer 显示了不同概念和主题如何联系在一起，帮助用户直观地理解文本数据。

（4）无监督学习：Leximancer 不需要用大量标记的数据来训练模型，而是可以通过无监督学习从原始文本中学习概念和主题。

（5）多种数据源：它可以分析各种类型的文本数据，包括社交媒体内容、调查反馈、新闻报道、学术文章等。

（6）交互式探索：用户可以通过点击概念地图上的元素来探索数

据，找出不同概念和主题之间的关系。

（7）报告和输出：Leximancer能够生成详细的报告，并允许用户导出数据和结果。

（8）Leximancer主要用于定性数据分析，例如市场研究、内容分析、社会科学研究、用户反馈分析等。

通过其强大的分析能力，Leximancer可以揭示文本数据中潜在的模式和趋势，帮助用户做出基于数据的决策。然而，它的使用和解释通常需要一些专业知识，以确保分析结果的准确性和可靠性。

3. Hemingway Editor

Hemingway Editor是一款流行的写作和编辑工具，以美国作家欧内斯特·米勒尔·海明威的清晰和简洁写作风格命名。这个工具旨在帮助作家创作易于阅读和理解的文本，通过指出复杂的句子构造、过度使用的被动语态、晦涩的词汇选择以及其他可能使文本难以理解的问题。其主要功能有以下几点。

（1）简化句子：Hemingway Editor会突出显示难以阅读的句子，尤其是那些非常复杂或结构紊乱的句子。这鼓励用户简化句子结构，使其更加清晰。

（2）被动语态检测：被动语态虽然在英语中是合法的，但通常被认为不如主动语态直接。Hemingway Editor会突出显示被动语态的使用，建议改为主动语态。

（3）指示词汇难度：它会标出那些阅读级别较高的词汇，提示可能需要用更通俗的词汇替换。

（4）标明副词的使用：许多写作指导建议限制副词的使用，因为它们可能削弱了动词的表达力。Hemingway Editor将标出副词，让作者考虑是否有更强的动词可以替代。

（5）简化表达：当检测到文本中有可以用更简单表达方式替代的地方时，Hemingway Editor会给出建议。

（6）读者理解度评分：它会根据美国学校的阅读级别系统为文本打分，以表明大多数读者是否能轻松地理解文本。

（7）一键格式化：用户可以快速添加标题、列表、引用以及其他格式化选项，无须使用复杂的文本编辑器。

Hemingway Editor不是一个全面的编辑工具，它并不会捕捉到所有的语法错误或拼写错误，像Grammarly之类的工具在这方面可能更加全面。然而，Hemingway Editor在提高文本可读性、清晰性和简洁性方面非常有用，它的建议可以帮助写作更加流畅和具有吸引力。

4. E-rater

E-rater指的是 Educational Testing Service（ETS，美国教育考试服务处）开发的一种自动评分技术。E-rater 是一种自然语言处理工具，用于评估考生的写作能力，通常用于标准化考试中的写作部分，如托福（TOEFL）和GRE（graduate record examinations，留学研究生入学考试）。E-rater 的功能主要包括以下几点。

（1）文法检查：E-rater 可以检查语法错误，包括时态、主谓一致、冠词使用、句子结构等。

（2）拼写检查：自动检测拼写错误，并提供可能正确的建议。

（3）词汇使用：评估词汇多样性和适当性，包括词汇复杂性和上下文中词语的恰当使用。

（4）组织和发展：分析文章的结构，评估论点的清晰度、逻辑性和连贯性，以及支持细节的有效性。

（5）风格和声音：虽然这是一个较难自动评估的方面，E-rater 也会尝试评估作者的写作风格和文章的整体声音。

（6）内容分析：检测文章是否与给定的话题相关，并评估作者对该话题的讨论深度。

（7）与人类评分的结合：E-rater 通常与人类评分结合使用，以提供更全面的评价。例如，在GRE写作部分，考生的写作作品通常会同时由

E-rater和人类评分员评分。

值得注意的是，尽管E-rater在评估写作时提供了许多方便，但它也面临着一些挑战，比如可能无法完全理解创意写作或非常规表达，并且有时会错过上下文中的细微差别。因此，它通常不是独立使用，而是作为一个辅助工具与人类评分者的判断相结合。

5. TextRazor

TextRazor 是一个强大的自然语言处理（NLP）服务，它提供了一系列的文本分析功能，专注于深度文本分析和理解。TextRazor 的 API 允许用户处理大量文本，并提供了以下几类主要功能。

（1）实体识别（entity recognition）：TextRazor 可以识别文本中的组织、地点、人物、产品、日期、邮箱地址等命名实体，并且能链接到相关的知识库，例如 DBpedia 或 Freebase，从而提供实体的详细信息和背景。

（2）关系提取（relation extraction）：该工具可以识别文本中实体之间的关系，比如一个人是另一个人的CEO，或者一个组织位于某个地点。

（3）概念标签（concept tagging）：TextRazor 可以识别与文本相关的抽象概念，这有助于理解文本的主题或主要讨论点。

（4）情感分析（sentiment analysis）：API 能够检测文本中的主观信息，判断整体情感是积极的、消极的还是中性的，甚至能对特定实体的情感倾向进行评估。

（5）分类（categorization）：TextRazor 提供了文本分类服务，能够将文本标记为预定义的类别，例如新闻文章的主题分类。

（6）语言检测（language detection）：它能够识别文本使用的语言，并且支持多语言处理。

（7）关键词提取（keyword extraction）：该工具可以识别文本中的关键词和短语，这对于搜索引擎优化（search engine optimization，SEO）和内容摘要制作非常有用。

（8）词性标注（part-of-speech tagging）：TextRazor 能够为文本中的

每个单词分配词性（如名词、动词、形容词等），有助于分析语法结构。

（9）依存句法分析（dependency parsing）：API 还可以分析句子的依存句法结构，揭示不同单词之间的依存关系。

（10）词义消歧（word sense disambiguation）：能够确定多义词在特定上下文中的准确含义。

TextRazor 的 API 是基于云的，可以轻松集成到现有的应用程序中，提供实时分析。这些功能对于构建复杂的文本分析、内容发现、内容推荐系统和自动化监控工具特别有用。此外，它适用于广泛的行业，包括金融服务、媒体、广告和法律服务等。

6. AYLIEN 的 Text Analysis API

AYLIEN 的 Text Analysis API 是一个基于云的服务，为开发者提供了一系列的自然语言处理、文本分析和数据挖掘功能。这个 API 能够理解和分析文本内容，适用于新闻聚合、内容推荐、情感分析等领域。下面是 AYLIEN Text Analysis API 提供的一些核心功能。

（1）实体识别（entity recognition）：识别文本中的命名实体，如人名、地点、组织、产品等，并将它们与外部数据库（如 DBpedia）链接起来。

（2）情感分析（sentiment analysis）：判断文本的情绪倾向，比如是正面的、负面的还是中性的。这项功能可以基于整个文档或针对文档中的个别实体和主题。

（3）概念提取（concept extraction）：检测与文本相关的高级概念，而不仅仅是明显的关键词，这有助于理解文本的整体主题和含义。

（4）文本分类（text classification）：自动将文本内容归类到一个或多个预定义的类别，这可以是新闻分类、文章类型、用户意图等。

（5）摘要（summarization）：提供文本的自动摘要，捕捉主要观点和关键信息，生成简短的摘要版本。

（6）关键词提取（keyword extraction）：识别文本中的关键词和短

语，有助于理解文本的主要内容和搜索引擎优化。

（7）语言检测（language detection）：识别文本所用的语言，支持多种语言，有助于多语言内容的处理。

（8）情感极性检测（sentiment polarity detection）：除了整体情感分析外，还能检测文本中特定句子或短语的情感极性。

（9）文章提取（article extraction）：从噪声多的环境（如网页）中提取干净的文章内容，包括主要文本、作者、发布日期等信息。

（10）主题标签提议（hashtag suggestion）：根据文本内容建议相关的主题标签，这对于社交媒体内容特别有用。

（11）内容推荐（content recommendation）：基于文本内容分析提供相关文章或内容的推荐。

7. ProWritingAid

ProWritingAid是一个面向作家、编辑和学生的高级写作和编辑软件，它提供了一系列的工具来帮助用户提高写作技能，确保文档的清晰度、一致性、准确性和风格。ProWritingAid旨在作为一个全面的写作助手，提供以下主要功能。

（1）语法和拼写检查：ProWritingAid提供了比基础拼写检查更深入的语法检查，能够识别复杂的问题，如语病、误用的单词、不正确的时态等。

（2）风格检查：它分析文本的风格，指出过度使用的词汇、被动语态、模糊的表述等问题，帮助作者提高文本的可读性和吸引力。

（3）一致性检查：确保文本在拼写、标点、大写等方面的一致性，重要的是对于具有多种拼写（如英式英语和美式英语）的单词进行检查。

（4）可读性指标：提供不同的可读性得分，以评估文本是否易于理解，并针对特定受众优化文本的难度级别。

（5）重复词汇和短语报告：识别文本中的重复词汇和短语，帮助用户找到可以替换的词汇，以增加文本的多样性。

（6）段落长度报告：分析段落长度，指出可能过长或过短的段落，以改善文章的节奏和结构。

（7）过渡语词汇分析：检查文本中过渡语的使用，确保段落之间的连接自然流畅。

（8）模糊和抽象词汇报告：指出文本中模糊和抽象的词汇使用，鼓励使用更具体和准确的表达方式。

（9）词汇丰富性工具：提供词汇丰富性的分析，帮助用户扩展词汇使用，避免重复和单调。

（10）编辑建议：根据上下文提供实时的写作和编辑建议，帮助提高文本质量。

（11）集成词典和同义词库：方便用户查找单词的定义和同义词，以寻找更适合的表达方式。

（12）个性化写作报告：生成个性化报告，总结写作的常见问题和改进点，帮助用户识别和学习他们的写作习惯。

ProWritingAid提供了桌面应用、在线版本以及与主要文本编辑器（如Microsoft Word、Google Docs、Scrivener等）和浏览器的集成插件。这使其成为一个多功能的工具，适用于各种写作场景，包括学术写作、小说创作、商业和技术写作等。

8. Linguistic Inquiry and Word Count（LIWC）

Linguistic Inquiry and Word Count（LIWC）是一款心理学研究工具，用于通过分析语言的心理学和情感内容来量化心理学过程。由社会心理学家James W. Pennebaker和同事开发，用于各种类型的文本分析，包括书面和口头语言。LIWC能够通过计算言语、文字或文本中单词的频率来提供关于个人或群体的心理和情感状态的数据。LIWC软件主要包括以下功能。

（1）文本分析：分析给定文本，计算其中各类词汇的比例，包括功能词（如代词、助词等）和内容词（如名词、动词、形容词等）。

（2）心理学维度测量：通过识别和计算语言中的特定词汇，LIWC

可以测量个人的情感状态、社交倾向、思维风格、个人关注点等心理学维度。

（3）情感分析：检测文本中情感的表达，如积极情绪、消极情绪、焦虑、愤怒或快乐等。

（4）认知处理测量：通过识别反映认知过程的词汇（例如，因果词、绝对词等），来分析个体的认知风格和认知复杂性。

（5）社交关系分析：通过计算社交词汇的使用（例如，朋友、我们等），来了解个体的社交行为和群体动态。

（6）时间导向分析：识别与过去、现在和未来有关的词语使用，以了解个体的时间导向和关注点。

（7）自我参照词汇分析：检测个体在文本中使用第一人称代词的频率，可以关联到自我关注和自我反省的程度。

（8）词汇丰富度：测量文本的词汇丰富度，可能与个体的教育背景和言语能力相关。

（9）数据导出：LIWC允许用户将分析结果导出为数据表格，便于进一步的统计分析和研究。

LIWC常被用于心理学、社会学、市场营销、健康通信、计算机科学等领域的研究。它可以分析从社交媒体帖子、演讲、书籍、论文到面对面交流等多种语言材料。LIWC的结果帮助研究人员理解个体和群体的内在思想、情感和动机，以及这些心理状态如何影响他们的语言表达。

9. Twinword Text Analysis API

Twinword Text Analysis API 是一个提供自然语言处理（NLP）功能的应用程序接口，它通过各种API端点来分析和理解文本。它利用人工智能技术来处理语言和提取有用信息，旨在帮助开发者和企业轻松地集成语言分析功能到他们的应用程序或服务中。以下是Twinword Text Analysis API提供的一些主要功能。

（1）情感分析（sentiment analysis）：识别文本中的情感倾向，通常分类为积极、消极或中立。

（2）主题标记（topic tagging）：提取文本中的关键主题和概念，帮助理解文本的主要内容。

（3）文本相似性（text similarity）：计算两段文本之间的相似性分数，这可以用于文档匹配、检测抄袭或推荐系统。

（4）关键词提取（keyword extraction）：从文本中自动提取关键词，这有助于快速概括内容或用于搜索引擎优化（SEO）。

（5）词性标注（part-of-speech tagging）：对文本中的单词进行词性分类，如名词、动词、形容词等。

（6）意图理解（intent understanding）：识别用户输入的意图，常用于聊天机器人和客户服务自动化。

（7）词汇数据库查询（lexicon database）：提供单词的定义、同义词、反义词、情感得分等信息。

（8）语义推荐（semantic recommender）：根据文本内容推荐相关的词汇或短语，可以用于扩展文本或提高其相关性。

（9）自动分类（text classification）：将文本自动分类到预定义的类别中，这对内容管理和快速信息检索很有帮助。

（10）语言检测（language detection）：确定文本所使用的语言，对于多语言应用程序尤其重要。

（11）写作风格分析（writing style analysis）：分析作者的写作风格，可能包括句子的复杂性、用词的多样性等因素。

简而言之，Twinword Text Analysis API通过提供RESTful接口，使得开发者可以轻易地通过HTTP请求与API交互，将其强大的文本分析功能集成到自己的应用程序中。

10. Grammarly

Grammarly是一款广受欢迎的写作辅助工具，它使用先进的算法来检查语法、拼写、标点、风格以及更多语言相关的错误。它可以作为浏览器扩展、桌面应用、移动应用以及与其他软件（如Microsoft Office）的集成插件来使用。以下是Grammarly的一些核心功能。

（1）语法和拼写检查：自动检测文本中的基本语法和拼写错误，并提供更正建议。

（2）标点修正：纠正逗号、句号、感叹号等标点符号的错误使用。

（3）风格和语调检查：提供风格建议以帮助用户调整他们的写作风格，使之更适合其目标读者和写作目的。

（4）同义词建议：通过建议同义词来帮助用户增强词汇使用，使写作更准确和有表现力。

（5）句子结构改进：分析并提供改善句子结构的建议，例如避免被动语态、冗长的句子和重复。

（6）清晰度和简洁性：提出建议来帮助用户更简洁明了地表达意图，移除不必要的词汇。

（7）可读性检查：评估文本的可读性，并提供改进文本以使其对目标读者更易于理解的建议。

（8）抄袭检测：检查文本是否包含未引用的内容，帮助用户避免可能的抄袭问题。

（9）个性化词典：允许用户添加新词到个人词典中，这样Grammarly就不会将其标记为拼写错误。

（10）多种语言支持：虽然Grammarly最初针对英语写作，但它也在不断增加对其他语言的支持。

（11）写作统计：提供写作活动的统计数据，如常见错误的类型和频率，帮助用户了解他们写作中的模式和习惯。

（12）目标设定：允许用户根据其写作目的（如说服、叙述）、受众和风格来设置写作目标，从而得到更加定制化的修正建议。

Grammarly特别适合非母语者、学生、专业作家和任何想要提高写作质量的人使用。通过提供实时反馈和写作指导，它帮助用户避免错误，提升写作技能，并确保文本清晰、准确、专业。

以上这些工具各有侧重点，但都提供了对文本连贯性、可读性和其他写作质量方面的分析。根据用户的需求（如教育、内容创建、SEO等），可以选择最适合的工具来帮助改进写作和内容的清晰度。

（三）语料库分析法（corpus analysis）

利用大型语料库，运用定量的方法分析语篇连贯性的特征，如通过统计软件分析特定衔接手段的使用频率。运用计算语言学工具，如自然语言处理（NLP）技术，来自动识别连贯性标记。语料库分析法（corpus analysis）是一种使用特定集合的文本数据（即"语料库"）进行语言研究的方法。这种方法通过对大量自然语言使用实例的系统分析来研究语言结构、使用模式和语言学现象。语料库可以是大规模的，可能包括成千上万个不同文本来源的数据，如书籍、文章、讲话、博客帖子等。语料库分析法通常包含以下几个步骤。

（1）语料库的构建：选择和编译一组代表性的文本，这些文本涵盖了研究者感兴趣的语言使用范围。语料库可以是通用的，也可以是专业的，包括不同的文体、领域或语言变体。

（2）文本的数字化和预处理：将文本材料转换成电子格式（如果它们还不是），并进行清洗和标准化处理，例如去除格式、标记化（将文本分割成词汇单元）、词性标注等。

（3）定量分析：使用各种工具和技术来计算频率、分布和其他统计指标。例如，计算特定词汇的使用频率，或者分析词汇共现（collocation）模式。

（4）定性分析：深入检查语料库中的语言现象，解读模式背后的意义和语境。可能包括话语分析、语境分析、语义分析等。

（5）假设测试：基于语料库的定量和定性分析来测试语言学假设。

（6）软件工具：使用专门的语料库分析软件，如 AntConc、Wordsmith Tools、NLTK（Python），或其他定制的脚本和程序来自动化分析过程。

语料库分析法的优势在于其能够提供对语言使用的实证分析，使得研究者能够基于实际语言数据而不是仅仅基于直觉或理论进行研究。此外，因为它能够处理大量数据，语料库分析法可以揭示出其他方法可能忽视的模式和趋势。语料库分析法在现代语言学研究中应用广泛，特别是在计算语言学、语言教学、词汇学、语用学、话语分析等领域。随着计算能力的提升和数字文本资源的增加，语料库分析法变得更加强大和易于使用。

（四）实验设计法（experimental design）

实验设计法是科学研究中一种系统地规划实验过程的方法，以便有效地测试假设或理论。在实验设计中，研究者会控制和操纵一个或多个自变量（independent variables），以观察其对一个或多个因变量（dependent variables）的影响。实验设计要求严格的控制条件，以确保结果的可靠性和有效性。这种方法在心理学、社会科学、生物学、化学、物理学等众多领域都有应用。以下是实验设计方法的一些关键要素。

（1）假设：清晰定义实验旨在测试的假设。

（2）变量。自变量：研究者操纵的变量。因变量：研究者测量的变量，用来观察自变量操纵的效果。控制变量：在实验过程中保持不变的变量，以防止它们对因变量造成影响。

（3）参与者分配。随机分配：参与者被随机分配到不同的实验条件，以确保每组人的特性平均分布。匹配：确保不同实验组在重要特征上相似。

（4）控制组与实验组。控制组：不接受实验性操纵的参与者组，用于提供基线数据。实验组：接受实验性操纵的参与者组。

（5）实验设计类型。单因素设计：只有一个自变量。多因素设计：有多个自变量。重复测量设计：同一组参与者在不同条件下被测试多次。区组设计：参与者基于某些特征被分组，并在组内进行实验操纵。

（6）盲实验。单盲：参与者不知道他们处于控制组还是实验组。双盲：既包括参与者又包括实验者都不知道谁处于控制组或实验组，用来防止偏见。

（7）数据收集与分析：确定如何测量因变量以及如何统计分析数据。

（8）实验的有效性。内部有效性：确保实验结果是由自变量的操纵引起的，而非其他因素。外部有效性：实验结果在其他情境、样本或时间上的推广能力。

（9）伦理考虑：确保实验遵循伦理准则，保护参与者的安全和隐私。

实验设计法的目的是通过精确控制实验条件来最大限度减少误差和偏差，从而使研究者能够更有信心地推断因果关系。一个良好设计的实验可以提供强有力的证据来支持或反驳某个特定的理论或假设。

（五）比较研究法（comparative studies）

比较研究法是一种分析方法，它通过比较两个或多个对象来识别它们之间的相似之处和差异。在语篇分析中，尤其是在研究语篇连贯性时，比较研究法可以用来探究不同文本或语篇之间连贯性的构造方式和特点。

1.语篇连贯性的要素

语篇连贯性涉及多个层面，包括如下内容。

（1）语义连贯性：语篇的意义是否连续一致。

（2）语用连贯性：语篇是否满足交际情境的需求和预期。

（3）篇章连贯性：组织结构、主题发展等篇章特征是否合理。

（4）参照连贯性：指代关系、替代关系等是否明确，使读者能够追踪信息。

2.比较研究法在语篇连贯性分析中的应用

比较研究法在语篇连贯性分析中的应用包括：

（1）检测不同文体的连贯性策略：通过比较新闻报道、学术论文、小说等不同文体，研究者可以揭示各自如何构建连贯性，这可能包括特定类型的连接词的使用、信息结构的安排、叙述模式等。

（2）跨文化比较：不同文化背景下的文本可能展现出不同的连贯性特点。通过比较，研究者可以揭示特定文化或语言群体倾向使用的连贯性构建方式，以及这些方式如何受到语言习惯和文化价值观的影响。

（3）教育应用：在教学第二语言或外语时，比较学习者和母语者的文本可以帮助识别学习者在连贯性构建上的常见问题。这种比较可以用于制定教学策略，以提高学习者写作的连贯性。

（4）同一作者不同作品的比较：这有助于分析特定作者如何在不同作品中维持连贯性，以及他们的风格如何随时间和语境的变化而变化。

（5）不同语言版本的文本比较：对翻译文本与原文进行比较，可以揭示翻译如何影响语篇连贯性的构建，以及译者如何调整策略以适应目标语言的读者。

3.比较研究法的影响

通过比较研究法，研究者能够：

（1）提升理解：更深入地理解语篇连贯性的构建机制。

（2）发现模式：识别不同文本或语言在连贯性构建上的共性和差异。

（3）指导实践：为写作教学、翻译实践和编辑工作提供依据和指导。

（4）理论发展：丰富和发展连贯性理论，尤其是在跨文化和跨语言的研究中。

在实施比较研究时，重要的是要确保比较是公平的，即比较的对象应当在某种程度上是可比的，并且研究者应注意控制可能影响结果的变量。此外，比较结果的解释需要谨慎，尤其是在跨文化和跨语言的研究中，应考虑到文化差异和语言差异的深远影响。

（六）连贯分析法（coherence analysis）

连贯分析法是一种研究文本或话语如何在结构上和意义上形成连贯性

的分析方法。这种分析旨在理解文本或话语中各部分之间的关系，以及这些关系如何影响整体意义的构建。连贯性是理解和解读语言的重要方面，尤其在学术写作、文学分析、对话研究等领域中尤为重要。连贯分析法的主要内容包括以下几个方面。

（1）连贯性的定义：连贯性指的是文本或话语中信息的逻辑和语义连接，使得读者或听者能够理解整体意义。它与文本的结构性和组织性密切相关。

（2）连贯性与衔接：连贯性不仅依赖于语言的衔接（如连接词、代词等的使用），还包括对话语内容、主题和信息的逻辑关系的理解。

（3）主题结构：分析文本中的主题和子主题如何组织和发展，探讨它们之间的关系，以及如何促进或阻碍文本的连贯性。

（4）指代与替代：研究文本中指代词（如"他"、"她"、"它"等）和替代词的使用，分析它们如何帮助建立上下文的连贯性。

（5）信息结构：分析信息的呈现方式，研究如何通过新信息与已知信息的对比、强调或递进来增强连贯性。

（6）语境因素：考虑语境在连贯性中的作用，包括文化背景、读者的知识、交际目的等，探讨这些因素如何影响对文本的理解。

（7）情节发展：在叙述文本中，分析情节的发展如何影响故事的连贯性，研究事件之间的因果关系和时间顺序。

（8）对话中的连贯性：研究对话中的话语如何实现连贯性，包括发言者如何通过提问、回应和交互来维持对话的流畅性。

在实际应用中，连贯分析法可以涉及跨文体、跨时间或跨文化的比较，也可以是同一文体或话语类型在不同情境下的比较。例如，在法律文本、学术文章、政治演讲或教育材料中寻找连贯性的元素，并分析它们如何帮助或阻碍读者理解。总体而言，比较研究法在连贯分析中的应用增加了研究的深度和广度，提供了更全面的视角来理解和评估连贯性。

（七）教育研究法（educational research）

在语言教学和学习研究中，分析教材和学习者产出的语篇，以评估和改进连贯性教学策略，是教育研究法的重要应用之一。研究语言学习者如何习得和使用不同的连贯性手段也是其中的核心内容。

教育研究方法在文本连贯性分析中非常重要，因为它们提供了一套工具和策略，帮助研究者理解和评估教育材料（如教科书、课程大纲、教学指南）如何有效地传达信息。文本连贯性是指文本中的句子和段落之间的逻辑和意义联系，这在教育环境中尤为重要，因为连贯的教育材料可以极大地影响学习效果。以下是教育研究方法在文本连贯性分析中的几个重要方面。

（1）理解学习者需求：教育研究方法可以帮助研究者考虑到不同学习者的背景和需求，从而评估文本是否提供了与学习者知识水平和认知能力相匹配的连贯性。

（2）评估教学内容的组织：教育研究可以帮助分析教材的组织结构，如信息的排序、概念的分层和递进，以及这些因素如何影响文本的整体连贯性。

（3）分析语言使用：教育研究方法关注教育文本中词汇、句法结构和修辞手段的使用，评估它们如何支持或干扰连贯性。

（4）评价教育目标的对齐：研究方法可以用来确定教育材料中的连贯性是否与教学目标和学习成果相对齐，确保学习者能够沿着设定的路径达到预期的理解水平。

（5）促进批判性思维：通过分析文本如何呈现论据、证据和观点，教育研究方法可以帮助确定文本是否鼓励学习者进行批判性思维和自主学习。

（6）使用定性和定量研究工具：教育研究方法包括定性分析（如内容分析、话语分析）和定量分析（如统计分析），这些工具有助于系统地评估文本连贯性。

（7）应用理论框架：教育研究方法通常基于特定的理论框架，比如认知心理学理论，这些理论框架为分析文本的信息处理和连贯性提供了理论依据。

（8）反思和改善教学实践：通过连贯性分析，教师和课程开发者可以反思并改进教学材料和策略，以便更有效地支持学习者的认知发展。

教育研究方法的应用确保了教育材料不仅在内容上丰富，而且在呈现方式上能够促进理解和学习。总之，文本连贯性分析是一种重要的教育研究工具，它有助于提高教材质量，进而提高教学效果。

（八）批评性话语分析（critical discourse analysis）

结合语言学、社会学和心理学理论，分析语篇中权力、意识形态和文化价值观是如何通过语言的连贯性手段来体现和传播的。批评性话语分析（Critical Discourse Analysis，简称CDA）是一种跨学科方法，用于研究话语在社会和文化背景中如何表达、构建以及被理解。它特别关注权力、支配和不平等如何通过语言在各种文本中得以体现和再生产。在文本连贯性分析中，CDA的应用对于揭示文本在意义构建、语境融合和社会影响方面的深层结构和功能尤为重要。以下是批评性话语分析在文本连贯性分析中的重要功能。

（1）意识形态的揭示：CDA帮助分析者识别文本中隐含的意识形态假设，这些假设影响了文本的连贯性和接受者对该连贯性的理解。

（2）权力关系的显现：通过分析话语中的权力动态，CDA揭示了文本如何通过语言的选择和结构来传达和巩固特定的社会关系和权力结构。

（3）话语实践的考察：CDA关注话语实践（即语言使用）和社会实践（即社会互动和行动）之间的关系，评估这些实践如何影响文本的连贯性和效力。

（4）多层次的分析：CDA不仅分析文本的表面结构，而且深入探讨文本的深层结构，包括隐喻、叙事结构和话语策略，这些都是构建连贯性的关键元素。

（5）社会语境的融人：CDA强调文本与其社会、政治和历史语境的关联，这种融合对于理解文本产生连贯性的方式至关重要。

　　（6）构建和解构的过程：CDA不仅帮助理解文本是如何构建连贯性的，而且还分析了这种连贯性是如何被读者解构的，即读者如何理解和解读文本。

　　（7）批判性思维的促进：CDA旨在培养批判性思维，使读者能够识别并挑战那些通过言语实现的、可能被忽视的权力结构和不平等现象。

　　在实际分析中，批评性话语分析通常包括对文本进行细致的语言学分析，探讨词汇选择、语法结构、修辞策略等对文本连贯性的影响。同时，CDA研究者还会关注文本如何在更广泛的社会文化背景中产生意义，以及这些背景如何与文本的连贯性相互作用。总之，批评性话语分析为理解和解释文本连贯性提供了一种强有力的分析框架，它不仅关注文本内部的连贯性构建，而且还关注文本如何在特定社会语境中获取意义和力量。通过CDA，研究者能够更加深入地理解语言如何在特定的社会、文化和政治背景下发挥作用。

（九）多模态分析（multimodal analysis）

　　在多模态语篇（如结合了文本、图像、音频和视频的语篇）中研究连贯性，探讨不同模态之间如何相互协作，以建立语篇整体的连贯性。简而言之，语篇连贯性的研究通常要求跨学科的知识和方法，研究者可能需要根据具体的研究目标、语篇材料和理论偏好来选择或结合上述不同的研究方法。以下是多模态分析在文本连贯性分析中的重要功能。

　　（1）整合非语言信息：多模态分析考察图像、图表、颜色、布局、音乐、体态等非语言元素如何与文字互动，共同构建连贯的信息体验。

　　（2）理解多模态资源的互补性：各种模态元素可以相互补充，增强文本的表达力。例如，图像可以帮助阐释文本的难点，颜色和布局可以影响读者对信息的理解和记忆。

　　（3）识别模态之间的协同效应：在多模态文本中，不同的模态元素可以通过各种方式相互作用，例如对比、重复、强化或补充，这些互动对于创建文本的连贯性至关重要。

（4）增强接受者的参与度：多模态元素可以吸引接受者的不同感官，提高他们对内容的兴趣和参与度，这有助于提高信息传达的效果。

（5）跨文化交流的理解：在不同文化中，非语言模态（如手势、颜色的象征意义）的理解可能有所不同。多模态分析有助于揭示这些差异如何影响文本的全球理解和连贯性。

（6）适应数字媒体的特点：现代的数字文本往往是多模态的，结合了文字、图像、声音、视频等多种模态。多模态分析有助于我们理解这些新型文本如何运用不同的模态资源来构建连贯性。

（7）教育实践的改进：在教学材料的设计中，多模态分析可以指导教育者如何整合多种模态资源，来提高学习材料的连贯性和教学效果。

（8）专业领域的应用：在广告、新闻报道、用户界面设计等专业领域，多模态分析有助于创造和评估文本的连贯性，确保信息传递的有效性。

通过多模态分析，研究者和专业人士可以更全面地理解和设计连贯的信息体验，无论是在传统的纸质文本还是在互动的数字环境中。随着技术的发展和通信方式的多样化，多模态分析在文本分析中的重要性将继续增长。

三、本章小结

本章综述了语篇衔接与连贯的研究方法，涵盖了从传统的定性分析到现代的定量研究，以及最新的多模态和计算方法，其中包括如下内容。

（1）定性分析：早期的语篇衔接与连贯研究依赖于定性分析，学者们通常通过仔细阅读和解释文本来识别衔接手段和连贯策略。这包括分析诸如指代、复述、省略和连接词等明显的语言标记，以及寻找不那么明显的话语间的关系，如主题发展、框架设定和背景知识的应用。

（2）定量分析：随着计算技术的进步，定量方法开始应用于衔接与连贯的研究中。语料库语言学方法允许研究者使用大规模语料库来识别衔接模式和连贯性标准，这些模式和标准可能在定性分析中被忽略。统计分析，如频率计数、分布模式和变异系数，可以揭示不同文本类型和语言风格中衔接和连贯的使用情况。

（3）计算方法：近年来，随着自然语言处理（NLP）技术的发展，计算方法在语篇衔接与连贯研究中占据了一席之地。机器学习算法，尤其是深度学习模型，已被用来自动识别和生成衔接性强的文本。这些模型可分析复杂的语言特征，包括句法、语义和语篇层面的特征。

（4）跨领域方法：语篇分析的跨领域方法结合了语言学、认知心理学、社会学和计算机科学等领域的理论和方法。例如，在认知语言学中，研究者可能会研究语篇理解的认知机制，而在社会语言学中，他们可能更关注社会身份和权力关系如何通过语篇实践来构建和维持。

（5）多模态分析：在多模态分析中，研究者不仅关注文字，还关注与文字配合的视觉、音频和其他非语言符号如何共同作用来实现衔接与连贯。例如，研究者可能会分析图文并茂的文档，如网页、漫画和视频，来了解这些不同模式是如何交互并影响信息的传递和接收的。

（6）实验方法：通过控制实验室环境中的变量，实验方法被用来测试特定衔接和连贯手段对阅读理解和记忆的影响。这种方法可以帮助理解语篇特征如何影响心理加工过程，以及不同类型的读者如何处理这些特征。

综上所述，本章通过概述这些多样化的研究方法来展现语篇衔接与连贯领域的深度和广度。每种方法都为我们理解语篇如何在不同环境下有效地传递信息提供了宝贵的视角。随着研究的不断深入，这些方法也在不断地发展和完善，以适应新的研究需求和挑战。

第三章 语篇衔接和连贯研究范式

一、语篇衔接的研究范式

语篇衔接的研究范式通常基于特定的理论框架,对语篇内部的连接机制进行分析,即分析文本中的语言元素是如何通过各种手段相互联系,从而使得语篇作为一个整体呈现出连贯性。以下是几种主要的衔接研究范式。

(一)形式主义范式

语篇衔接分析的形式主义范式通常侧重于文本内部的结构和形式特征,其目标是通过分析语言的表面特征来揭示文本的内聚和连贯性。

形式主义范式在语篇分析中的关注点主要包括:

(1)内聚性(cohesion):形式主义视角强调内聚性的语言标记,如复述(repetition)、替代(substitution)、省略(ellipsis)、指示(reference)和连接(conjunction)。具体来说,通过分析这些语言现象的出现和分布,研究者能够揭示文本元素之间的明确联系。

(2)连贯性(coherence):尽管连贯性通常涉及文本的深层意义和读者的解释,但在形式主义范式中,研究者也尝试通过分析句子和段落的结构来揭示文本的逻辑和意义流。这可能涉及分析话语标记(discourse markers)或其他提示文本结构的语言现象。

（3）句法结构（syntactic structures）：句法结构的分析可以揭示复杂的语篇组织模式，例如通过并列和从属结构来展示信息的添加或层次化。

（4）词汇选择（lexical choices）：词汇丰富性、同义词/反义词的使用、特殊术语的一致性等都是形式主义分析中的重要考量因素。

（5）信息结构（information structure）：分析主题（theme）和述题（rheme）的分布，以及它们如何影响文本的信息呈现和读者的理解。

（6）段落和文本结构（paragraph and text structure）：文本的组织，包括标题、小标题、引言、结论等元素的使用，以及它们如何帮助建立文本的框架。

（7）模式和模式化语言（patterns and formulaic language）：形式主义分析还包括识别和分析文本中的常见表达和结构模式，这些常在特定文体或体裁中出现。

形式主义范式在进行语篇衔接分析时通常采用以下方法。

（1）语料库语言学：使用大规模语料库来识别和分析衔接手段的模式。

（2）计算语言学方法：应用自然语言处理技术自动识别和分类文本中的衔接现象。

（3）句法和语义分析：采用句法树和语义角色标注等工具来深入理解句子结构和意义。

（4）形式主义范式强调通过定量和定性的方法来系统地研究文本特征，以揭示文本构建的内在规则和模式。通过这种方式，研究者可以将复杂的衔接现象抽象为可度量和可比较的数据。

（二）功能主义范式

功能主义范式在语篇衔接分析中，与形式主义范式不同，侧重于语言的使用和功能，以及语言如何适应并反映社会互动和语境需求。这种范式探索文本如何在特定情境中发挥作用，从而实现沟通的目的。以下是功能主义范式关注的几个关键方面。

（1）交际功能（communicative function）：功能主义关注语言如何实现特定的交际目的，例如请求、承诺、提供信息或建立关系等。分析如何通过语篇结构和词汇选择实现这些目的。

（2）语用连贯性（pragmatic coherence）：考虑听者或读者如何依据社会和文化知识来理解和解释语篇。分析语境线索如何促进理解，并且如何影响信息的解释。

（3）话语类型和体裁（discourse types and genres）：研究不同类型的话语（如叙述、论证、说明等）和体裁（如新闻报道、学术文章、广告等）如何影响语篇结构和衔接手段的使用。分析体裁对话语组织和语言选择的影响。

（4）社会文化因素（socio-cultural factors）：探讨社会身份、权力关系、文化背景如何通过语言使用反映出来。分析文本如何在特定的社会文化背景下创建意义，以及这些背景如何影响衔接的实现。

（5）互动性（interactivity）：在口头交际或书面互动中，分析对话者如何通过回应和预设来建立和维持对话的连贯性。

（6）话语标记（discourse markers）：除了它们在句法上的功能，功能主义范式还关注话语标记在调节对话、指示话轮转换、表达态度等方面的作用。

（7）语篇结构（discourse structure）：分析段落和整个文本的结构如何服务于组织话题，引导读者/听者的注意力，以及如何反映作者的意图和读者的预期。

在进行功能主义范式的语篇衔接分析时，通常采用以下方法。

（1）语境分析：深入了解文本产生的社会文化背景，包括说话者的意图和听者的预期。

（2）会话分析：研究实际对话中的互动模式，了解对话者如何实现和维持话语的连贯性。

（3）批判话语分析：探讨权力、意识形态和社会不平等如何通过语言形式和实践来体现和再生。

（4）体裁分析：研究特定体裁的结构和功能，以及它们如何满足社会沟通的需求。

功能主义范式强调语言不仅仅是形式的系统，更是实现功能和进行社会实践的工具。在这个视角下，语篇衔接不单是文本内部的相互联系，而是语言如何在实际使用中连接思想、人和社会结构。

（三）认知主义范式

认知主义范式在语篇衔接分析中强调了个体心理过程和认知结构在理解和产生连贯语篇中的作用。认知主义视角关注的是语言用户如何处理信息，如何在大脑中构建意义，并将这些意义与他们的知识和经验相结合。以下是认知主义范式的一些主要关注点。

（1）心理表征（mental representation）：认知主义探究个体如何在大脑中构建和使用心理表征来理解语言。分析语篇如何激活或构建听者或读者的认知模式（schemata）和框架（frames）。

（2）概念整合（conceptual integration）：研究语篇中的概念如何在接收者的脑海中相互作用，产生新的意义或理解。认知主义特别关注隐喻和隐喻如何在认知层面上促进理解和创造性思维。

（3）推理和推论（inference and inferencing）：关注语篇理解过程中的推理活动，包括如何通过上下文线索和世界知识来填补信息上的空缺。分析语篇中的隐性（implicit）信息如何通过推论成为明确的。

（4）工作记忆（working memory）：研究语篇理解和产生时工作记忆的作用，特别是如何处理和保持多个信息单元。分析长句子和复杂结构如何影响理解和记忆。

（5）注意力分配（attention allocation）：探讨语篇处理中注意力如何被分配，包括如何在语篇的不同部分和不同层次上调整关注点。分析语言结构如何影响接收者对信息的关注和加工。

（6）话语标记和连接词（discourse markers and connectives）：研究这些元素如何帮助接收者构建和维持语篇的认知连贯性。分析它们在指导推理和理解上的作用。

在进行认知主义范式的语篇衔接分析时，常用的方法包括。

（1）实验心理学方法：通过实验研究来测试语篇处理的认知模型。

（2）认知语言学分析：运用认知语言学理论来分析语篇结构和语言使用对于认知加工的影响。

（3）眼动追踪研究：观察阅读过程中的眼动模式，以理解信息处理的过程。

（4）神经语言学研究：使用功能性磁共振成像（fMRI）等技术来探究语篇处理在大脑中的具体机制。

认知主义范式通过这些方法来理解语篇衔接不仅在文字表面上如何实现，更在于语篇是如何被人脑处理、理解和记忆的。它将语篇衔接视为一个动态的认知过程，强调语言的理解和使用是与认知结构和功能紧密相连的。

（四）社会语言学范式

社会语言学范式在语篇衔接分析中强调语言在社会互动中的作用，以及语篇如何受到社会结构和社会实践的影响。社会语言学视角关注语言使用如何反映出说话者的社会身份、地位、权力关系以及特定社会群体的规范和期望。在这个框架下，语篇衔接不仅仅是一种语言现象，而且是一种社会现象，它与语境、语料库、社会互动和文化实践紧密相联。以下是社会语言学范式的一些关键方面。

（1）社会身份与角色（social identity and roles）：分析语言使用如何表达和构建个体的社会身份和角色。研究不同的社会群体如何通过特定的语言风格和话语实践来定义自己和他人。

（2）社会互动（social interaction）：考虑语篇是如何在社会互动中产生的，以及如何服务于这些互动。研究对话者如何通过话语策略和衔接手段来协商意义和建立社会关系。

（3）权力与礼貌（power and politeness）：分析话语中的权力关系以

及礼貌形式如何影响语篇的构成和衔接。探讨语篇中的礼貌策略如何帮助维护或挑战社会秩序。

（4）语境依存（context dependence）：关注语篇如何受到特定语境（如场合、设置、文化背景）的制约。研究语篇如何适应不同的语境需求以实现衔接。

（5）话语标记与语篇结构（discourse markers and text structure）：研究话语标记如何在不同的社会互动中使用，以及这些使用如何被社会规范所形塑。探讨语篇结构如何反映社会和文化的组织模式。

（6）风格与变体（style and variation）：研究不同的社会语境和群体如何产生不同的语言风格和变体。分析这些风格和变体如何在语篇中得以体现，并促进或阻碍衔接。

（7）社会变异（social variation）：考察不同的社会因素（如性别、年龄、阶级、教育背景）如何影响语言使用和语篇衔接。

在进行社会语言学范式的语篇衔接分析时，研究者通常会采用以下方法。

（1）实地研究和参与观察：深入特定的社会群体进行观察，以了解语言使用的自然情境。

（2）话语分析：关注话语中的社会和文化意义，以及它们是如何构建和传递的。

（3）社会语言学调查：收集不同社会背景下的语言数据，分析语言变异和社会因素的关系。

（4）批判话语分析：探究权力、意识形态和社会结构如何通过话语实践体现和再生。

社会语言学范式通过这些方法来揭示语篇衔接的社会维度，展示语篇是如何被嵌入社会实践中，并由此影响和被社会结构所影响。

（五）批评话语分析范式

批评话语分析是一种重要的社会语言学分析方法，它旨在揭示话语与社会和文化结构之间的关系，尤其是权力、支配和意识形态如何通过语言使用而得以实现和维持。在语篇衔接分析中，CDA关注的是话语构成的微观和宏观层面，以及它们是如何相互作用，从而在文本和社会实践中产生意义的。以下是CDA在语篇衔接分析中关注的几个关键点。

（1）权力和意识形态（power and ideology）：分析语篇中的权力关系，探讨话语如何用来维护和挑战现有的权力结构。研究意识形态如何在语篇中被构建和传播，以及它们如何影响人们对社会现实的理解和行为。

（2）话语实践（discursive practices）：考察社会实践中的话语活动，包括语言、书写和其他符号系统的使用。分析话语实践如何产生社会效果，比如身份的构建、社会关系的建立和社会规范的再生。

（3）语篇结构（textual structure）：关注文本的内部结构，如叙述、论证和话语标记的使用。研究这些结构如何帮助构建一致的话语，并在不同的文化和社会语境中传递特定的含义。

（4）历史与社会语境（historical and social context）：将语篇放置在其产生的历史和社会语境中进行分析。探讨语篇如何反映和回应其时代的社会变迁和政治动态。

（5）语篇衔接资源（coherence resources）：分析文本中的衔接资源，例如参照、替代、省略和连接词等。研究这些资源如何被利用来构建有意义的话语，并在不同的社会群体和语境中被解读。

（6）多模态话语分析（multimodal discourse analysis）：认识到除了语言文字之外，图像、符号和其他视觉元素也是构成话语的重要部分。探索不同模态之间如何相互作用，共同构建语篇的意义。

CDA的研究方法通常包括。

（1）详尽的文本分析：对话语进行细致的分析，揭示其深层的意义和社会效果。

（2）跨文本和跨语境分析：将个别文本放在更广泛的话语实践中进行对比和分析。

（3）理论支撑：采用社会理论、话语理论和其他相关理论来支持对话语的解读和批评。

　　CDA在语篇衔接分析中的应用，使研究者能够揭示隐藏在文本背后的权力关系和社会不平等，并通过批判性的视角来理解和评估话语的社会影响。

（六）互动主义范式

　　互动主义范式在语篇衔接分析中聚焦于语言交际的互动性质，特别是参与者如何通过对话来共同构建意义、社会关系和语篇结构。这种范式强调语言不仅仅是传递信息的工具，也是参与者进行互动和社会实践的场域。互动主义视角下的语篇衔接重点研究以下几个方面。

　　（1）谈话分析（conversation analysis）：通过详细分析交谈记录，来研究语篇衔接的细节，比如轮换机制、修复策略、话轮组织等。探讨参与者如何通过这些微观的交谈策略来维持对话的流畅性和连贯性。

　　（2）语用学（pragmatics）：研究语篇中的语用标记，比如言外之意、暗示、礼貌策略等如何帮助实现话语的衔接。分析参与者如何依据语境和共同知识（common ground）来理解和生成衔接的话语。

　　（3）互动框架（interactional frameworks）：考察参与者如何设定和调整对话中的角色和框架，以及这些框架如何影响话语的生成和解释。分析社会互动的场景，如面对面对话、电话交谈或在线交流等，以了解不同情境下的语篇衔接特点。

　　（4）语言社会化（language socialization）：探究个体如何通过参与社会互动学习使用语言，以及如何习得衔接和连贯的话语策略。研究语言习得过程中，个体如何内化和适应特定社会群体的交际规范。

　　（5）多模态交互（multimodal interaction）：除了语言文字，还关注非语言行为，如肢体语言、面部表情、声音的节奏和强度等如何与话语衔接结合。研究如何通过多种交际渠道同步地构建一个连贯和统一的语篇。

　　在进行互动主义范式的语篇衔接分析时，研究者通常会采用以下方法。

（1）自然语料收集：通过录音、录像等方式，收集自然发生的交际事件作为分析的语料。

（2）细致的谈话分析：对收集到的语料进行逐字的转写，详细分析交际中的微观结构和过程。

（3）参与者观点：关注参与者自身的理解和意图，以及他们如何互动地解释和构建话语。

（4）跨学科方法：结合语用学、社会学、人类学等学科的理论和方法，来分析语篇衔接的社会互动性。

互动主义范式在语篇衔接分析中的应用，使得研究者能够深入理解语言如何作为一种动态的社会行动来执行，并且如何在实时的互动过程中被不断地塑造和重新构造。

（七）多模态范式

多模态语篇分析是语篇衔接分析领域中的一个相对较新的范式，它认识到意义的构建不仅依赖于语言文字，还涉及图像、符号、手势、声音、布局等多种符号资源。这种范式强调了在当代社会，尤其是在数字媒体和网络通信日益流行的背景下，人们使用多种模式协同工作来进行沟通和表达意义。多模态语篇分析的关键理念源自社会符号学（social semiotics），尤其是由Gunther Kress和Theo van Leeuwen等学者发展起来的视角，它强调文本生产者如何在特定的社会和文化语境中选择和组织不同的模态来构成语篇。多模态语篇分析的主要关注点包括以下内容。

（1）模态互补性（modal complementarity）：分析不同模态如何相互补充，共同构建完整的意义。理解不同模态的亲合力和专业化功能，即它们如何各自传递特定类型的信息。

（2）模态整合（modal integration）：研究不同模态的元素如何在空间和时间上整合，形成连贯的语篇。探讨视觉布局、色彩使用、字体选择等如何与文字内容相结合，以及它们如何影响语篇的理解和解释。

（3）符号资源的选择和配置（affordance of semiotic resources）：分析语篇生产者如何根据不同模态的可能性（affordances）来选择和配置符号资源。探究这些选择如何受社会文化因素的影响，以及它们如何反映出语篇生产者的目标和观点。

（4）意义的再现与生产（reproduction and production of meaning）：研究语篇如何在不同的文化和社会语境中建立意义，并且如何通过多模态的方式进行再现或创造。关注技术发展如何影响模态的使用和意义的构建。

（5）受众的参与和解读（audience engagement and interpretation）：分析受众如何根据多模态语篇的线索进行解读，以及他们如何与语篇产生互动。

（6）探讨受众的背景知识、预期和经验如何影响对多模态语篇的理解。

在进行多模态语篇衔接分析时，研究者通常需要：

（1）整合多种分析工具：结合语言分析、视觉分析、听觉分析等多种工具来综合解读语篇。

（2）考虑技术因素：了解不同媒介和平台的技术特性，以及它们如何影响模态的使用和语篇的构成。

（3）跨学科研究：依靠包括但不限于语言学、文学、艺术、设计学、传播学和心理学的理论和方法。

（4）实证研究：收集真实世界中的多模态语篇作为分析对象，进行深入的实证研究。

多模态语篇分析强调语篇衔接不仅仅是通过语言文字来实现，视觉图像等其他符号系统的合理利用同样对于确保语篇的连贯性和有效性至关重要。这种分析范式对于理解和设计广告、网页、电影、视频游戏等复杂语篇结构具有重要意义。

综上所述，不同的研究范式可以提供不同的视角和工具来分析和理解语篇衔接，研究者通常根据具体的研究问题和研究目标，选择或结合一种或多种范式来进行研究。

二、语篇连贯的研究范式

语篇连贯性（coherence）的研究范式主要涉及语篇的逻辑性、一致性和意义的整体性。与衔接（cohesion）的研究不同，连贯性不仅仅关注文本内部的形式标记，还包括读者如何理解语篇以及语篇如何传达一个连贯的意义。以下是语篇连贯性的几种主要研究范式。

（一）文本语言学范式

语篇连贯分析的文本语言学范式，是指运用文本语言学的方法和理论来分析语篇（discourse）的连贯性。文本语言学是语言学的一个分支，它关注的是语言文本如何构成意义的完整单元，以及这些单元是如何在不同的语境中实现交际功能的。语篇连贯分析着重于探究文本（口头或书面的连续语言单位）的内部结构和它们如何构成一个意义上连贯且完整的整体。在文本语言学范式下，语篇连贯性（coherence）被视为文本的一种内在特性，它涉及以下几个方面。

（1）语义连贯（semantic coherence）：文本中的概念和命题之间需要有清晰的关系，如因果关系、对比关系、时间关系等。语义连贯依赖于文本中信息的组织和呈现方式，以及读者对这些信息的理解。

（2）指代连贯（referential coherence）：指代元素如代词、指示词需能够清晰地指向文本中的先行元素。通过指代关系的清晰，读者能够追踪文本中人物、对象和概念的身份和属性。

（3）篇章连贯（discourse coherence）：分析文本段落或句子之间的连贯性，它们应通过逻辑连接词（如"因此""然而"等）或其他衔接手段（如篇章标记、主题和主旨的延续）来实现衔接。文本的结构和布局也对篇章的连贯性有重要影响。

（4）语用连贯（pragmatic coherence）：文本需与沟通情境、说话者的意图和听话者的预期相吻合。语用连贯性涉及文本如何在特定的交际场合中满足交际目的和社会规范。

（5）语法连贯（syntactic coherence）：文本中的句子和短语要符合语法规则，以确保表达的清晰和准确性。语法连贯性帮助读者或听者理解句子的结构和意义。

在文本语言学范式中，研究者通常会使用各种分析工具来探究这些连贯性特征，包括以下几点。

（1）衔接分析（cohesion analysis）：用来分析文本内部形式上的连贯性，如重复、替代、省略、指代和连贯标志等。

（2）篇章结构分析（discourse structure Analysis）：分析文本中的信息如何被组织和结构化，以及这种结构如何支持主旨的表达和理解。

（3）语境分析（context analysis）：研究语篇产生的社会文化背景和交际情境，以及它们如何影响文本的产生和解读。

（4）交际功能分析（communicative function Analysis）：探讨文本如何实现特定的交际目的，例如说服、请求、提供信息等。

文本语言学的这种分析方法有助于我们更好地理解和设计有效的交际文本，无论是口头交流还是书面文本。例如，教育者可以用这些原则来教学写作技巧，而作家和演讲者则可以用它们来提高他们作品的吸引力和影响力。在实际应用中，文本语言学为我们提供了一套工具和框架，以分析和改进文本在不同语境中的连贯性和适宜性。

（二）认知心理学范式

语篇连贯分析的认知心理学范式重点关注语篇理解和生成过程中的心理机制。这种范式认为，语篇的连贯性不仅仅是文本本身的属性，而且是读者或听者在心理加工过程中建构的结果。在认知心理学中，语篇连贯性涉及的核心概念包括工作记忆、长期记忆中的知识结构、推理和推论过程，以及注意和感知机制。以下是认知心理学范式下几个关键的概念和处理机制。

（1）工作记忆（working memory）：语篇理解过程中，读者或听者需要在工作记忆中暂时存储和操作信息。工作记忆的容量限制影响了个体理解和处理复杂语篇的能力。

（2）模式和脚本（schemas and scripts）：个体通过长期记忆中的知识结构（模式和脚本）来理解和生成语篇。这些知识结构帮助他们组织和解释信息，填补文本中可能存在的空白。

（3）推理和推论（inference and elaboration）：连贯性的构建不仅依赖于文本中直接提供的信息，还依赖于读者或听者的推理和推论能力。这些能力使他们能够建立文本内外的联系，理解隐含的意义和作者的意图。

（4）注意和感知（attention and perception）：语篇理解过程中，个体的注意力和感知能力影响信息的编码和加工。注意力的分配可以被文本的结构、突出的信息或读者的目标和兴趣所引导。

（5）元认知（metacognition）：读者在理解过程中会运用元认知策略来监控和调节自己的思考过程。例如，他们可能会重新阅读不清楚的部分，或是对不理解的内容进行深入思考。

（6）情景模型（situation models）：在语篇理解过程中，读者会构建一个"情景模型"，即对文本所描述事件的心理表征。这个模型是动态的，可以随着更多信息的加入而不断更新和调整。

在认知心理学范式中，语篇连贯性是一个动态的、交互式的构建过程，它涉及文本信息和读者认知资源之间的复杂互动。因此，研究者们会利用实验心理学的方法，例如眼动追踪、记忆和理解任务、脑成像技术等，来探究个体如何在认知层面构建和理解连贯的语篇。这种范式的研究结果有助于我们理解阅读障碍的成因，设计更好的教育工具和阅读策略，以及开发人工智能系统，使其能更好地模拟人类的语篇处理过程。

（三）语用学范式

语篇连贯分析的语用学范式集中于语篇产生和理解中的社会交际功能，特别是语言的使用是如何受到语境、说话者意图、交际准则和文化背景等因素影响的。在这个范式下，连贯性被视为语篇中的意义是如何通过语境来构建和解释的。以下是语篇连贯分析在语用学范式中的几个关键概念。

（1）语境（context）：语境是理解语篇的关键。它包括社会文化背景、说话者和听者之间的关系、对话的场合，以及言语行为的目的等。语篇的连贯性需要读者或听者将文本内容与这些语境因素相结合。

（2）言语行为理论（speech act theory）：由Austin和后来的Searle发展的言语行为理论强调，交际不仅仅是传递信息，更是执行行动。了解一个句子的真正意义，需要考虑到说话者的意图和行为。

（3）合作原则和会话含义（cooperative principle and conversational implicature）：根据Grice的合作原则，交际参与者通常会遵守一些准则（如量的、质的、关联性和方式的准则），以使交流尽可能有效。当然，说话者有时会故意违反这些准则来传达隐含意义，也就是所谓的会话含义。

（4）话语标记（discourse markers）：话语标记是语篇中用以指示结构、转折、总结等功能的语言元素。它们对于导引听者的理解和对话的连贯性至关重要。

（5）多模态交际（multimodal communication）：语篇连贯不仅仅依赖于文字，还可能涉及非言语元素，如身体语言、面部表情、声调等。在语用学范式中，这些非言语信号和言语交织在一起，共同构成连贯的交际。

（6）互文性（intertextuality）：语篇中的意义可能不仅来源于单一文本，而且还来自文本与其他文本之间的关系。这种所谓的多声部性意味着读者需要能够识别和理解文本之间的关联。

（7）礼貌原则（politeness principle）：礼貌原则影响着言语的产生和理解，说话者通常会采取策略来避免冲突，并维护对方的面子，这对于确保交流的顺畅和连贯性至关重要。

语用学范式下的语篇连贯分析关注的是语言在实际使用中的功能，它涉及处理隐含意义、解读言语行为以及理解语境线索的能力。这些分析有助于我们理解日常交流中的微妙之处，以及如何根据不同的社会和文化背景来调整我们的语言使用，以达到更有效的交际。

（四）社会互动范式

语篇连贯分析的社会互动范式强调语篇是在特定的社会互动中产生和理解的。在这个范式下，连贯性不仅是由文本结构和意义的内在特质所决定的，还是在社会互动的过程中实现和协商的结果。语篇成为个体之间互动的产物，其连贯性是动态构建的，受到参与者角色、社会身份、交际目的，以及文化习俗等因素的影响。以下是社会互动范式中的几个关键概念。

（1）交际行为（communicative acts）：社会互动中的每一个言语行为都可以视为一种交际行为，这些行为不仅传递信息，还包含互动意图和社会功能。

（2）面子理论（face theory）：Goffman提出的面子理论描述了人们在社会互动中如何通过语言来维护自己和他人的尊严（面子）。这影响着话语的选择和语篇结构。

（3）话语序列（discourse sequencing）：社会互动中的语篇是由一系列话语事件组成的，其序列和组织是符合特定社会规范和交际期待的。

（4）回合制结构（turn-taking structure）：对话中的回合制结构是社会互动的基础，它规定了参与者何时说话以及如何轮换发言权，这种结构的遵循与违反都会影响语篇的连贯性。

（5）语用标记和社会标记（pragmatic and social markers）：社会互动中的语篇包含各种语用标记和社会标记，这些标记帮助参与者识别社会身份、角色、礼貌和关系等级等。

（6）构建性（constructiveness）：语篇的连贯性是参与者通过互动共同构建的结果，不同的参与者可能根据自己的社会角色、经验和期望，对同一文本的理解和反应有所不同。

（7）情境适应性（contextual adaptability）：语篇必须适应特定的情境和互动目标，说话者和听者会根据上下文来调整他们的话语，以确保语篇的连贯性。

社会互动范式认为语篇连贯性是互动参与者基于共享的社会知识和文化规范所进行的动态构建过程。研究者们通常通过观察和分析真实的交际事件，如会话分析、话语分析等方法，来研究语篇连贯性的构建机制。这种范式的研究有助于我们理解在不同社会群体和文化背景中，人们如何使用语言来建立社会关系、维护社会秩序，以及实现交际目标。

（五）批评话语分析范式

批评话语分析（CDA）是一种跨学科的方法论，致力于研究语言在社会权力关系、意识形态和控制中的作用。在批评话语分析的范式下，语篇连贯性不仅是语篇内部逻辑和结构的问题，还与更广泛的社会文化结构和权力关系密切相关。CDA的核心观点是语篇是社会实践的一部分，能够产生、维持和改变社会结构。因此，语篇连贯性的分析也涉及对话语中隐藏的意识形态、权力动态和社会不平等的批判性审视。以下是批评话语分析范式中的几个重要概念。

（1）权力与话语：CDA探讨权力如何通过话语实现，并且如何在话语中被复制和挑战。这包括研究权威话语如何建立标准和规范，以及这些标准如何影响语篇连贯性的理解。

（2）意识形态：语篇被视为传输和再生意识形态的媒介。CDA分析如何通过语篇来建构和传播某一特定的世界观，并且如何通过这种方式来维持现有的社会关系。

（3）话语实践：CDA关注个体或集体如何通过话语实践在特定社会历史背景下构建社会现实。这包括审视语篇如何在不同的社会背景下为读者理解和接受所提供的框架。

（4）文本和社会结构：CDA研究语篇和社会结构之间的相互作用，特别是如何通过语篇来再现和反映社会结构，例如种族、阶级、性别和年龄等构成要素。

（5）批判性：CDA具有显著的批判性，它不仅仅分析语篇本身，而且试图揭示隐藏的社会不平等以及潜在的剥削和压迫机制。

（6）多模态话语分析：近年来，CDA也开始关注非言语符号（如图像、符号、空间布局等）如何与言语符号交互，共同构成意义，并在社会互动中发挥作用。

在批评话语分析的语篇连贯范式下，分析师不仅仅关注文本内部的连贯性机制，例如词汇的一致性、主题发展等，更重要的是要关注这些机制如何在较宽的社会文化背景下发挥作用，并体现特定社会力量和意识形态的影响。通过这种分析，可以揭示隐藏在表面连贯性背后的社会和政治问题，从而提供对话语权力作用的深入理解。

（六）多模态范式

多模态范式（multimodal paradigm）是一种理解和分析语篇的方式，它认识到除了语言文字之外，其他符号系统（如图像、声音、手势、空间布局等）在传递信息和意义构建中的重要性。多模态范式下的语篇连贯性分析，不仅关注于文字和口头语言，还将注意力扩展到所有可能的交际模式和资源。在多模态连贯性分析中，以下几个概念是核心的。

（1）模态（modality）：模态是指不同的表达形式，如语言、图像、音乐、动作等。每种模态都有其独特的方式来表示世界和传达意义。

（2）多模态互文性（multimodal intertextuality）：这是指不同模态之间如何相互关联和参照，以及如何通过这种关联来增强语篇的整体连贯性和意义。

（3）语义整合（semantic integration）：指的是不同模态的信息如何在接收者的大脑中整合为一个统一的意义结构。比如，一张图配合一段文字能够比单独的文字或图像传达更丰富的信息。

（4）设计原则（design principles）：多模态语篇分析关注设计原则，即制作者如何结合不同模态的资源来最有效地传达信息和意图。

（5）社会文化实践（socio-cultural practices）：多模态范式认为，不同的文化和社会群体可能优先使用某些模态，并且赋予特定的模态特定的社会和文化含义。

（6）功能负荷（functional load）：不同模态在特定语篇中所承担的功能重要性可能各不相同，这被称为功能负荷。例如，视觉模态在广告中可能承担更多的功能负荷。

（7）多模态合作原则（multimodal coherence principle）：这一原则假设为了创造连贯的语篇，不同的模态需要有效地协同工作。连贯性不仅体现在每个模态内部，还体现在不同模态之间的衔接和互动。

多模态范式对于语篇连贯性的研究提供了一个更为全面的视角，认识到在日常交流和媒体传播中，意义是通过多种模式共同构建的。在这个范式下，研究者通常会使用多模态话语分析（multimodal discourse analysis）或者多模态交互分析（multimodal interaction analysis）作为方法论来分析语篇中的连贯性。多模态语篇分析的应用范围非常广泛，包括但不限于广告、电影、网页设计、教育材料、城市规划等领域，其中各种符号系统的协同作用对于意义的构建至关重要。

以上每个范式都提供了研究语篇连贯性的不同视角，研究者可以根据自己的研究目的和研究对象的特点，选择合适的范式或将不同的范式结合起来使用。在实际的研究中，这些范式往往是相互交织和互相借鉴的。

三、本章小结

语篇衔接与连贯的研究范式是多元化的，它们从不同的视角分析文本是如何构成一个意义完整、逻辑清晰的整体，其中包括如下内容。

（1）功能语言学范式：该范式强调语境对语言功能的影响，关注如何通过语篇中的语言资源（如主题结构、信息焦点、语篇标记等）实现衔接与连贯。功能语言学认为，衔接不仅是语言表面的连接，还需要理解文本在特定社会文化情境中的意义构建过程。

（2）认知语言学范式：认知语言学家们研究语篇衔接与连贯时，重视读者或听者的认知过程，认为理解一个语篇需要依赖于个体的认知框架、经验和世界知识。语篇中的各种线索（如指代、因果关系、时间序列）都是帮助接收者构建心理表示的重要因素。

（3）社会语言学范式：通过分析语篇中的话语实践，社会语言学关注语言是如何在特定社会群体中传递意义、构建身份以及反映和再现社会结构的。批判性话语分析（CDA）则进一步探讨话语如何被用来维持或挑战权力关系和意识形态。

（4）文本语言学范式：这个范式通过分析文本组织结构和衔接手段（如重复、替代、顺承）揭示文本的连贯性。文本语言学认为，一个文本的连贯性是由内部结构和外部功能共同决定的，而这些结构和功能都可通过语言表面形式体现出来。

（5）语料库语言学范式：语料库语言学使用真实语言使用情况中的大量数据来分析语篇衔接。研究者利用计算机程序来识别文本中的模式和趋势，从而理解衔接手段的普遍性和特异性。

（6）计算语言学范式：计算语言学试图通过算法模拟人类语言的理解和生成过程，特别是在衔接和连贯性方面。开发的自然语言处理系统能够自动识别文本中的衔接手段，甚至生成连贯的文本，这在机器翻译和自动摘要生成等领域尤为重要。

（7）跨文化和比较语言学范式：这个范式识别和比较不同文化和语言中的衔接手段，揭示语篇连贯性在跨文化交流中的差异。这有助于深化我们对语言使用在全球化背景下多样性的理解。

（8）实验心理学和神经语言学范式：通过实验方法来研究语篇理解和产出的心理和神经机制。这些研究经常依赖于眼动追踪、反应时间测量以及脑成像技术，如功能性磁共振成像（fMRI）和脑电图（EEG），来揭示人脑如何处理语篇中的连贯性信息。

简而言之，各个范式提供了独特的视角和方法来研究语篇衔接与连贯，它们之间存在交叉和互补，合作共进，为语篇分析提供了丰富的理论和方法工具。通过综合这些范式，研究者能够更深入地理解语篇的复杂性，更有效地促进语言教学、翻译实践以及人机交互设计。

第四章 语篇衔接和连贯研究相关理论框架

一、语篇衔接研究相关理论框架

语篇衔接（cohesion）是指语篇中各个成分之间的联系和配合，它通过各种语言形式和手段实现，是语篇分析的一个重要方面。以下是一些主要的语篇衔接研究相关理论框架。

（一）Halliday和Hasan的衔接理论

M.A.K. Halliday 和 Ruqaiya Hasan 在1976年的著作 *Cohesion in English* 中提出了语篇衔接的五大类衔接资源：指称（reference）、替代（substitution）、省略（ellipsis）、连接（conjunction）和词汇衔接（lexical cohesion）。这个理论框架是语篇衔接研究中最具影响力的，它从语言表面结构出发，分析文本如何通过明确的衔接手段实现连贯。

（二）篇章标记理论

篇章标记理论对语篇衔接分析有着重要的影响。篇章标记，作为篇章分析的一个工具，帮助分析者理解和解释文本的衔接和连贯性。它们在文本中的运用，特别是在口头语篇和书面语篇中的应用，对确保信息的有效传递和理解至关重要。在语篇衔接分析中，篇章标记的作用可以从以下几个方面体现。

（1）明确语篇结构：篇章标记有助于揭示文本的内在结构，使读者或听者能够跟随作者或说话者的思路。例如，使用"首先""其次""最后"这样的词汇可以明确地标示出文本的组织结构。

（2）提供逻辑关系：篇章标记能指明句子或段落之间的逻辑关系。例如，"因此""然而""另一方面"等词汇不仅连接文本片段，还提供了它们之间的逻辑关系，如因果、对比、让步等。

（3）促进连贯性：虽然篇章标记本身并不改变文本的意义，但它们的使用可以增强文本的连贯性。篇章标记通过在文本的各个部分之间建立联系，帮助读者建立起对文本的整体理解。

（4）界定话题范围：篇章标记可以帮助界定或转换话题，引导听者或读者理解哪些信息是相互关联的，哪些信息属于新话题。例如，"关于……""另一件事是……"等。

（5）体现作者或说话人的态度和意图：一些篇章标记可以反映说话人的个人态度，如确定性、怀疑、惊讶等，或者其言语的功能，如解释、总结、强调等。

（6）交互功能：在对话中，篇章标记还具有管理交互的功能，如轮到谁说话、提示对方给出反应等。

通过分析篇章标记的使用，语篇分析者可以更加深入地理解文本是如何构建意义、如何影响读者或听者的预期以及如何组织信息的。篇章标记理论提供了一套工具和术语，使得语篇衔接分析更加系统化和规范化，增强了对语篇结构和功能的认识。

（三）文本语法理论

文本语法理论（也称为篇章语法理论）与篇章标记理论一样，在语篇衔接分析中占有重要位置。文本语法理论关注的是语言单位如何在篇章中组织和连接起来，形成连贯、完整的意义。这一理论认为，文本的意义不仅仅由句子内部的语法结构决定，还受到文本内各个句子之间关系的影响。文本语法理论对语篇衔接分析的影响主要表现在以下方面。

（1）语篇结构：文本语法理论强调篇章或文本的整体结构，它关注篇章是如何通过不同的语言手段构建起来的。在分析文本时，考虑到文本整体的构架是如何通过段落划分、主题句、支撑句等来建立的。

（2）语篇衔接手段：文本语法理论探讨了语篇衔接的不同手段，包括衔接标记（如代词、指示词、同义词等）和篇章标记，这些手段有助于理解文本的连贯性。衔接手段帮助连接文本中的句子或信息片段，使读者能够理解它们之间的关系。

（3）语篇连贯性：连贯性是文本语法理论的核心概念之一。连贯性不仅仅是由明显的衔接标记创造的，它还包括上下文、世界知识以及句子之间隐含的关系等因素。

（4）语义角色和参照：文本语法理论强调了语义角色（比如施事、受事等）在篇章构建中的重要性，以及指代和复指现象如何帮助读者追踪不同的实体和概念。

（5）信息结构：文本语法理论分析了信息的配布，比如新信息和旧信息的分布，主题和焦点的变化，这对于理解句子如何组织以及读者如何处理信息非常重要。

（6）话语标记：除了衔接标记，话语标记（如节奏、语调、停顿）也是文本语法理论关注的对象，尤其在口头语篇分析中，这些非言语的元素在传递信息和维持语篇连贯中起到关键作用。

文本语法理论提供了一套分析和解释文本如何作为一个整体操作的框架，让我们能够更加深刻地理解语言如何在不同层面上实现意义的构建和传递。在语篇衔接分析中，这种理论视角促进了对文本内部如何通过各种语言手段实现衔接和连贯的理解，并为改善写作风格、提高阅读理解能力、优化翻译质量等实践活动提供了理论支持。

（四）篇章分析理论

篇章分析理论（discourse analysis theory）和语篇衔接分析（cohesion

analysis in discourse）在语言研究中密切相关，它们共同关注语言使用中的连贯性和意义构建。它们之间的关系可以从以下几个方面来理解。

（1）篇章分析的宽泛框架：篇章分析是一个广泛的领域，它包含了语篇衔接分析在内的多种理论和方法。篇章分析关注的是语言的社会实践，它研究的是语言在实际交际中的使用，包括书面和口头的文本。语篇衔接分析则是篇章分析的一个子领域，更专注于文本内部的连贯性机制。

（2）语篇衔接作为篇章分析的组成部分：在篇章分析的众多关注点中，语篇衔接分析专注于分析文本中句子或语句如何互相联系，形成一个整体的衔接机制。这包括了词汇、语法、语义等层面的衔接手段，如代词使用、连接词、指代和复指、语义场的一致性等。

（3）连贯性和衔接性：篇章分析理论通常区分连贯性（coherence）和衔接性（cohesion）。连贯性是指文本在意义上的整体性和一致性，是读者或听者对文本的认知和解释过程；衔接性则是指文本内部实现连贯性的具体语言表现，包括篇章标记、替代、省略、顺承等语篇衔接手段。语篇衔接分析就是研究衔接性的策略和功能。

（4）跨层面的分析：篇章分析不仅仅局限于文本内部的语言特征，它还会涉及社会文化和认知心理等层面，探讨语境、意图、语体、风格等因素如何影响篇章的产生和理解。而语篇衔接分析则更多关注文本内部的形式和结构特征。

（5）应用范围：篇章分析的应用范围非常广泛，包括但不限于语言学习、教学、翻译、跨文化交际、语言障碍的诊断和治疗等领域。语篇衔接分析则常用于提高阅读理解、改善写作技巧、教学评估等具体领域。

总体来说，语篇衔接分析是篇章分析的重要组成部分，它提供了分析文本连贯性的具体工具和方法。而篇章分析则提供了更为宽泛的研究视角，涉及语言使用的多个层面，包括文本内部的衔接以及文本与外部世界的关系。两者相辅相成，共同促进了对语言使用和文本结构深层次理解的发展。

（五）认知篇章分析

认知篇章分析是篇章分析领域中的一个分支，它将认知心理学的原理和概念应用于语言使用和文本分析中。在认知篇章分析的视角下，语篇衔接不仅仅是文本表面的连接方式，更是读者或听者在理解语篇时所依赖的心理加工过程。认知篇章分析对语篇衔接分析的影响体现在以下方面。

（1）认知连贯性：认知篇章分析强调，篇章的连贯性并非仅仅依赖于文本的衔接标记或显性的连接手段，还依赖于读者的认知加工。读者根据自己的背景知识和世界知识，以及语篇中提供的线索，构建情节、论点或概念之间的关联。认知篇章分析因此将读者的认知策略和加工机制作为衔接分析的重要组成部分。

（2）场景模型和情境模型：认知篇章分析中的场景模型（scene model）或情境模型（situation model）是理解语篇衔接的关键概念。这些模型代表了读者在读或听篇章时在心中构建的对事件、人物、空间和时间关系的动态表征。它们强调了篇章理解是一个动态建构的过程，这一过程在衔接分析中至关重要。

（3）推理和背景知识：认知篇章分析认为，读者在理解篇章时会进行推理，以填补文本中的信息空缺。这种推理依赖于读者的背景知识和篇章中的线索。因此，语篇衔接分析需要考虑读者如何运用知识和上下文线索来解释文本。

（4）元认知监控：读者的元认知能力，即对自己理解过程的监控和调节，也是认知篇章分析中的一个重要概念。语篇衔接分析在这个层面上需要考虑读者如何评估和调整自己的理解策略，以及这对篇章的连贯性感知有何影响。

（5）认知负荷：在阅读或听理解语篇时，认知资源的分配和管理是关键因素。认知篇章分析中，语篇衔接的分析考虑到认知负荷的问题，即衔接手段如何影响读者认知加工的难易程度。

（6）交际意图和篇章结构：认知篇章分析还考虑了作者或说话者的交

际意图如何通过篇章结构实现,以及读者如何识别和处理这些意图。语篇衔接分析在此基础上关注衔接手段如何帮助揭示交际意图。

综合来看,认知篇章分析为语篇衔接分析提供了一个深入的认知视角,强调了理解语篇衔接不仅是分析文本结构,还包括了解读者如何在心理层面处理和理解篇章。这种视角为理解文本如何影响读者的理解和认知提供了重要的理论支撑。

(六)语用学与会话分析

语用学(pragmatics)和会话分析(conversation analysis)是语言学的两个分支,它们提供了分析和理解语篇衔接的独特视角。

1.语用学影响语篇衔接分析的方式

(1)语境依存性:语用学强调语言的语境依存性,即语篇的意义和衔接不仅取决于文本本身,还依赖于语境(context)。这使得语篇衔接分析必须考虑到语言使用的具体情境,如说话者的意图、听者的预期、话语的社会功能等。

(2)隐含意义:语用学中的一个核心概念是隐含(implicature),即未明说但可被推断的意义。这对语篇衔接分析意味着,衔接不仅是文本中的显性标记,还包括通过社会常规和共享知识所能推断出的意义。

(3)话语标记与多功能性:语用学研究中,话语标记(discourse markers)如"但是""因此"等不仅仅是连接词汇,它们还承载着调节会话、维持交际礼貌等多重语用功能。这些标记在衔接分析中被视为重要的衔接工具。

(4)多维衔接:语用学认为语篇衔接是多维的,包括语义、语法、语用等多个层面。语用层面的衔接特别关注话语的适当性、有效性以及参与者的关系和角色。

2.会话分析对语篇衔接分析的影响

(1)回合构造单位:会话分析关注语言的互动性,它研究在对话中,如何通过回合构造单位(turn constructional units,TCUs)实现衔接。

会话分析揭示了在实际交流中，参与者如何实时地、通过细微的语言选择和换位策略来构建连贯的对话。

（2）交际维持：会话分析强调维持交际的各种策略，如对话中的修复机制（repair mechanisms），这些机制是对话参与者用来解决理解问题、纠正错误、防止误解的衔接手段。

（3）顺序性和时序性：会话分析强调对话的顺序性（sequentiality），关注语篇元素如何按照一定的时序排列来构建意义。这种顺序性是理解和分析语篇衔接的一个关键维度。

（4）互动模式和话轮制：会话分析揭示了对话中的互动模式和话轮制（turn-taking），并研究这些模式如何对语篇的连贯性产生影响。

综合来说，语用学和会话分析将语篇衔接视为一个动态的、参与者共同构建的过程，不仅仅是文本的属性。在分析语篇衔接时，它们提供了一种更为广泛的视角，考虑到了语境、交际意图、社会互动等因素对语篇连贯性的影响。这些影响使得语篇衔接分析不仅关注文本本身，还包括文本所处的交际实践和社会互动的背景。

（七）多模态衔接理论

多模态衔接理论是篇章分析领域的一个相对新兴的概念，它关注的是如何在不同的符号系统和表现形式之间实现意义的衔接。所谓"多模态"（multimodal）指的是超越语言文字的其他符号系统，如图像、声音、动作、空间布局等，这些都能在交际中承载意义。在多模态交际中，意义的传达和理解不仅通过语言实现，还依赖于视觉、听觉、触觉等其他感官模态。多模态衔接理论在篇章分析中的应用，主要体现在以下几个方面。

（1）跨模态衔接：研究如何在不同模态之间建立连接，例如，一段文字可能会通过图像、颜色、布局等非语言元素来增强其意义，这些元素之间的相互关系对于理解整个篇章是至关重要的。

（2）语言与非语言的整合：多模态衔接分析关注语言与非语言符号如何整合，以构建一个连贯的篇章。例如，在一篇包含文字、图片、图表的报告中，文字可能描述数据，而图表和图片则提供视觉上的解释和支持。

（3）社会文化因素：多模态篇章分析还考虑社会文化因素如何影响不同模态之间的衔接。不同的文化背景可能影响个体解读图像和符号的方式，这对篇章的连贯性和衔接具有重要影响。

（4）符号学和设计原则：多模态衔接理论也涉及到符号学和设计原则，如何通过设计使得篇章在视觉上和概念上更加连贯。设计元素如对比、重复、对齐和亲近性等原则，在多模态篇章中同样适用。

（5）信息结构：在多模态篇章中，信息的呈现顺序和结构同样重要。信息的布局和层次，以及如何通过不同的模态组合来展示，对篇章的理解有直接影响。

（6）数字媒体和技术发展：在数字时代，多模态篇章分析变得尤为重要。技术的发展使得视频、动画、超文本链接等多模态元素在日常交际中越来越普遍，如何在这些新形式中实现衔接成为一个新的挑战。

（7）认知过程：从认知角度看，多模态衔接分析考虑个体如何处理和整合来自不同模态的信息，以及这些不同类型信息的处理是否有助于理解和记忆篇章内容。

简而言之，多模态衔接理论要求研究者从更广泛的视角出发，考虑所有可能传达意义的模态，以及它们如何相互作用来实现篇章的整体意义。随着数字媒体和交际技术的发展，多模态交际的重要性越来越被认识到，因此，多模态衔接理论在篇章分析、交际研究、教学设计等领域中都有着重要的应用前景。

以上每种理论框架都提供了不同的视角来理解和分析语篇衔接，研究者可以根据具体的研究目标和文本类型选择适合的理论进行分析。在实际应用中，这些理论框架通常是相互补充的。

二、语篇连贯研究相关理论框架

语篇连贯是指语篇作为一个整体所表现出的意义连贯性，它是语篇理解和语篇分析中的一个核心概念。与语篇衔接不同，语篇连贯更多地涉及语篇的意义层面，以及读者如何理解这些意义以形成一个连贯的整体。以下是几个重要的语篇连贯研究的理论框架。

（一）Halliday和Hasan的连贯性理论

在衔接理论的基础上，Halliday和Hasan提出，连贯性（coherence）不仅是衔接性（cohesion）的结果，还是读者或听者利用语篇中的线索构建文本意义的过程。连贯性涉及语境的知识、世界知识以及推理能力，是一个认知的过程。

（二）文本世界理论

Werth的文本世界理论（text world theory）是由英国语言学家Paul Werth在20世纪90年代提出的，它是认知语言学和心理语言学领域的一个理论框架。文本世界理论主要关注的是读者如何在心理上构建和参与文本中描述的世界，并以此理解和解释文本。这个理论为理解语篇连贯性和读者参与提供了一个有用的认知框架。根据文本世界理论，文本中的每一个语句都是一个指令，引导读者在心中构建一个"文本世界"。这个理论包含几个关键概念。

（1）文本世界（text worlds）：文本世界是读者根据文本内容构建的心理模型，这种模型包括了场景、参与者、事件和时间等元素。读者通过语言线索在大脑中构建起文本的世界观。

（2）世界构建元素（world-building elements）：这些元素是构建文本世界的基础，包括时间、地点、人物和社会环境等。读者利用这些要素来构建起一个有内在逻辑的虚构世界。

（3）功能角色（function advancers）：事件、动作和其他发展情节的方面被视为功能角色。它们作为故事的驱动力，推动文本世界的发展和变化。

（4）文本世界的层次结构（text world hierarchy）：在一个复杂的故事

中，可以构建多个文本世界，这些世界之间可能有嵌套关系或相互联系。比如，在一个小说中，一个角色讲述的故事可以是一个嵌套的文本世界。

（5）开放与封闭的文本世界（open and closed text worlds）：某些文本世界是开放的，允许读者根据自己的理解填充信息；而封闭的文本世界则提供了详细的信息，读者的理解空间相对较小。

（6）认知环境（cognitive environments）：读者理解文本时所依赖的知识、信仰和心理状态构成了他们的认知环境。不同读者的认知环境可能不同，这会影响他们构建文本世界的方式。

（7）文本连贯性（textual coherence）：文本世界理论认为，文本连贯性是由读者根据自己的认知能力和经验来实现的。读者必须能够在心理上构建连贯的文本世界，才能理解文本。

Werth的文本世界理论强调了语篇理解过程中读者主动性的重要性，他们不是被动地接收信息，而是主动地构建意义。这一理论为解释读者如何从文本中获取信息、如何处理文本信息，以及如何将文本信息整合进自己的认知结构提供了架构。

（三）篇章表示理论

篇章表示理论（discourse representation theory，DRT）是语义学中的一种理论框架，由Hans Kamp在1981年提出，用来处理自然语言中的指代和语篇连贯性问题。DRT主要关注句子和篇章如何被理解和表征，尤其是在涉及代词和时态等复杂语义现象时。在DRT中，理解一个句子或一段文字不仅是解析每个单词的意义，还是构建一个称为"篇章表示结构"（discourse representation structure，DRS）的心理表征，它包括一系列的命题、实体和指代连接。以下是DRT的一些核心概念。

（1）篇章表示结构：DRS是DRT中一个基本的概念，它用来表征个体和命题的集合。个体在DRS中被称为"论域元素"（discourse referents），而命题则是关于这些论域元素的陈述。

（2）论域元素：这些是指代对象，即文本中提到的人、地点、物体等实体。它们在DRS中作为变量存在，并且被用来构建篇章中的指代关系。

（3）条件（conditions）：条件是关于论域元素的命题或断言，它们描述了元素之间的关系、属性或者它们参与的事件。

（4）指代和共指（anaphora and coreference）：DRT处理代词和其他指代表达式的解读问题，如何确定代词如"他"或"它"指向篇章中的哪个先前提及的实体。共指则是指两个或多个表达式指向同一实体的情况。

（5）动态语义（dynamic semantics）：DRT是动态语义的先驱之一，这种理论着重于语义的"更新"过程。新句子的加入不仅仅增加新的信息，还可能改变已经存在的信息结构。

（6）时间和时态（tense and temporal coherence）：DRT也被用来分析时态和篇章中时间信息的表示，以及如何在DRS中嵌入时间顺序和事件的时态关系。

DRT通过DRS提供了一个形式化的工具，用于分析和表示复杂的语言信息，特别是在涉及跨句子的指代关系、时态和指示语等方面。通过构建这样的结构，研究者可以更深入地理解和模拟人类如何处理和理解连贯的语篇。DRT不仅在理论语言学中具有重要地位，而且对于自然语言处理和人工智能领域中语义理解的研究也有很大的影响。

（四）情境模型理论

情境模型理论（situation model theory）是心理学和认知语言学中的一个概念，主要是在理解叙事文本和语篇理解方面的研究。这个理论认为，当人们阅读或听到一个故事时，他们不仅是在处理单个词语或句子的字面意义，还在心中构建一个关于所叙述事件的动态心理模型，也就是"情境模型"。情境模型反映了个体对于所阅读或听到的材料的认知表征，包括对人物、地点、事件和动作等故事元素的理解，以及它们之间的关系。这个模型是多维度的，涉及空间、时间、因果关系、目标和动机等方面。以下是情境模型理论的一些关键点。

（1）多维度构建：情境模型包括对故事中各种元素的多维度理解，如时间线索、空间位置、人物行为和心理状态、目标和意图，以及事件之间的因果关系等。

（2）动态更新：随着故事的发展，情境模型会不断更新和调整。新信息会被加入模型中，而与之矛盾的信息可能会导致模型的重新评估或修正。

（3）个体参与和模拟：阅读者或听众会将自身的经验和知识融入情境模型中，以此来理解和预测故事的进展。他们在心中模拟事件，就像自己在经历这些事件一样。

（4）语篇连贯性：情境模型的构建有助于实现语篇的连贯性，使得故事元素之间的逻辑关系和结构成为可能。

（5）记忆存储：情境模型不仅仅是理解过程中的一个心理构建，它也影响了信息的长期记忆。一个完整且内联连贯的情境模型更容易被记忆和回忆。

（6）经验和背景知识：读者或听众的经验和背景知识在构建情境模型时发挥关键作用，因为它们影响了信息的解释和补充缺失信息的能力。

情境模型理论在理解教育、阅读理解训练、人工智能中的语言理解和生成等领域中都有着广泛的应用。通过情境模型，研究者和实践者可以更好地把握个体如何在心中构建意义，并理解其阅读和语言处理的过程。

（五）关联理论

关联理论（relevance theory）是由Deirdre Wilson和Dan Sperber在20世纪80年代提出的认知语言学理论。它是一个试图解释人类沟通的本质，特别是非字面意义（即隐喻、暗示、讽刺等）如何被理解的理论。关联理论建立在两个主要原则之上。

（1）认知原则：人类的认知系统倾向于最大化信息的相关性。这意味着我们的注意力、记忆和思考都被设计为寻找那些最相关的信息，即那些能以最小的认知努力提供最大的认知效果的信息。

（2）交流原则：沟通的目标是使听众能够通过理解信息的相关性来获取预期的认知效果。为了达到这个目标，信息的发送者会尽力使他们的信息尽可能相关，以便接收者能够轻易理解。

这两个原则共同作用于语言理解的各个方面。

（1）效果和努力：关联理论指出，信息的相关性是通过其认知效果和处理该信息所需的认知努力的比例来判断的。越大的效果和/或越小的努力意味着越高的相关性。

（2）预期效果：发言人通过语言提示向听众传达他们预期的理解方式。这些提示帮助听众确定何种类型的推理过程将被用来解释这条信息。

（3）背景知识：信息的相关性部分取决于听众的背景知识。听众会将新信息与他们已有的知识相结合，以创建新的认知效果。

（4）非字面意义的解释：关联理论对于解释非字面意义的语言表达，如隐喻、暗示和讽刺等特别有力。根据理论，这些表达形式之所以能被正确理解，是因为它们提供了相关性线索，指引听众超越字面意义，使用背景知识和推理来了解发言人的真正意图。

简而言之，关联理论对语言学、心理学、语言哲学和人工智能等领域的研究影响深远。在人工智能领域，尤其是在自然语言处理和机器人技术中，关联理论的概念被用来提升机器对人类语言的理解和生成能力。

（六）认知语言学理论

认知语言学是研究语言与人类认知关系的跨学科领域，它关注的核心是理解语言如何被心理和神经系统所处理，以及语言如何在社会交流中发挥作用。在语篇连贯分析方面，认知语言学提供了一些重要的观点和理论，对于理解文本或话语如何在心理上构建意义和连贯性有着深远的影响。

认知语言学的基本原则及其对语篇连贯分析的影响如下。

（1）隐喻和概念化：认知语言学认为隐喻不仅仅是一种修辞手段，

它也是人类认知的基础。我们通过隐喻来概念化和理解抽象概念。在语篇中，隐喻有助于创建主题的连贯性，因为它们构建了跨越文本的概念线索。

（2）框架理论：框架理论指出，人们使用内化的认知结构（框架）来理解和组织经验。语篇中的某些词语和短语可以激活特定的框架，从而帮助读者建立起对文本的理解。

（3）认知图式：类似于框架理论，认知图式涉及人们心中的预设模式，这些模式帮助人们理解和预测各种情境。在语篇分析中，图式可以解释读者如何通过已有知识来填补文本中的空白，从而构建连贯性。

（4）情境模型：情境模型是读者在阅读过程中心中构建的对于所描述情境的心理表征。这些模型包括对人物、场景、事件和其他文本元素的理解。情境模型对于建立文本的全局连贯性至关重要。

（5）意象图式：认知语言学提出，语言和心理过程都是基于身体的空间经验，意象图式是基于感官体验的概念结构，可以帮助解释语篇中的空间连贯性。

（6）心理空间和力动模型：心理空间理论和力动模型是认知语言学中的两个关键概念，它们关注人类如何在心理上构建空间和动作。这些理论有助于解释语篇中的动态关系和事件的连贯性。

（7）关联理论：如前所述，关联理论在语篇连贯性分析中也扮演着重要角色。它强调信息的相关性和预期效果对于理解和产生连贯的语篇至关重要。

（8）构式语法：构式语法认为语言结构是形式与意义的统一体，并且这些结构可以是简单的词汇项或复杂的语法结构。语篇分析中，构式可以帮助理解语法结构如何贡献于文本意义的建构和连贯性。

总体而言，认知语言学通过强调语言使用和理解中的认知机制，使得语篇连贯性分析更加注重心理过程和概念结构。这种方法不仅仅关注文本本身的连贯性标志，如连接词和指代词等，而是试图深入语言使用背后的心理和认知机制，为我们提供了一个更为深入和全面的理解框架。

（七）跨文化交际理论

跨文化交际理论在语篇连贯性分析中占有重要地位，因为它帮助研究者和交际者理解不同文化背景下文本和话语的构建和解读方式。在跨文化交际中，语篇连贯性不仅取决于语言本身的结构和语义，还受到文化习俗、交际习惯、价值观念和预设等因素的影响。以下是跨文化交际理论对语篇连贯分析的一些影响。

（1）高语境与低语境文化：由爱德华·霍尔（Edward T. Hall）提出的高语境（high-context）与低语境（low-context）文化理论对理解跨文化语篇连贯性至关重要。在高语境文化中，很多信息是隐含的，依赖于背景知识和非语言线索，而在低语境文化中，沟通则更直接、明确，信息主要通过显式的语言表达。语篇连贯性分析在考虑这些差异时，需要注意隐含信息的推断和显式陈述的使用。

（2）直接性与间接性：不同文化中对直接性与间接性的偏好影响了语篇的结构和连贯性。一些文化倾向于直接表达意思，这在语篇中体现为直接的请求、声明和结论。其他文化则可能偏好间接表达，这要求读者或听者能够理解隐含的意义和建立连贯性。

（3）个人主义与集体主义：跨文化理论中的个人主义与集体主义维度也对语篇连贯性分析产生影响。个人主义文化中的语篇可能更注重个人观点和经验，而集体主义文化中的文本则可能更强调群体的观点和社会关系的重要性。

（4）语言礼貌：由布朗（Brown）和莱文森（Levinson）提出的礼貌原则强调了面子维护的重要性。在不同文化中，为了保护交流双方的"面子"，语篇可能包含不同类型的礼貌形式，这些形式是连贯性的关键部分。

（5）话语风格：跨文化交际研究发现不同文化群体倾向于使用不同的话语风格，这可以包括故事叙述的结构、论证的方式、幽默的使用等。这些风格影响了语篇的连贯性和交际的有效性。

（6）预设和背景知识：文化背景知识和预设在跨文化语篇连贯性中起着重要作用。语篇中所依赖的共享知识和信念在不同文化中可能不同，这要求跨文化交际者能够识别和适应这些差异。

综上所述，跨文化交际理论揭示了文化差异如何影响语言的使用、理解和解释。在进行语篇连贯性分析时，考虑这些理论可以帮助我们更好地理解文本如何在不同文化中传达意义、被解读以及如何优化跨文化交流的有效性。

三、本章小结

语篇衔接与连贯的总体理论框架可以从几个不同的维度来构建，其中包括语言学理论、心理学理论以及社会文化理论等，例如：

（1）衔接的语言学理论。①语法衔接：通过语法手段连接语篇，如使用指代词、连接词、时态和语态的一致性等。②词汇衔接：通过重复、同义词、反义词、上下义词、总结性词语等手段实现词汇的连贯。③语用衔接：基于对话语境和交际原则的理解，如礼貌原则、合作原则等，确保语篇的交际效果。

（2）连贯的心理学理论。①认知连贯：认知心理学认为语篇理解是一个动态的心智模型构建过程，读者依据文本线索和个人知识构建情景模型。②情境模型：读者依据文本内容和个人经验构建心中的情境模型，以实现对语篇的深入理解。

（3）社会文化理论。①话语社会功能：语篇不仅是信息的载体，也承载着社会交往的功能，如身份建构、权力斗争等。②批判话语分析：关注语篇如何反映和再现社会结构和文化偏见，以及在社会实践中的作用。

（4）语篇分析的方法。①定性分析：深入解读文本，揭示文本意义和结构，挖掘衔接与连贯的深层特性。②定量分析：通过语料库等工具，统计分析衔接手段的使用频率，揭示语篇特性的普遍规律。③实验方法：在控制条件下观察个体如何处理语篇信息，以理解衔接和连贯的心理机制。

（5）语篇衔接与连贯的跨学科影响。①教育学：语篇分析在语言教学中的应用，如写作教学、阅读理解策略的教授。②人工智能：模拟人类语言理解的机器学习算法，如自动文摘、聊天机器人的设计。③交际学：在多语言和多文化交际中，了解不同语言和文化中衔接与连贯的差异与特点。

总之，本章的理论框架综合了语言形式与功能、认知加工和社会文化背景三个层面，为研究和实践提供了一个全面的视角。通过这个框架，研究者可以更系统地分析文本，设计更有效的沟通策略，并促进语言技术的发展。

第五章　语篇衔接和连贯研究文献综述

一、语篇衔接文献综述

语篇衔接（discourse cohesion）是语篇分析领域的重要研究课题之一，它关注的是语篇中各个句子或信息块如何通过各种语言和非语言手段连接成为一个整体的问题。以下是关于语篇衔接研究的综述。

（一）国外相关研究动态

1.篇章衔接理论视角

Halliday和Hasan（1976）在 *Cohesion in English* 一书中，深入研究了英语文本的衔接特性，展示了如指代、替换、省略和连接等语言手段在文本中的作用。

2.省略：句子结构与上下文的相互作用研究视角

Thomas（1979）指出，"省略"被定义为一种交际选择，即从句子中省略那些在结构上为句子中出现的元素所需要的上下文可用元素。"Ellipsis"有别于"elision"，后者是指在不借助上下文的情况下，根据我们对语言系统的了解，选择性地省略特定元素。"Ellipsis（and elision）"有别于"non-realization（未实现）"，后者是指句子中潜在元素的可选择性完全缺失。这三种"缺失"常常被误导性地归为一类。该文将上述缺失分类应用于反义性问题，尤其是在英语和日语中，这两种语言在这方面表现出不同的限制。然后，该文提出了一种结构描述，以反映涉及上述不同类型缺失的句子之间的性质差异，以及根据句内和句外标准简明扼要地阐述了总的省略关系。最后，椭圆（elliptical）缺失不一定有精确的动词对应物。

3.日语会话、话语结构和省略研究视角

Hinds（1980）强调，日语会话中经常出现省略现象，尽管省略成分的身份没有明显的线索。该文对名词短语和主要动词的省略进行了研究。结果表明，利用框架理论进行分析可以解释省略何时发生；对段落结构的识别确定了省略成分的身份。所有句子都需要一个主语；如果没有主语，则从直接意识中选择一个合适的主语。所有动词都有特定的名词短语，这些名词短语必须被识别出来；如果这些名词短语中没有任何一个，也会从即时意识中的可用候选词中选出。要识别省略名词短语的所指，除了段落的结构信息、整个对话中的信息增量和脚本的概念之外，还需要其他信息。

4.衔接不是连贯研究视角

Carrell（1982）的研究旨在批评将衔接概念作为衡量文本连贯性的标准。该文首先简要概述了Halliday和Hasan（1976）作为文本连贯性指标的衔接概念。接下来，论文根据图式理论将文本处理（如阅读）视为文本与读者之间互动过程的观点，批评了将衔接概念作为衡量文本连贯性的指标。这种批评从图式理论的理论和实证研究中得出，试图说明诸如Halliday和Hasan的衔接概念这样的文本分析程序无法解释文本的连贯性，因为这种程序鼓励人们相信连贯性位于文本之中，可以定义为文本特征的配置，而且没有考虑到文本读者的贡献。该文最后告诫第二语言（EFL/ESL）教师和研究人员，不要指望衔接理论能在文本层面上解决EFL/ESL读写连贯性问题。

5.英语中的人称回指视角

Murphy（1988）探讨了说话者在特定情况下如何选择指代表达所涉及的社会因素。该研究进行了五次实验，向说话者展示了各种情景，并询问他们在该情景中会如何指称某个特定的人。结果表明，说话者对说话者和指称者之间、听者和指称者之间以及非参与听众和指称者之间的亲密程度非常敏感。在较小程度上，说话人与听话人之间的关系也会影响所指表达的选择。这些结果可以用一种理论来解释，即说话者在选择这些词语时试图维护自己和被指称者的面子，因此他们会避免使用可能对面子造成威胁的指称。这一理论可以与当前的对象指称理论和称呼术语选择理论相结合。

6.阿拉伯大学生衔接与连贯研究视角

Khalil（1989）根据Halliday和Hasan的模型（Halliday and Hasan, 1976）分析了20篇作文的衔接特征。该文还研究了衔接与连贯性的关系。对连贯度的分析表明，阿拉伯学生过度使用了同一词项的重复作为连贯手段，但对其他词法和语法连贯手段使用不足。另一方面，对连贯性的评估表明，学生们未能提供有关指定主题的足够信息。连贯性得分与连贯纽带数量的相关性很低（0.18）。该文还讨论了这些发现对写作教学的影响。

7.话语结构的概念和语用标记研究视角

Redeker（1990）提出了一种研究话语连贯性的综合方法，即语言的使用总是既涉及命题内容的表述，也涉及态度和意图的表达。仅考虑其中一种功能不足以充分说明话语的连贯性。语篇连贯性被认为是由思想状态之间的语义关系和说话或写作时所进行的动作之间的语用关系产生的。在电影描述中使用语用和概念结构手段为这一观点提供了经验证据。与听者是陌生人相比，向朋友描述电影的人使用了更多的语用结构标记。与此同时，他们在表达话语的概念结构时却不那么明确。这种语用结构和概念结构之间的权衡不仅出现在对话（双向听觉信道，朋友提供更多反馈）中，也出现在独白（单向信道）中。

8.人称回指的句法、语义以及语用分析视角

Huang（1991）指出，回指显然涉及句法、语义和语用因素。虽然人们普遍承认语用因素在话语回指中占主导地位，但同样广泛的观点（尤其是在管辖约束（government and binding，GB）理论家中间）认为，只有句法和语义因素对句内回指至关重要。该研究认为，语用学对回指的贡献比人们普遍认为的要重要得多，甚至在句内回指的核心，至少在汉语这样的语言中是这样。

9.学术写作中的衔接和连贯性——从词汇选择到篇章组织研究视角

Kuo（1995）强调，关于衔接或连贯性的研究往往侧重于文本的某个层面，或两者之间的区别。从写作过程的角度来研究公开的表面联系如何促进文本的解释和交际目的将是有益的。该文从学术文本的三个层面：词汇、句子结构和信息组织探讨衔接和连贯性。词汇衔接分析表明，在功能上对文章主题发展更重要的句子通常比功能上不那么重要的句子包含更多与其他句子的衔接联系。在句子层面，语法相同的句子在特定文本中可能具有不同的交际价值。此外，该研究还确定了不同修辞功能段落中的旧/新信息模式。在信息组织方面，学生需要在多种学术体裁和信息单元类型中培养语用能力。

10.话语分析在语言教学中的应用视角

McCarthy（1991）提供了分析和教授衔接的实用策略，强调篇章分析不仅是理论概念，还强调其在语言教学实践中的应用，包括课堂活动设计和评估测试方法。该策略帮助教师理解语言的结构和功能，培养学生的语义、语用、交际能力，并强调了通过篇章分析来提高学生的交际能力。

11. EFL阿拉伯大学生对衔接关系的处理研究视角

在Al-Jarf（2001）的研究中，59名EFL大学生参加了衔接关系测试，他们在阅读文章中找出了四种衔接关系。结果发现，替换是最难处理的，

其次是照应和省略，而连词是最容易处理的。在解决连接关系时，学生们使用了以下错误策略：无论是句间还是句内，回指都与最接近的名词相关联。当前面有两个潜在的先行词时，如果先行词更突出或更熟悉，则一个回指与更远的先行词相关联。此外，学生们还将衔接词与发音或标点符号相同的词进行匹配。研究发现，衔接反常现象是由于语言能力差，特别是句法和语义意识差，以及对衔接规则的认识不足或不准确造成的。

12.建立连贯和衔接：以任务为导向的英语和西班牙语对话话语的连贯性和衔接性研究视角

Taboada在*Building Coherence and Cohesion: Task-oriented dialogue in English and Spanish*（2004）一书中指出，语篇连贯可以把重点放在输出上：与其说语音表征是一系列有序的规则，不如说它有时会受到一系列相互冲突的制约。在过去的25年里，语音学理论一直在努力适应派生和制约，有些方法以不同的组合使用这两种方法，有些理论则试图完全放弃派生，转而使用并行的制约。由此引发的语音理论动荡给入门教材带来了挑战：哪种方法应该优先，每种方法应该介绍多少内容，近期的教材紧跟该领域的发展，将越来越多的基于约束的方法嫁接到派生核心上，结果喜忧参半。该著作旨在全面介绍经典派生音韵学，认为从这种方法中获得的基本见解对于任何音韵学理论都是不可或缺的。该书在接近该领域的前沿方面有所放弃，但在解释的连贯性和深度方面却有所收获。

13.回指与话语结构分析视角

Webber等（2003）在本文中论证了许多常见的副词短语，它们通常被认为是表示话语结构中句法连接单元之间的话语关系，而实际上它们是以隐喻的方式来表达关系意义的，只是间接地依赖于话语结构。这使得更简单的话语结构可以为构词语义提供支撑，并揭示了副词连接词所传达的关系意义与话语结构相关意义相互作用的多种方式。最后，该研究勾勒出一种词汇化的话语语法，这种语法有助于将话语解释作为构词规则、拟物解析和推理的产物。

14.句法与话语之间的鸿沟研究视角

Frazier和Clifton（2005）指出，VP-ellipsis和sluicing是可以跨越句子边界的省略形式。该研究对这些省略形式进行了一系列理解研究，以阐明它们的处理过程以及句法处理和话语处理之间的关系。其中一组研究探讨了省略材料的表征是句法结构化的这一假设。研究提出了支持该假设的证据，并初步将其效果归因于前成分结构的共享，如果语言的句法原则允许，则允许结构构建或用变量代替成分。另一组研究检验了一种假设，即新的语篇优先与前一语篇的主要断言相关，而前一语篇的主要断言通常是句法树中较高的成分。研究结果表明，话语加工不同于句法加工，在句法加工中，最容易获取的材料是句法树中较低位置的最新材料。最后一组研究探讨了句法处理器和话语处理器在处理涉及"岛屿"的省略句时的相互作用，句法处理器可能不会违反"岛屿"，而话语处理器可能会。研究发现，sluicing从相对句岛中分离出来是合乎语法的。

15.词汇衔接与修辞结构研究视角

Morley（2006）指出，词汇连贯不仅有助于增强文本的质感，还有助于显示话语的修辞发展。该文使用经典话语分析技术研究了单篇文章，同时使用语料库语言学方法研究了几百万字的文章，从而探讨了词汇衔接的这种论证结构功能。首先，该文研究了单篇文章中衔接联系的性质。其次，研究了标题与后面文章之间的联系。最后，详细研究了结构论点的各种让步机制。该文认为，对这些机制的认识将有助于学生更好地理解文章中的论证方式。其所研究的文本均来自英文报纸。

16.语料库语言学理论及其在英语教学中的应用视角

Mahlberg（2006）指出，衔接一般分为两大类：语法内衔接和词汇衔接。这些类别反映了一种将语法和词汇分开处理的语言观。有关衔接的语言教学教科书通常沿用这种划分方法。与此相反，语料库理论描述英语的方法优先考虑词法，并不假定词法和语法现象可以明确区分。因此，该研究可以从一个新的角度来看待衔接：衔接是由相互交错的词汇—语法模式和重叠的词汇项目产生的。用语料库理论研究衔接对英语教学具有重要意义。该研究探讨了衔接教学的难点，展示了英语语言教学的交际方法与语料库语言学之间的联系，并提出了语料库理论概念的实际应用。

17.查询词之间的文档相关性和词汇内聚性研究视角

Vechtomova等（2006）指出，词汇衔接是文本的一种属性，通过文本中词与词之间的词义关系实现。大多数信息检索系统只能在有限的范围内利用文本中的词汇关系。该研究通过实证研究了查询词在文档中出现的上下文之间的词汇衔接程度是否与查询的相关性有关。文档中不同查询词之间的词汇衔接度是根据它们之间的词义关系（重复、同义、次同义和同胞）来估算的，这些词义关系是指在同一文本窗口中与它们共同出现的词。实验表明，相关文档集与非相关文档集的词汇衔接存在明显差异。基于词性衔接的文档排序方法显示出一定的性能改进。

18.基于读者的词汇连贯探索视角

Klebanov和Shamir（2007）认为，词汇衔接是指作者通过使用具有相关意义的词汇，使读者感受到文本的统一性（Halliday and Hasan，1976）。该文报告了一项由22名读者参与的实验，该实验旨在发现10篇文章中的词汇衔接模式。尽管人们的答案千差万别，但该研究通过对一致模式的统计分析和验证实验，确定了这一现象的共同核心。现在，核心数据可用作词汇衔接模式的最小测试集；该研究举例说明了基于相互排斥的词汇链的模式是不够的。此外，该研究所述和分析一致模式的程序可用于其他规模相当的研究中收集的数据。

19.学术文章和报纸衔接性的比较分析视角

Ambiyo（2007）介绍了对有关道路交通事故的学术文章和报纸的衔接性进行比较分析的结果。该研究指出，衔接性是将文章的不同部分联系起来并使其逻辑流畅的表面结构特征。它们是必要的缰绳，将文章各分句连接在一起。而连贯性则是文本世界与读者相关、便于读者理解和接受的特性。这样，文本就能连贯起来并产生意义，因为它易于阅读和理解。

20. 穿越词汇衔接雷区研究视角

McGee（2009）指出，当教师们听到"衔接"这个词时，他们通常会想到语法衔接——学生用书和教师教材中对衔接都做了很好的介绍。然而，"词汇衔接"却横跨词汇"本体"和衔接两个领域。该文论证了词汇连贯的某些方面的教与学是有问题的，这种状况可能是目前EFL教材和课堂忽视这一主题的原因。该文首先简要概述了Halliday和Hasan（1976）对词汇连贯的分类，然后依次探讨了四种类型的连贯手段。该文讨论了学习者对这些不同连贯手段的使用情况，指出了正确使用的障碍，并就教师如何帮助学生发展这方面的写作能力提出了建议。

21. 半省略句：句法之外的前置词研究视角

Clifton和Frazier（2010）指出，省略既受句法条件的制约，也受话语条件的制约。该研究探讨了话语条件，即倾向于使用属于语篇主断言一部分的前置词。研究认为，主要断言（assertion）倾向最好由处理过程而不是语法来捕捉。有两个实验测试了动词短语省略例句与条件状语中的先行词。其中一个实验表明，由于主断言倾向，读者会考虑完整的条件前件，而不仅仅是动词短语前件。然而，当条件句的前置句表达了已经给出的信息，实质上成为多余时，动词短语省略句选择的完整条件句前置句就会减少，就好像后置句成为条件句的断言，而if-clause实质上被取消了。第二个实验探讨了在if-clause中添加情态句，使条件句成为反事实句的例子。与其他有缺陷或不完全省略的例子一样，非事实性蕴含/暗示提高了这类例子的可接受性。

22. 评估电话交谈中的词汇连贯度研究视角

González（2010）指出，自Halliday和Hasan（1976）发表文章以来，词汇衔接在语言学的多个分支中都受到了广泛关注。尤其是词汇衔接已被证明以多种方式促进了话语的连贯性，词汇衔接的特定模式已成为描述不同语域和体裁的相关因素。该研究对现有的词汇衔接模型提出了质疑，并提出了一个经过修订的模型，该模型特别关注"关联衔接"。该研究从大不列颠国际英语语料库（International Corpus of English-Great Britain）中提取的15个电话会话语料（20 043 个单词）中测试了所提出的框架是否适当。文章使用定量和定性方法分析了3480条关联，并证明电话会话在词汇衔接研究方面的应用价值。

23.个人和非个人作者指称：英语和意大利语语言学研究文章的对比研究视角

Molino（2010）采用跨文化方法分析了英语和意大利语的语言学研究文章：①英语中专属第一人称主语代词和意大利语中第一人称偏正动词的使用；②两种语言中的被动语态和意大利语中的"si"结构。目的是确定这些特征所体现的作者的人称和非人称指称在不同的学术写作文化中是否容易产生差异。研究结果表明，在不同的话语功能中，人称和非人称作者指称的使用频率存在差异。这种差异似乎是由于两个学术话语社区采用了不同的人际交往策略、主观性或客观性，以及特定话语功能和子功能的不同发生率，最终影响了个人和非个人作者指称的出现率。

24.新闻文章的衔接话语分析视角

Michael等（2013）认为，衔接被认为是在文本结构之外的，因为文本结构是由语法提供的。文本衔接的设计与语义纽带或"存在于文本中的意义关系"（Halliday and Hasan，1976）有关。该研究讨论了对马来西亚报纸《新海峡时报》两篇文章所做的分析。研究调查了文本中明显的话语，以及通过特定的语言选择表现话语的方法。该研究的目的是找出代表普遍持有的假设的话语，即不同的文本是如何产生的，以及这些话语如何标志着与特定实践的联系和/或包含变革政策。Halliday和Hasan（1976）将文本的纹理（texture）表达为文本中不同基本要素相互连接或附着以形成具有衔接的统一体的方法，这也表达了文本完全表达其所处环境的事实。这两篇文章在语域、主题和写作方法上都有若干联系，这些联系反映在相应的结构和词汇语法资源中。

25.重新评估会话中的词汇衔接视角

María De Los Ángeles Gómez González（2013）指出，话语的衔接已被

公认为在语言生产和理解过程中发挥着至关重要的作用。研究人员一直在争论衔接手段的"正确"数量和分类,以及它们与连贯性和/或体裁的相互作用。该研究提出了一个词汇衔接的综合模型,该模型扩展了以前的模型,并论证了"关联衔接"和"(词汇)搭配"之间的区别。该模型根据14个对话(7个广播讨论和7个电话)的语料库进行了评估,结果表明,前者的词汇衔接实例几乎是后者的六倍,这种差异归因于这两种体裁的不同特点。除了统计显著性检验支持的定量研究结果外,定性分析也表明,词汇衔接参与了轮流发言行为和话题管理模式,从而促进了这两种口语互动中人际关系的建立和通用阶段的扩展。

26.跨语言书面文本中的个人主义和第一人称代词的使用研究视角

Uz(2014)指出,以往的研究表明,使用第一人称单数代词,即"我",会使人产生独立的自我意识,而使用第一人称复数代词,即"我们",则会使人产生相互依存的自我意识。另一项研究发现,社会的个人主义水平与语言中明确使用人称代词的总体要求之间存在密切联系。该研究利用谷歌图书Ngram数据库中不同语言的已出版书籍,对这两个假设进行了竞争性测试。样本包括美式英语、英式英语、美式英语和英式英语以外的英语出版物、中文、法文、德文、希伯来文、意大利文、俄文和西班牙文语料库中已出版的作品。研究结果表明不同语言的书面材料中使用第一人称单数代词的相对比例反映了文化层面的个人主义。然而,显性代词的总体使用与社会层面的个人主义之间并没有可靠的关系。

27.系统功能语法(SFL)的理论基础和三大元功能研究视角

Halliday与Matthiessen(2014)提出了语言的三大元功能——表述性、人际交往性和语篇性功能。之后,Thompson(2014)详细解释了三大元功能,特别是它们如何在语言分析中被应用。

28.摘要中的衔接研究视角

Klimova和Hubackova(2014)的研究目的是探讨源自英国的英文文摘中的语法衔接问题。虽然语法衔接包括指代、替换、省略和连词,但该文研究的是语法衔接的有机手段，即话语连接词，更具体地说，只是话语副词，它们连接句子以建立整个话语的逻辑顺序。首先，该文对衔接和话语连接词进行定义。其次，在对旅游领域的摘要样本进行话语分析的基础上，分析话语连接词。最后，总结分析结果并提出教学建议。

29. 自动省略解析：从文本中恢复隐藏信息研究视角

McShane和Babkin（2015）认为，省略是一种语言过程，它使文本意义的某些方面无法直接追溯到表面文本元素，因此大多数语言处理技术都无法处理。然而，检测和解决省略问题是语言智能不可或缺的能力。该文所介绍的工作的关键之处在于，并非所有省略都同样困难：有些省略甚至在我们能够建立对文本具有人类水平的语义和语用理解的代理之前，就能以很高的置信度被检测和解决。该文介绍了一种处理一类省略的全自动、已实施和已评估的方法：省略的模态范围。

30. 照应词的向后和前瞻性潜力研究视角

Schumacher等（2015）认为，人称代词和指示代词对心智模式中的信息编码有不同的作用，它们分别具有不同的后向和前向功能。（非重音）人称代词是表示与最突出的话语实体进行核心参照的默认方式（后向功能），通常标志着当前话题的维持，而指示代词则用于指代不那么突出的实体，并具有额外的前向功能，表示可能的话题转移。在实验1中，研究进行了一项ERP研究，考察了德语中人称代词和"d-代词（er与der）"的处理时间过程，并评估了前置词的两个突出特征（主题角色和句子位置）以及指代表达的后向和前瞻功能的神经生理学相关因素的影响。该研究测试了人称代词和"d-代词"在包含两个潜在前因的上下文句子后的理解能力。除了代词类型（er 与 der）这一因素外，该研究还改变了上下文句子中的动词类型（主动指称动词与助动词经验动词）和主题角色顺序（规范与非规范），以改变先行词的显著性。与代词起始时间锁定的ERPs显示，"d-代词"比人称代词具有普遍的双相N400-晚期正向性（biphasic N400-Late Positivity），而在早期时间窗口中，突出性线索会进一步产生微妙的相互作用。研究结果表明，候选指代的显著性计算（后向功能）受主题角色和位置信息的引导。因此，主题角色信息与初始位置信息相结合，是指涉加工过程中的核心预测因素。与不太突出的实体（假定为 d–代词）进行核心参照会导致处理成本（N400）。而"d–代词"所预示的额外主题转移（前瞻性功能）则会导致注意的重新定向（晚期正向性）。实验2（故事延续研究）进一步证实了这一点，该实验表明人称代词会引发话题维持，而"d–代词"则会产生话题转移。

31.职业高中SMK Swasta Putra Jaya Stabat十年级学生记叙文写作中的语法连贯性研究视角

Sutrisno和Sumarsih（2018）的研究旨在分析叙事文本写作中的语法连贯性。研究采用定性描述法。研究对象是SMK Swasta Putra Jaya Stabat的十年级学生。研究对象来自一个班级，共有37名学生，研究数据仅随机抽取9篇学生写作文作为样本，收集数据的工具是写作叙事文本。研究结果表明：①在学生写作的记叙文中发现了语法连贯，在他们的写作中应用了连贯手段。在学生的写作中发现了照应、替换、省略和连词。②在叙事文本中发现的每一种连贯手段都被归类为良好，比例约为 58.49% ~ 72.72%，其中一种被归类为优秀，比例为 81.25%。替换手段较差，百分比为 0 ~ 2.04%。省略号较差，百分比约为 0 ~ 8.33%。连接手段一般，占 27.27% ~ 48.57%。

32.省略结构的语法和语义：直接解释的视角

Nykiel（2020）指出，省略指的是在一个分句中省略一个或多个单词的现象，而这些单词在其余元素的语境中是可以理解的。因此，对其进行分析的关键问题是如何在不完整的句法和完整的语义之间建立这种对应关系。目前主要有两种方法：基于删除的方法和基于直接解释的方法。前者的省略结构来源于分句，因此省略的句法和语义之间不存在不匹配。而后者允许句法上的非对应关系，但从结构化的话语信息中推导出句子语义。该研究从直接解释的角度讨论了以 HPSG 为代表的省略结构。

33.叙事文本中的指称（系统功能语言学）视角

Kurnia（2021）以参考文献的使用为研究假设的重点。参考文献是语法衔接中的一部分，而叙事则是文本中的一种体裁模式。这项研究是在连贯手段的分布和频率方面展开的。该研究的目标是分析和描述：①实体或信息片段出现或指向相同的参照物；②作为指示体裁的参照物；③文本和文本组内衔接的准确性和分布。研究结果表明，在120条衔接联系中，①非占有性个人参照占据第一位，数据显示为56条衔接联系；②示范性参考占据第二位，数据显示有45条衔接关联；③比较性参照排在最后，数据显示有6条衔接联系。这说明在叙事文本中，很少使用"比较参照"。该文采用了Halliday和Hassan以及Wendy Swanson的理论来建立文本中的关系。这些理论适合所分析的文本，因为它们对主题进行了全面而充分的处理；此外，该研究还考虑了其他理论，如Ann M. Johns、Megan Watkins、Linda Gerot和Peter Wignell以及其他一些理论。由于体裁的不同，进一步的研究可以涉及不同的文本，如：说明性文本、报告性文本、恶搞性文本、解释性文本、新闻性文本、分析性和颂扬性文本等。

34.研究敦马哈蒂尔博士和特朗普总统在政治演讲中使用人称代词的情况研究视角

Fadzilah和Noor（2023）指出，人称代词经常被使用，以至于经常被忽视。与实词不同，人称代词并不传达意义，而是描绘说话者的感知。更深层次地看，人称代词具有包含或排除一个人或一群人的力量。掌握人称代词至关重要，尤其是在政治语境中。然而，人称代词的使用存在文化差异，因为文化会影响一个人交流和解释信息的方式。因此，该定性研究试图找出马来西亚集体主义文化和美国个人主义文化中人称代词的使用，特别是那些显示包容性和排他性的人称代词，并比较代表马来西亚集体主义文化的敦-马哈蒂尔博士和代表美国个人主义文化的特朗普先生在演讲中使用人称代词的异同。研究人员使用AntConc软件根据编码方案和指南确定演讲概况并识别人称代词。结果发现，在他们的演讲中最常用的人称代词是"我们",而最不常用的人称代词是"我"和主语单数"您"。马哈蒂尔博士更多使用"他们"来间接向听众致辞,而特朗普先生则选择使用"您"的复数来直接传达信息。研究结果对演讲稿写作、政治说服和谈判技巧具有实际意义。

综上所述,尽管国外在语篇衔接领域方面取得了很多研究成果,但仍存在一些不足。例如:①理论一致性:不同理论之间缺乏统一的术语和框架,不同研究者对衔接现象的解释和分类标准可能存在差异。②研究方法多样性:虽然语料库研究有其优势,但可能会忽视深入的定性分析,而这对于理解复杂的语篇衔接现象是必需的。③跨学科整合:语篇衔接研究涉及语言学、心理学、社会学等多个学科,但是这些学科之间的整合并不总是充分的。④技术应用:自然语言处理(NLP)在语篇衔接分析中的应用仍然有限,特别是在自动识别和生成连贯文本方面的研究。⑤文化多样性:大多数研究依然集中在西方语言和文化,对非西方、少数民族和较少使用的语言的语篇衔接研究相对较少。随着交际方式的多样化和技术的进步,语篇衔接研究将继续发展和深化,以应对新的挑战和发现。

(二)国内相关研究动态

国内话语衔接相关研究主要体现在以下主题:

李冰(2011)的人称照应对比视角:李冰基于韩礼德的衔接理论,对《儒林外史》及其英译本中的人称照应衔接手段进行了比较。研究指出,英汉两种语言中的人称照应手段存在异同。分析表明,汉语和英语在意合与形合、螺旋型与直线型衔接手段及语法化程度方面有所不同。

黄晓燕(2014)的缅甸学生汉语语篇照应的偏误研究视角:通过分析108篇缅甸学生的HSK考试作文,黄晓燕识别出七种主要的语篇照应偏误类型,并探讨了偏误产生的原因,提出了相应的教学建议。

杨素琴(2014)的叙事性散文中英汉衔接手段的不同研究视角:杨素琴通过分析三篇中英对照叙事性散文,比较了英汉叙事性散文中的衔接手段。研究发现,汉语经常使用词汇衔接中的原词重复,而英语则偏好使用人称照应和指示照应等方式。由于英汉语言的形合与意合差异，导致各自有不同的省略和衔接习惯。

黄衍（2015）的汉语及部分日耳曼、罗曼语和斯拉夫语言中的人称回指、"句法"与"语用"语言类型学以及新格莱斯语用学视角：黄衍对汉语与日耳曼语、罗曼语、斯拉夫语的人称回指现象进行了对比分析，特别关注"空主语"和"远距离反身化"。研究根据新格莱斯的语用回指理论，阐述了这些语言在类型学上的区别，并分析了汉语中的远距离反身化。

商艳芝（2015）的英语书面表达能力和语篇衔接问题：商艳芝讨论了中学生英语书面表达中的语篇衔接问题，并提出了改进英语书面表达能力的教学对策。

杨丽（2015）的写作过程中衔接手段的使用问题视角：杨丽应用Halliday和Hasan的衔接和连贯模型，对53名中国英语学习者在英语写作过程中的语篇衔接手段运用进行了实证分析。研究显示，不同语言水平的学习者在使用语篇衔接手段上存在差异，强调了在写作教学中对衔接手段的讲解和分析的重要性。

崔璇（2015）的研究中强调了衔接作为语篇中一个非常关键的概念，并指出随着对衔接理论研究的深入，人们开始将衔接理论与翻译实践相结合。崔璇以汉语古诗《春江花月夜》的英译文本为例，分析了其中衔接手段的使用，并指出存在的问题。崔璇认为，古诗的翻译应当基于对原文意境的准确理解之上，正确而恰当地运用衔接手段，以确保译文的连贯性和流畅性。

彭德晶和吴嘉平（2016）的研究中，基于韩礼德提出的语法衔接理论，选取了2015年政府工作报告及其英译本为案例，进行了汉英语法衔接手段的对比分析。他们探讨了在汉英互译过程中语法衔接手段的差异，并提出了相应的翻译策略，旨在提升政府工作报告翻译的质量。

刘国兵（2016）的研究中，从词汇衔接理论的角度出发，研究了英语学习者书面语篇的连贯性评价。刘国兵认为连贯性是语篇各部分之间的意义联系，并且这种联系是一个由低到高的连续体。研究的核心是提取与连贯性相关的语义知识。通过自制计算机程序和Word Net，刘国兵提取了多种语言特征，包括五大类共41种变量，最终确定了21种与中国英语学习者书面语篇连贯性显著相关的语言特征。

王金花和庞中兰（2016）的研究中根据韩礼德和哈桑的语篇衔接理论，分析了45篇英语专业学生撰写的议论文样本的衔接特点。研究发现，词汇衔接使用最频繁，其次是照应和连接词语，而替代和省略的使用最少。研究还发现了连接词语的缺用、滥用和冗余等问题，并指出了照应、替代、省略和词汇衔接中的混用、误用、不一致和模糊等问题。根据这些发现，研究提出了针对英语专业写作教学的建议，以提高学生的写作水平。

曹烨华（2016）的研究中，利用篇章语言学中的衔接理论，对广告语篇中的照应手段使用情况进行了分析。曹烨华发现，外照应在语篇衔接中起着重要作用，内照应和小句照应也能有效衔接上下文。

陈海艳和潘文婕（2017）的研究中，以语篇衔接模式为理论指导，探讨了维吾尔语语篇的语法衔接方式及其功能。他们指出，在语言交际中，语篇是语言系统里最高级别的单位，并强调了通过衔接手段实现的语篇连贯性对于有效交际的重要性。研究基于韩礼德对衔接手段的分类，即语法衔接和词汇衔接，并着重讨论了照应、替代与省略在维吾尔语语篇中的使用和效果。

李璐（2018）从英汉新闻语篇的照应分析视角出发，强调了新闻语篇的准确性和简洁性的重要性。随着国际交往的增多，外国新闻对于中国人了解世界变得重要，因此，新闻翻译的准确性和连贯性显得尤为关键。李璐采用了Halliday和Hasan的衔接理论来指导对英汉新闻语篇中照应手段的差异进行分析，并探讨了在新闻翻译中应用的策略，以提高翻译的准确性和地道性。

王晓滨（2018）从英汉语篇的语法衔接和文化手段的对比及其翻译策略的角度出发，指出自20世纪70年代以来语篇语言学迅速发展。作为语篇主要特征之一的衔接语法在英汉语篇中具有不同的特点。通过深入研究语篇语法，可以发现英汉两种语言在语法衔接上的差异，并指导翻译者在翻译过程中如何处理这些差异，以便使译文在语义上连贯、自然流畅。

黄衍（2019）从回指的视角分析了目前世界上七千到八千种不同句法结构的语言。基于对550多种语言的研究，他认为语言可以分为"句法型"和"语用型"两大类，其中英语、法语和德语属于"句法型"，而汉语、日语和韩语属于"语用型"。他指出乔姆斯基的约束理论在解释"语用型"语言的照应表达上存在不足，并强调照应理论的完善需要考虑语言类型学以及语言的共性和特性。

胡佳倩和王松林（2019）从英汉动物名称的上下义词差异性研究的视角，通过语义学的方法比较了两种语言中动物名称的上下义词差异。英语中部分上义词缺失，而汉语中则相对完整。此外，英语中有上义词充当自身下义词现象，而汉语中这种现象较少。这些差异体现了中西方文化传统和认知思维方式的不同。

刘衍（2019）从系统功能语言学和照应的视角出发，分析了《爱丽丝漫游奇遇记》原著节选在改写成八个版本后的易读度变化。通过扩展Lassen与黄国文、刘衍的研究，提出了一系列与照应相关的易读度指数，并基于这些指数研究了原著和简写版本，发现各版本易读度并无相同趋势，这为从词汇语法层面到语义层面的易读度研究提供了新的路径。

浦妤（2019）在《屋顶丽人》中的衔接照应研究中指出，衔接是语篇分析中的基本概念，能够将概念与人际意义结合起来，并将语篇与语境联系起来。研究以功能语法中的语篇衔接照应理论为依托，分析了多丽丝·莱辛的短篇小说中的照应使用，发现人称照应和指示照应在小说的衔接中起着重要作用。

单艾婷（2020）以篇章语言学理论为基础，针对61篇日本学生写的汉语议论文进行照应衔接偏误分析。研究中高级汉语水平的日本学生在使用指示照应和人称照应时的偏误情况，包括少用、多用和错用，并探讨了偏误产生的原因。最后，为日本学生的汉语照应衔接习得提出了教学建议。

杨艳华（2020）的研究《南方史诗论》英译中的英语语法衔接手段的应用，讨论了《南方史诗论》一书中少数民族文化的英译过程。该书运用了诸如照应、替代、省略和连接等语法衔接手段，有效提升了翻译质量，并有助于中国少数民族文化的传播。

同年，胡翔羽和胡健（2020）对杜甫诗歌及其两种译本（唐一鹤和Innes Herdan）进行了对比分析，通过定性和定量方法探讨了译文之间在语法衔接手段上的差异及其成因，旨在为汉英语篇衔接的研究提供见解。

葛节丽（2021）从功能语言学的角度，依据Halliday和Hasan的衔接理论，对比研究了中英学术期刊论文摘要的衔接手段，探求了两种语言在衔接方式上的差异。在第二语言习得领域，曾丽娟和齐沪扬（2021）研究了韩国学生学习汉语时的语篇指称问题，并与母语者的使用情况进行了对比，提出了指导建议。

李奉栖（2021）同样探讨了翻译学习者的语篇衔接问题，比较了翻译硕士学生和专家译文，指出了学习者翻译中的缺陷。黄忠廉（2021）则着眼于翻译中的显性与隐性衔接问题，分析了这些问题如何影响翻译质量。

政治文献翻译方面，刘文（2021）关注了翻译中的语篇衔接，并讨论了如何平衡原文忠实性与目标语受众接受度的问题。原晋钰和高玉芳（2022）评估了机器翻译系统在处理英译中文摘要时的语篇衔接问题，关注的是基于神经网络的翻译系统。

在认知语言学领域，王洪亮和绪可望（2021）提出了语言系统的二元论及其在语篇衔接和连贯分析中的应用。同年，张超和梁文花（2021）研究了二语写作中的文本流利度与语篇衔接的关系，揭示了它们的多维交互模式。曾丽娟和梁卓（2022）分析了韩国学生汉语分级中介语作文中的名词短语省略问题，并提出了教学建议。这些研究共同丰富了语篇衔接在不同语言和文化、翻译学习、第二语言习得等方面的学术讨论。

毛科文和徐豪蔓（2022）的研究深入分析了《红楼梦》汉英翻译中的上下义词对比。他们认为上下义词的使用和选择不仅是语义学和二语习得研究的关键，也反映了不同文化的特征。汉语和英语在上下义词的使用上存在差异，如英语缺乏某些汉语中的上义词。这些差异揭示了汉语倾向于归纳、感性和形象，而英语则倾向于分析、理性和逻辑。

张铱（2022）研究了在党政文献翻译中恰当使用上下义词的重要性。她以《习近平总书记教育重要论述讲义》的法文翻译为例，提出了应对中法语义差异和灵活运用上下义词以增强译文简洁性和交际效果的策略。

刘泽权和丁立（2022）关注了意识流文学作品中语篇衔接的诗学价值以及翻译时所面临的挑战。通过分析《尤利西斯》等作品，他们探讨了语篇衔接在文学创作和翻译中的复杂性。

李敏（2022）针对初级阶段留学生汉语学习，分析了他们在语篇衔接与连贯性方面的表现。基于语篇交际性理论，她诊断了学生的常见错误，并提出了相应的教学策略，旨在提高学生的语篇表达能力。

谢晓明和陈晨（2022）的研究关注了"大体"这一词语的副词化及其在"大×"类范围副词中的虚化现象。他们追踪了"大体"从先秦时的名词性短语到汉代名词的转变，并且分析了它如何在魏晋南北朝时期演变成状语，最终在唐代成为一个范围副词。研究强调了语义概述回指和句位压制在这一过程中的作用，并指出高频使用和词源义对"大体"副词化的影响。进一步地，文章讨论了以"大体"为例的"大×"类副词的平行虚化路径。

黄国文（2023）提出了语篇衔接的一个新视角，即"组合衔接"，这种衔接既不属于语法衔接，也不属于词汇衔接。他强调功能语言学在中国发展的历史背景，并探讨语篇中衔接方式的多样性。

赵婷（2023）基于Halliday和Hasan的衔接理论以及黄国文的词汇衔接分类，对电视专题谈话语篇中的词汇衔接手段进行了分析。她强调词汇链在衔接中的作用，并探究了情境语境对词汇衔接的影响。

彭一平、胡韧奋和吴继峰（2023）讨论了汉语语篇衔接的特征，并提出了27个可量化的衔接特征测量指标。他们开发了一种基于自然语言处理的工具，以提高汉语二语写作质量评估的准确性。

田佳欢（2023）则关注英语教学，她使用语篇衔接理论指导高中生的英语写作，并通过实证研究验证了该理论在教学中的有效性。

吕爽（2023）关注教材中语篇衔接手段的研究视角，通过《HSK标准教程5》的定量统计分析，为中文教师在语篇教学上提供了参考，并对教材的编写提出了意见。

张静、张伟年和邓静子（2023）关注口译领域中衔接手段的研究视角，研究了同声传译中语法和词汇衔接系统的显化，并统计了其出现的频率，旨在为口译实践提供理论支持。

陈蒙和甄珍（2023）专注于为预科生设计的医学汉语教材，特别强调词汇教学的重要性，并用技术手段分析了教材中的词汇衔接度，以提供科学依据来编写更合适的医学汉语教材。

贾光茂（2023）运用认知语法研究英汉语中违反成分统制条件的约束照应现象，并探讨了量词作为概念参照点的确立及其对照应成立的影响。

高增霞（2023）提出重动式是通过同形回指手段构建的，具有篇章属性的小句复合体，其中包括了过程到结果的承继关系，并通过增元来描述外部论元的结果状态。

曹亚北（2023）分析了上古汉语代词"之"的间接回指现象，并讨论了其与上古汉语的多方面语言性质的关系，突显了"之"在向第三人称代词转化过程中的高语法化程度。

吴天怡（2023）将衔接分为语法衔接和词汇衔接，重点研究了照应在高考英语写作范文中的应用，发现照应关系的使用有助于提高文章的可读性和建立动态人际关系。

综上所述，中国学界在语篇衔接研究方面取得了显著进展，但仍然存在一些不足。例如，①理论建设：尽管有所探索，但汉语语篇衔接的理论体系尚未完全成熟，缺乏深入系统的本土理论。②研究方法：大量研究仍以定性分析为主，缺乏定量研究的深度和广度，特别是高质量的跨语言对比研究。③语篇类型：目前的研究可能集中于某些特定类型的语篇（如叙述文、学术文本），而对其他类型（如互动对话、网络语篇）的研究不足。④实用性：研究成果与教学实践的结合还不够紧密，需要更多针对性的研究来指导教学。⑤跨文化视角：虽然有跨语言研究，但真正从跨文化视角深入探讨的研究还比较少。⑥技术应用：在语篇分析的自动化和计算模型构建方面，与国际上的研究相比，中国学界的研究还有待进一步发展。

二、语篇连贯研究文献综述

语篇连贯（discourse coherence）是语言学中的一个核心概念，它涉及如何将语言单元（如句子、段落）组织成为意义上连续和一致的整体。与语篇衔接不同，语篇连贯不仅关注语言形式的连贯性，还关注语篇的意义和逻辑连贯性。以下是关于语篇连贯研究的综述。

（一）国外相关研究动态

国外语篇连贯研究主要体现在以下主题。

1.语篇分析与连贯性研究视角

Halliday和Hasan（1976）的著作主题是连贯性机制如何促成文本连贯性，其关键点涉及指代、省略、替代、连接和词汇连贯性。该著作对领域的贡献是为后续的文本和语篇分析研究提供理论基础。

2.连贯关系与推理研究视角

Hobbs（1979）指出，对话和文本中的连贯性可以通过一系列连贯关系来部分描述，这些连贯关系的最终动机是说话者或作者需要被理解。该文基于推理系统的运作，给出了几种连贯关系的正式定义。也就是说，话语中连续部分之间的关系是根据每个部分可以得出的推理来描述的。在分析语篇时，经常会遇到这样的情况：如果我们能假定某些名词短语是同义的，那么我们就会认为语篇是连贯的，因为它符合某种连贯关系的形式定义。在这种情况下，我们只需假定所指实体的同一性，即所谓的"小会话隐含"，从而同时解决了连贯性和核心参照问题。该文列举了三个不同类型参照问题的例子。每个例子都说明了如何识别话语的连贯性,以及如何通过这些"小会话隐含语"几乎作为副产品解决指称问题。

3.文本连贯性的条件研究视角

Reinhart(1980)指出,定义文本连贯性的第一个问题是,我们到底想定义什么?与语言学或文本分析的许多其他领域一样,在这个问题上有两种观点:第一种观点认为,我们要定义的是说话人已经产生或可以产生的所有文本的集合,这些文本在语篇语境中一般是可理解的或功能性的;第二种观点认为,我们要定义的是一套规范或条件,这些规范或条件适用于可理解的实际文本或可产生的文本集合的一个(也许是理想化的)子集,这些文本最大限度地或最理想地遵守了理性与合作的要求,或反映了说话人对什么是完全连贯的文本的认识。该研究持第二种观点。这两种方法之间的冲突是关于规范与偏差概念的争论的一个方面。这个问题被广泛讨论的方面是关于语法性和语义偏差的争论,尤其是在隐喻的处理方面。持第一种观点的人的核心理念是,语法性与非语法性之间的区别与有意义或可理解与无意义或不可理解之间的区别相似,并且是由这种区别决定的。乔姆斯基(1965)的第二种观点认为,这是两种截然不同的现象。语法性是由语法规则定义的,与意义无关。无语法结构可以是有意义的,反之亦然,有语法结构也可以是无意义的。在这一框架内,语法或语义完备的表达与偏差的语言表达之间的区别不在于它们的可理解性,而在于赋予它们意义的过程中所需的操作类型。语法表达式可以直接通过将表层结构映射为语义表征的函数来解释。

4.作为话语解释原则的连贯研究视角

Charolles(1983)认为,连贯是解释人类行为的基本原则。看到一个人完成两个连续的动作,如果不假定这两个动作是一个整体,那是不可能的。我们必然会假定,这两个动作构成了一个单一的整体意图,证明它们是一个接一个地进行的。连贯原则适用于话语,因为它是一系列阐释行为的产物。该原则在话语的接收和解释层面至关重要。由于接收者认为对他说的话应该是连贯的，他就会对文本进行处理，以便从中提取出符合他自己对连贯文本概念的解释。我们只能通过程序分析来解释他的行为。为了计算出一个令人满意的连贯公式，接受者会考虑到文本中给出的某些连贯标记。这些连贯标记只提供连贯语境中的关系指示。连贯是解释人类行为的一般原则。

5.关于文本连贯的说明视角

Giora（1985）认为，文本语言学领域普遍认为，一个文本或文本片段（如一个段落）要想在语用上形成良好的形式，就必须满足衔接的要求。最近的许多研究都将连贯作为一种具有语言表现形式的文本现象，如Bellert（1970）、Vuchinich（1977）、Daneg（1974）、Enkvist（1978）、Gutwinski（1976）、Halliday and Hasan（1976）、Reinhart（1980）等人的研究最为全面。Reinhart认为，要使文本具有连贯性，必须满足一致性、衔接性和相关性的要求。在Reinhart看来，衔接是指"或有指代联系［……］或有语义联系标记"（1980：168）的成对句子之间的线性关系。她进一步明确指出，要使指代链接成为衔接手段，第二句中的链接指代必须是句子主题或场景表达的一部分。不过，她补充说，如果一篇文章没有指代性链接，"如果其句子是通过语义句子连接符连接起来的"，那么它仍然具有衔接性（1980：176）。该文对各种连贯理论的争议在于连贯在构建格式完备的文本中的功能。

6.语篇连贯条件研究视角

Kellermann和Sleight（1989）反对将相关性、主题性、连贯手段、句法结构和理解作为连贯性的同义词和必要及/或充分条件，而是将连贯性发展为对文本有意义状态的认知判断。这种对有意义状态的判断是由文本的推理要求与个人可用来满足这些要求的知识结构（图式）之间的关系决定的。因此，可以通过改变知识结构将文本带入连贯性领域。

7.语篇连贯、思想连贯视角

Givón（1993）认为，文本连贯性是一个多因素的问题，归根结底与外显记忆的心理组织有关，很可能是一种部分层次的心理结构。文本研究者通常所描述的连贯性只是认知现象的一种假象。该文研究了语法线索在传递文本连贯性信号中的作用，认为语法处理渠道只是对进化过程中更古老的词汇引导（基于内容）连贯性渠道的补充。连贯性既是局部性的，也是全局性的，而这两种特性都可以通过两种处理渠道（词汇和语法）发出信号。最后，文本连贯性的建立是一个灵活、可协商的过程，对话和叙事都是如此。

8.词汇重复在话语连贯认知中的作用研究

自从词汇衔接作为Halliday和Hasan（1976）文本衔接一般模型的一部分首次被提出以来，它就一直具有巨大的吸引力。根据这一模型，词汇重复和相关语义项目的存在与图式（Halliday and Hasan，1985）相结合，通过在文本中建立衔接联系来促进文本的连贯性。该文利用综合话语框架，提出了第三种立场，即认为某些重复模式确实对话语可理解性做出了独立贡献。通过比较以英语为母语的人和以汉语为母语的人所写的英语文本，该文强调了词汇重复的特定模式对文本连贯性的影响。该文认为，词汇重复的作用是提供单词和短语的上下文定义，并提供特定于话语的同义词集；缺乏这些重复模式会导致本文所研究的非母语话语产生不连贯的感觉。

9.话语理解的认知过程研究视角

该视角具体包括：①Graesser等（1997）讨论了读者如何使用文本线索构建意义，这涉及认知过程，如感知、注意力分配、记忆存储和检索。②Kintsch（1998）的构建—整合模型详细阐述了认知理解过程中意义表示的构建和整合。

10.话语标记和连贯性研究视角

该视角包括：①Blakemore（2002）专注于话语标记在语篇中的作用和如何通过相关性理论来解释这些标记在沟通中的作用。②Kehler（2002）指出了十种连贯关系，如因果、时间、空间、对比等，并探讨了它们在构建连贯性和推动话语流动方面的作用。

11.英语课堂中的连贯性和衔接性：词汇重读和词性的使用研究视角

Palmer（1999）指出，衔接性和连贯性的研究是语言学家最喜爱的研究领域。这两个概念传统上与阅读过程有关，现在已成为教授学生如何写作文章的重要工具。EFL 课程应帮助学生理解文章中连贯连接词的使用，特别注意任何可以帮助他们以任何读者都能理解的方式组织文章的逻辑模式。

12.基于模型和演示自动评估话语的连贯性视角

Lapata和Barzilay（2005）对机器生成文本的文本连贯性进行了研究。该研究引入了一个全自动、语言丰富的模型与人类判断相关的局部连贯性模型。该研究的建模方法依赖于浅层文本属性，而且成本相对较低。该实验结果表明，评估了语言学文献中提出的各种话语表征的预测能力。该研究的结果还表明，某些模型捕捉到了一致性的互补方面，因此可以结合使用以提高性能。

13.促进元认知参与、连贯性和学习的多媒体和超媒体解决方案视角

McNamara和Shapiro（2005）认为，教育超文本的用户面临着在文本内部和文本之间创造意义的挑战。衔接是读者能否捕捉意义和理解文本的一个重要因素。当读者需要填补文本中的概念空白时，如果他们没有足够的知识，理解就会失败。衔接有助于低知识水平的读者在头脑中形成更加连贯的文本表象。然而，过于连贯的文本会抑制读者的主动处理，从而降低知识水平较高的读者的连贯性。超文本也有类似的模式，它要求读者在多个电子文本之间建立连贯性。领域新手更需要文件之间重要链接的明确指针，并从对系统导航的较少控制中获益。领域专家则不太需要系统内的帮助。该研究讨论了如何使用多媒体阅读策略培训程序来帮助知识水平较低的读者更好地理解衔接较差的文本。最后，该研究讨论了指导超文本开发的四项原则，以提高连贯性和元认知参与度。

14. 调查译文和原文核心参照的方法视角

Kunz（2007）认为，核心参照是连贯性和内聚力的一种基本策略，因为它能在文本中建立联系。这种连接是由文本表面的语言工具引起的，但必须在心理上将其解释为外部语言参照物之间的关系。由于译者关注的是源文本中连接性的接收和目标文本中同类连接性的产生，因此核心参照是翻译中的一个重要过程。该文旨在阐述一种研究原文和译文中的名词核心参照的方法。为了在英语和德语语料库中建立核心参照的实证分析参数，该研究概述了影响源文本和目标文本中核心参照关系产生的各种机制。该研究将语言学和语言学以外的因素视为可能导致核心参照关系变化的相互依存和相互作用的因素，在这些考虑因素的基础上建立的模型允许研究名义核心参照表达，并分析这些表达之间产生的参照身份关系。因此，该研究的模型有助于在非常精细的尺度上进行详尽的研究。它使人们能够捕捉词法以及语义和概念层面上的差异，从而为在更多概念层面上进行解释铺平道路。

15. 自然语言处理中的文本连贯性研究视角

Barzilay 和 Lapata（2008）在 *Modeling Local Coherence: An Entity-based Approach* 一文中的研究包括了以下内容：①强调连贯性在文本理解和生成中的重要性；②回顾现有方法的局限性；③提出基于实体的一致性模型；④介绍实体网格模型来捕捉实体分布；⑤描述了实验和评估实体网格模型的过程；⑥展示基于实体的方法在模拟人类判断一致性方面的有效性。

16. 简易判断话语关系视角

Pitler 等（2008）基于宾夕法尼亚大学话语树库（Penn Discourse Tree Bank）对本地话语关系进行了语料库研究，宾夕法尼亚大学话语树库是一个大型的人工注释语料库，其中包含显性或隐性实现的关系。该研究表明，显性话语连接词存在很大程度的模糊性，但总体上连接词大多是不明确的，并且可以对话语关系类型进行高精度预测。该研究对显性关系的分类准确率达到93.09%，总体准确率达到74.74%。此外，该研究还表明，某些关系对在文本中同时出现的频率比偶然出现的频率要高。这一发现表明，对文本中的关系进行全局序列分类能带来更好的结果，特别是对于隐式关系。

17.信息性和劝说性文章的连贯性标记、已有知识和理解视角

Kamalski等（2008）指出，当读者从文本中构建意义时，连贯性起着核心作用。以往的研究表明了连贯性标记对文本处理和表征的影响。然而，这种影响似乎取决于读者对文本内容的先验知识：知识水平低的读者从连贯标记中获益，而知识水平高的读者则从更含蓄的文本中获益。由于这种交互作用在以往的研究中并未被一致发现，该研究对实验变量：连贯标注、先验知识和文本理解的可操作性进行更深入的研究。此外，该研究还比较了对信息性文本和劝说性文本的影响。结果表明，在信息体裁中，连贯性语言标记确实与先验知识产生了相互作用，但在劝说体裁中却没有。

18.连贯关系分类法研究视角

Sanders等（2009）指出，理解话语意味着构建一个连贯的话语表征。推断连贯关系，如因果关系和主张论证关系，是话语表征连贯的必要条件。尽管文献中提出了一些描述性相当充分的建议，但在理论上仍然没有令人满意的关于使话语连贯的联系的说明。关于建立连贯关系的充分说明必须在心理学上是可信的，因为连贯关系归根结底是认知关系。该研究提出了一种分类法，根据四种认知上突出的基本要素对连贯关系进行分类，如关系的极性和单元间联系的语用或语义特征。使用书面话语片段进行的分类实验表明，该分类法所区分的12类连贯关系似乎在直觉上是合理和适用的。第二个实验调查了连接词的使用情况，进一步证明了分类基元的心理突出性及其与理解连贯关系的相关性。

19.使用话语关系自动评价话语连贯性视角

Lin等（2009）提出了一个新颖的模型来评估文本的语篇连贯性。该研究的模型假定，连贯的文本隐含着倾向于某些类型的话语关系转换。该研究构建了这一模型，并将其应用于文本排序任务，该任务旨在从句子的排列顺序中辨别原始文本。实验结果表明，该研究模型能明显优于Barzilay和Lapata（2005）提出的最先进的连贯模型，在三个数据集上与人类上限相比，前一种方法的错误率平均降低了29%。该研究还进一步证明，模型与前一种方法具有协同作用。

20.连贯性评价与文本质量评估研究视角

Crossley和McNamara（2011）的研究探讨人类对连贯性的评价在预测论文整体质量中的作用。讨论连贯性和连贯性计算指数对模拟人类判断连贯性的适用性。分析与文本结构、语义、词汇和语法相关的计算指数如何解释人类对文本连贯性的判断。

21.创建连贯模型判断文本连贯性视角

Louis和Nenkona（2012）引入了一个连贯性模型，该模型可捕捉文本中的有意话语结构。结果表明，该研究的方法在区分连贯和不连贯的新闻文章方面具有很高的辨别力，准确率高达90%。该研究还表明，句法模式与人工标注的学术会议文章的意向性结构相关，并能成功预测这些文章的摘要、引言和相关工作部分的连贯性。

22.使用语言要素创造话语的连贯性视角

Suyanu等（2017）指出，好的语篇具有连贯性，它以逻辑思维为基础，将论述中涉及的语句联系在一起。在连贯的语篇中，读者会发现有序的思维，这显然是作者常规思维模式的一种表现形式。连贯性是写作的最终特征，它反映了作者为实现话语而对其思维方式的完美控制。语篇的连贯性主要体现在语篇中的句子之间没有相互交织，思想流畅。一个句子与另一个句子之间的关系或话语中思想的顺畅流动是通过使用某些语言元素作为语法形式形成的，这些语言元素体现了话语的凝聚力。这里所说的语言要素是指过渡词/短语、代词和关键词的重复。这些语素的使用对于造句非常重要，可以使句子在语篇中相互衔接、逻辑流畅。语言元素也发生在语篇中的一个段落和另一个段落之间,是作家写作中思想或观点过渡的重要桥梁。

23.失语症和非失语症话语连贯的语言机制研究视角

Linnik等(2021)指出,背景连贯性是话语区别于随机句子集合的特质。据报道,失语症患者的语篇连贯性比非语言障碍者要差。目前还不清楚自然语言中的连贯性是如何建立的,也不清楚是什么导致了失语症患者的连贯性受损。该文对患有和未患有失语症的俄语母语使用者话语中的连贯性进行了跨方法调查。该研究的目的是考察失语症患者的语言障碍与话语连贯性的不同方面之间的联系,从而确定可能参与建立和维持话语连贯性的语言机制。该研究的连贯性由四个方面组成:信息量、清晰度、关联性和可理解性。20名参与者被要求复述一部短片的内容。复述内容采用修辞结构理论(RST)进行注释,这是一种形式化的话语结构分析框架。然后,由训练有素的评分员对复述内容的连贯性进行四级评分,各组之间的评分进行了比较。该研究还进行了分类分析,以确定是否可以根据从RST注释中收集的宏观语言变量和以前与连贯性相关的几个微观语言变量来预测评分。结果发现,在连贯性的所有方面,失语症患者的复述都低于对照组参与者的复述,微观语言学和话语结构变量的不同组合在建立各方面的连贯性方面发挥了作用。该研究结果为失语症患者的连贯性障碍提供了支持性证据。对话语连贯度高低的感知与微观语言学变量和宏观语言学变量有关,不同的变量组合对每个方面都有影响。此外,该研究还发现话语结构起着重要作用,尤其是在可理解性方面。该研究推测,对话者共享的语用知识可能会提高失语者话语的连贯性。

24.语言社区的连贯习惯研究视角

Beaman和Guy(2022)汇集了关于"有序异质性"和"社会意义"概念的一系列观点,揭示了社会意义的结构化变化和索引性如何在语言社区中"连贯"。该书通过批判性地考虑社会语言学家Weinrich、Labov

和Herzog在1968年阐明的立场，即语言多样性是以反映和构建社会秩序的方式系统地组织起来的，从而填补了语言变异研究的空白。该研究包括以下关键主题：协变和共现限制，索引性、感知和社会意义，连贯性和语言变化，以及不同分析层次的连贯性结构和测量。该书通过对更大、更多样化的变量、语言变体、言语风格和社区的实证研究，推进了我们对语言社区连贯性的理解，这是社会语言学研究新方法和模型的发展和进步所提供的。

25.自动作文评分评价文本的连贯性视角

Shin和Gierl（2022）认为，自动作文评分（AES）技术提供了创新的解决方案，可以在更短的时间内对书面作文进行评分，而且成本仅为目前的一小部分。传统上，AES强调捕捉写作"连贯性"的重要性，因为大量证据表明，连贯性与整体写作质量之间存在联系，然而，对于现代和传统作文自动评分技术在捕捉序列信息（即连贯性）方面的能力的研究却十分有限。该研究调查了传统和现代AES系统在特定属性评分方面的表现。传统的AES专注于整体评分，对特定属性评分的应用有限。因此，该研究的重点是了解与传统的基于特征的AES系统相比，使用卷积神经网络方法的深度神经AES系统能否在作文的特定属性评分中提供更好的性能，以捕捉作文中的一致性分数。该研究结果表明，深度神经AES模型在预测与连贯性相关的分数类别方面表现出更高的准确性。此外，该研究还讨论了这两种模型对评分能力的影响。

26.工程与管理专业学生议论文的连贯性研究视角

Bhartia和Sehrawat（2022）认为，连贯性和衔接是文章统一性的必要组成部分。连贯手段可以帮助作者将单词、短语、分句和句子连接起来，从而建立词汇元素之间的连贯性和有助于连贯性的逻辑组织。连贯性有助于读者解读文本。由于连贯手段并不能保证文章的连贯性，因此学会如何使用连贯手段来实现文章的连贯性和一致性至关重要。该文研究了语法和词汇连贯手段作为语言工具在确定工程技术与管理专业学生所写议论文的整体质量方面的使用情况，以及学科对学生创作连贯文章能力的影响。在选择连贯文本时，采用了基于读者的方法。该研究对读者认为连贯的168篇文章进行了研究，以确定连贯手段。分析结果表明，学生在使用引用、替换和省略号方面存在明显的数量和质量差异。另一个有趣的发现是，两组读者都更重视语法连贯手段的使用。

27. 将中心理论纳入神经核心参照解析研究视角

Chai和Strube（2022）指出，近年来，基于转换器的核心语义解析系统在CoNLL数据集上取得了显著的进步。然而，核心参照解析器如何从话语连贯性中获益仍然是一个悬而未决的问题。该文提议将中心化理论中衍生的中心化转换以图的形式纳入神经核心推理模型中。与SOTA基线相比，该研究的方法提高了性能，尤其是在长文档、正式结构良好的文本和有分散提及的聚类中的代词解析方面。

综上所述，虽然国外的语篇连贯研究在理论和实践两个层面上都取得了显著的成就，但仍面临一些挑战和不足。例如，①理论一致性：在语篇连贯性研究中，由于其跨学科的特性，涉及语言学、心理学、认知科学等多个领域，导致理论框架和术语的多样性。各个学科对连贯性的理解和定义可能存在差异，缺乏一个普遍接受的统一理论。②方法论多样性：语篇连贯性的研究方法包括定性分析和定量分析，但两者之间往往难以兼顾。定量研究可能无法充分捕捉连贯性的复杂性，而定性研究又可能缺乏可重复性和普遍性。③认知机制：虽然连贯性是一个认知过程，但关于语篇如何在接收者的大脑中构建连贯性的认知机制尚未完全清晰。认知语言学在这方面的研究还需要进一步的探索和实验验证。④文化多样性：绝大多数的语篇连贯研究集中在西方文化和语言上，对非西方文化和语言的连贯性研究不足，这限制了理论的普遍性和适用性。⑤多模态连贯：在数字媒体和多模态交流日益普及的当下，多模态连贯性的研究（包括文本、图像、声音等多种符号系统的整合）还不够充分。⑥技术应用：在自然语言处理（NLP）领域，虽然有一些尝试将连贯性理论应用于文本生成和理解系统,但自动评估和生成连贯文本的技术仍然不够成熟。⑦实用性与教育应用:将连贯性研究的成果应用到语言教学、写作指导等实际领域的研究还不够发达。⑧跨学科交流:语篇连贯性研究需要语言学、心理学、信息科学等多个学科的知识,但不同学科间的交流和合作仍需加强。⑨长篇语篇分析:很多研究集中于短文本,对于长篇语篇如书籍、学术论文等的连贯性分析较少。展望未来,语篇连贯研究需要更加深入地整合不同学科的理论与方法,扩展到更多样化的文化和语言环境中,同时也需要充分利用新兴技术,以提高研究的精确性和实用性。

(二)国内相关研究动态

国内语篇连贯研究主要体现在以下主题。

1.超文本的意义连贯研究视角

董剑桥(2003)提出了超文本语篇的结点内意义连贯、结点间意义连贯以及超结构意义连贯的分类,认为这有助于理解超文本的意义连贯性。此外,范代克(1993)的宏观结构与超结构的概念也帮助解释超文本的轴向结构与网状结构如何实现意义连贯性。唐碧霞(2007)指出超文本的非线性特性对传统阅读带来挑战,并可能导致连贯性的缺失。她通过连贯性理论分析了超文本的特点,并提出技术对策以支持超文本在教学中的应用。

2.文学翻译的多维连贯性和小说翻译批评视角

马嘉(2004)提出文学翻译的多维连贯性对小说翻译批评具有重要启示。评价译文不应仅局限于原作与译作的文字对比,而应考虑文本内外多维结合的连贯效果,并考虑译者在特定历史语境下的影响。

3.学习者书面语语篇连贯性视角

梁茂成(2006)认为过去的研究过于关注文本表层的衔接手段,而忽视了文本内在的逻辑关系。他提出局部连贯和整体连贯的概念,并使用Coh-Metrix工具分析了学生英语作文的语篇连贯性。研究发现高分作文在整体连贯性方面表现更好，而低分作文依赖局部连贯手段。

4.认知模型及认知语境对语篇连贯性构建视角

李万轶（2006）从认知语言学的角度，探讨了认知语境和认知模型在语篇连贯性构建中的作用。他指出，读者的世界知识对于构建连贯的语篇心理表征至关重要。

5.基于潜在语义分析的文本连贯性视角

汤世平等（2008）探讨了文本连贯性在计算机辅助评估中的重要性，并提出了结合潜在语义分析和基于有序聚类的层次分析方法。该方法通过识别文本的物理和逻辑结构，分析文本连贯性，实验证明该方法的准确率达到74.96%。

6.翻译中的语体风格与修辞意图

王克友（2010）强调了语体风格和修辞特征对于翻译特别是文学翻译的重要性。他指出这两个因素与整体语言的和谐统一不可分割，应该在翻译中与篇章其他因素一起考虑，保持文本的连贯性。

7.文本连贯性对表征意识性的影响

王瑞明（2011）的研究使用IRK和PDP范式，探索了文本连贯性对意识性表征的影响，发现在整体连贯条件下，连贯性影响有意识加工；而在局部连贯条件下，连贯性也影响无意识加工。

8.语篇连贯的认知理论基础

张新杰和邱天河（2010）提出了DMDCE模型，而张玮和马涛（2010）总结了语篇连贯认知研究的总体模式。

9.语篇层面的功能研究

魏在江（2010）探讨了转喻在语篇层面上的功能。这可能揭示了修辞手段如何在篇章结构中发挥作用，从而影响语篇的整体意义和效果。

10.基于话题链的汉语语篇连贯性描述体系

周强和周骁聪（2014）设计了一个汉语语篇连贯性描述体系，突出了话题链的重要性，并用实验证明了这一体系的有效性。

11.语篇连贯的具体认知机制

滕延江和卢卫中（2011）以及张建华（2016）从不同理论角度分析了语篇连贯的认知机制。

12.语篇连贯的问题及其分析

程晓堂和王璐（2011）对欠连贯语篇的概念连贯问题进行了全面分析。

13.基于主位—述位结构理论的英文作文连贯性建模

徐凡等（2016）提出了一个基于主位—述位结构的篇章连贯性模型，并通过实验证明了其有效性。

14.语篇连贯的实证研究及应用研究

石秀文和吕明臣（2016）以及李佐文和梁国杰（2018）进行了相关的实证研究和应用研究。

15.论翻译文本连贯的真与伪

余东（2016）讨论了翻译文本连贯性的本质，强调连贯是主观的心理现象，与译文质量相关，而非与原文的忠实度相关。

16.语篇连贯研究的概述和评价

李洪坤和白解红（2019）通过统计分析，对中国语篇连贯研究的总体状况进行了评价。这项研究可能提供了对语篇连贯研究发展历程、当前状况以及未来趋势的全面理解。

17.基于篇章修辞结构的自动文摘连贯性研究

刘凯和王红玲（2019）研究了如何利用篇章修辞结构信息来提高中文自动文摘的连贯性和可读性。他们使用LSTM模型对文摘的连贯性进行评价，并指出基于篇章修辞结构的方法在ROUGE评价值方面优于传统方法。

18.生态语言学视角下的衔接与连贯研究

何伟和马宸（2020）从生态语言学的视角审视并拓展了系统功能语言

学中的衔接与连贯理论。他们强调了话语生态的多元和谐、交互共生的哲学观以及语篇推进中组织作用的各种语言手段。

19. 代词使用在汉语语篇连贯中的作用研究

王倩和梁君英（2020）研究了汉语语篇中空代词和显性代词的不同功能，特别是它们如何依赖于先行语的句子成分。

20. 元语用意识与二语写作中的语篇连贯研究

解月和任伟（2021）通过问卷调研探讨了英语学习者的写作连贯性与其元语用意识水平之间的关系。

21. 翻译本体论与语篇连贯研究视角

陈伟济（2021）批判了文化学派在翻译研究中的弊端，提出通过构建语篇连贯的翻译实践来回归翻译本体，强调了建构主义的语篇连贯观在翻译中的作用。

22. 认知视角下的语篇连贯和翻译研究视角

杨志亭（2021）讨论了语篇连贯的认知属性和翻译中的再叙事问题，提出了认知叙事学方法在探索叙事连贯结构中的应用。

23. 语篇连贯在翻译实践中的重构研究视角

关永皓（2021）从系统功能语言学等角度研究了翻译过程中语篇连贯的重构。

24. 面向连贯性强化的无真值依赖文本摘要模型研究

陈共驰等人（2022）提出了一种新的文本摘要模型ATS、CG，该模型旨在生成具有高连贯性和高内容质量的摘要文本，即使在没有事先标注的摘要真值的情况下，其表现也优于现有方法。

25. 语篇连贯性的教学对策研究

张域（2022）探讨了中文母语者在英语写作中遇到的语篇连贯性问题及其成因，并提出了相应的教学对策，特别关注中西方文化差异和语言表达差异对连贯性的影响。

26.语篇连贯性研究视角

朱钰麒和熊文新（2023）分析了留学生汉语中介语作文的语篇连贯性，指出高级水平学生的语篇连贯性显著优于低级水平学生。

27.英语阅读与推论研究视角

蔡晨（2023）的研究关注非英语专业大学生的英语阅读推论表现，发现因果顺叙文本和第一人称叙事对推论有积极影响。蔡晨的研究也涉及语篇连贯性，特别是探讨人称叙事和语篇连贯性在推论表现上的交互作用。

28.认知语言学与话语标记研究视角

这一主题涵盖了多项研究，包括詹芳琼（2023）讨论了汉语认知情态副词"本来"的构式化过程，齐畅和邓瑶（2023）研究了"人们常说"这一话语标记的功能和演变，李维静和许家金（2023）基于英语学习者会话中的话语标记序列，梁凯（2023）从互动视角考察了否定话语标记"少来"的分布和功能，刘梁强（2023）研究了"不是"在现代汉语中的话语标记功能及其演变，陈巧静（2023）分析了"咱就是说"这一新话语标记的特点和流行动因。

29.学术写作与身份建构研究视角

刘应亮、邓婷和陈洋（2023）研究了英语专业本科生学位论文中立场标记语的使用及其与作者身份建构的关系。

30.语篇连贯的新视角分析研究视角

甄凤超（2023）从Sinclair的理论出发，提出了分析语篇连贯的新技术和方法，如"封装"与"预示"，并通过实证研究展示了这些方法的有效性。

综上所述，中国的语篇连贯研究虽然在近年来取得了一定的进展，但相较于国外的研究，还存在以下一些不足之处。①理论创新不足：中国的语篇连贯研究大量引用和依赖西方的理论框架，自主理论体系的构建和理论创新相对缺乏。中国学者需要更多地从汉语的特点出发，建立适合汉语特性的语篇理论。②实证研究不足：中国学者进行的实证研究相对较少，很多研究还停留在理论探讨层面，缺乏对语篇连贯理论在实际中的验证。③跨学科研究有限：语篇连贯研究是一个跨学科领域，涉及语言学、认知科学、心理学等多个学科。然而，中国的相关研究往往缺乏跨学科的视角和方法，使得研究成果的深度和广度受限。④研究范围局限：中国的语篇连贯研究多集中在教育、语言教学等领域，而在新闻传播、法律文本、商务沟通等其他实际应用领域的研究不够广泛。⑤语料库和大数据应用不足：在新技术条件下，语料库和大数据为语篇连贯研究提供了新的方法和手段。但中国学者在这方面的应用还不够普及，相关研究较少。⑥多模态语篇分析较少：随着网络和多媒体技术的发展，语篇研究应更加关注非文字的符号系统（如图像、声音等）如何与文字互动构建连贯意义。但这方面的研究在中国还相对较少。⑦国际交流与合作有待加强：国际视野和国际合作对于语篇连贯研究尤为重要。目前，中国在该领域的国际交流与合作仍不够频繁，国际影响力有待提升。⑧研究方法单一：中国学者在研究方法上往往偏重定性分析，缺乏对定量分析方法的深入运用和开发，这限制了研究的科学性和严谨性。这些不足的原因复杂，包括学术资源分配、研究传统、教育体制等多方面因素。随着中国学者对这些问题的认识加深，以及在研究方法、学术交流等方面的持续努力，这些不足有望得到改善。

三、本章小结

在本章的文献综述部分，笔者对语篇的衔接与连贯进行了全面的回顾，概括了过去几十年学术界在这一领域的主要研究进展，其中包括：

（1）衔接理论的发展：从Halliday和Hasan的衔接理论出发，他们在1976年的经典作品*Cohesion in English*中提出了衔接的相关概念和分类，包括指代、替代、省略、词汇衔接和连贯性标记等。进一步的研究扩展了衔接的范畴，例如，De Beaugrande和Dressler在1981年的*Introduction to Text*

*Linguistics*中提出了衔接与连贯七标准，其中包括了语篇的情境性和可接受性等因素。

（2）连贯性研究的多维探索：研究者开始关注文本连贯性与读者心理加工的关系，Gernsbacher等人提出的结构构建框架（structure building framework）强调了读者如何根据文本线索逐步构建和更新心智模型。Van Dijk和Kintsch提出的情境模型理论进一步阐述了读者如何利用自身知识和文本信息建构文本意义。

（3）跨文化衔接与连贯研究：跨文化研究揭示了不同文化背景下语篇衔接和连贯标准的差异，例如，某些衔接手段可能在一种语言中非常普遍，而在另一种语言中则不常见。翻译研究中，如何处理源语言和目标语言之间衔接与连贯的差异成为一项重要任务。

（4）计算语言学与自然语言处理的接口：计算模型如何模拟人类的衔接与连贯理解成为研究热点，研究者探讨了如何让计算机通过算法识别生成连贯的文本。自然语言生成（NLG）和机器翻译（MT）等领域中，衔接与连贯的问题变得尤为关键，研究者努力提高机器生成文本的自然度和流畅度。

（5）衔接与连贯的教学应用：在第二语言习得和教学研究中，如何教授学习者使用恰当的衔接手段和构建连贯的语篇成为关注重点。通过教学实验和课堂研究，教学者探索了不同衔接和连贯教学方法的有效性。

（6）批判话语分析的视角：批判话语分析（CDA）的研究者关注语篇如何在权力关系和意识形态中起作用，衔接与连贯的手段如何用于构建或削弱特定的社会关系和身份。

（7）未来研究方向：随着大数据和人工智能技术的发展，语篇衔接与连贯的研究正逐渐向着更加精细化和计算化的方向发展。

多模态语篇分析，如结合文本、图像、声音等不同模态的衔接与连贯分析，逐渐成为新的研究趋势。通过这些文献综述，本章为读者提供了一个关于语篇衔接与连贯研究的历史脉络、当前成就及未来发展方向的广阔视野。

第六章　中国英语学习者语篇衔接特征研究

一、中国英语学习者语篇衔接特征研究背景

了解和掌握中国英语学习者语篇衔接特征研究背景至关重要，因为它有助于我们深入了解相关研究领域的现状、发展趋势和研究动态。据此，中国英语学习者语篇衔接特征研究背景主要基于以下几点。

（一）中英文化差异

中英文化差异对中国英语学习者在语篇衔接方面的影响是显著的。这些差异不仅体现在语言的表层结构，更深层地体现在由文化背景所引导的表达方式、思维模式、交流习惯等方面。以下是一些具体影响。

（1）直接性与间接性：英语表达倾向于直接性，在语篇构建中体现为直截了当地提出论点和结论。而中文表达则往往更加含蓄，喜欢通过故事、比喻等间接手段来传达信息。这可能导致中国学习者在写英文时过分绕弯子，不够直接清晰。

（2）逻辑结构：英语语篇强调清晰的逻辑结构，比如使用明确的过渡词（however，therefore，moreover）来指示不同思想之间的关系。中文表达可能更多依靠上下文和隐含的逻辑关系。中国学习者可能不习惯频繁使

用这些连接词，导致英文篇章在衔接上显得不够流畅。

（3）主题发展：中文篇章常常采用"螺旋式"上升法，即主题逐渐展开，循环往复，而英文篇章则倾向于"直线式"发展，即直接点题，然后按部就班地展开论述。中国学习者可能在英语写作中将信息组织得过于分散，缺乏明确的主题句和支撑句。

（4）篇章的紧凑性：英语篇章喜欢使用各种衔接手段使文本紧凑连贯，而中文篇章可能更注重内容的层次和美感。这可能导致中国学习者在英文写作时忽略了句与句、段与段之间的内在联系，影响语篇的紧凑性。

（5）修辞风格：英语语篇中常用的修辞技巧与中文存在差异。例如，英文中可能会更多地使用比喻、夸张等修辞手法，而中文则可能更倚重于典故和成语。中国学习者在英语写作中可能会不自觉地使用中文的修辞方式，不符合英文的表达习惯。

（6）礼貌原则：中英文化在礼貌原则上的差异也可能影响语篇的衔接。中文中的礼貌原则可能导致间接性和含蓄性的语言使用，而英语中直接提出请求或意见是普遍接受的。中国学习者可能在英文交流中过于婉转，降低了语篇的直接性和效率。

（二）英语作为第二语言的学习环境

英语作为第二语言的学习环境会对中国英语学习者的语篇衔接能力产生多方面的影响。这些影响可以是正面的，也可能是负面的，具体取决于学习环境的质量，以及个人的学习态度和努力程度。以下是一些这种学习环境可能带来的影响。

1.正面影响

（1）丰富的语言输入：在一个优质的第二语言学习环境中，学习者会接触到大量的自然语言输入，包括书面和口头英语。这种大量的输入有助于学习者了解和掌握语篇衔接的各种手段，如连接词、指代词的使用，以及段落结构。

（2）文化融入：当英语学习不仅限于课本知识，还包括文化内容和情境模拟时，学习者能更好地理解语境中的语篇衔接，领会英语文化中的交流习惯和逻辑方式。

（3）交流实践：学习环境中的互动和讨论机会可以促进学习者的实际运用能力，通过实际交流练习，学习者可以更好地理解如何在不同情境下有效地使用语篇衔接策略。

（4）反馈和改进：老师和同伴的反馈对于学习者识别和改进自己在语篇衔接方面的问题至关重要。在一个互动性强、反馈即时的学习环境中，学习者能够快速调整自己的学习策略。

2.负面影响

（1）不足的语言输入：如果学习环境中缺乏足够的自然语言输入，或者输入过于简化、人工，学习者可能无法充分接触到丰富和多样的语篇衔接用法，这将限制他们的学习和应用能力。

（2）过度依赖教材：若学习者主要依赖教科书，而这些教材可能并不充分涵盖语篇衔接的所有方面，学习者的语篇衔接能力发展可能会受到限制。

（3）教学方法的局限：如果教学方法过于注重语法和词汇的孤立知识，而忽视了整体语篇的流畅性和连贯性，学习者可能会在实际运用中遇到语篇衔接的困难。

（4）缺乏交流机会：缺少与母语者交流的机会或者在实际情境中使用英语的机会，会限制学习者理解和练习语篇衔接在实际交流中的应用。

（三）教育体系内的英语教学方法

中国教育体系内的英语教学方法对学习者的语篇衔接能力有着显著的影响，这些影响既包括积极的方面，也包括一些需要改进的方面。以下是对这些影响的分析。

1.积极影响

（1）系统性学习：中国教育体系通常强调系统化学习，这包括对语法、词汇等语言基础知识的全面教授，为学习者提供了扎实的基础，以理解和运用语篇衔接手段。

（2）考试导向：高考和其他英语考试往往要求学生具备一定的阅读理解和写作能力，这促使学生必须关注文章的连贯性和逻辑性，从而在一定程度上提升语篇衔接技能。

（3）课堂教学：传统的课堂教学中，教师会用例句或文章来展示如何使用连接词等衔接手段，帮助学生理解其在文中的作用。

2.需要改进的方面

（1）重视形式而忽视交流：中国的英语教学往往强调语言形式的正确性，如语法和词汇，而不够重视语言的交际功能。这可能导致学习者在实际交流中难以灵活运用语篇衔接策略。

（2）缺乏实际应用：学生在课堂上接触到的英语往往是脱离实际语境的，缺少将语篇衔接技能应用到真实交流情景中的机会，这限制了他们综合运用这些技能的能力。

（3）教学资源的限制：如果教材和教学资源更新不够及时，或者教师未能使用最新的教学法，学生可能会错过学习现代英语中语篇衔接的新方法和策略。

（4）应试教育的影响：应试教育的压力可能导致教学过于注重考试技巧，而非语篇衔接在实际语言使用中的功能，这会影响学生理解语篇衔接的真正价值。

（四）教育评估体系

教育评估体系在中国对英语学习者的语篇衔接能力有着重要影响，因为评估体系往往决定了教师的教学焦点以及学生学习的重点。以下是中国教育评估体系对学习者语篇衔接能力可能产生的影响。

1.积极影响

（1）标准化考试的要求：许多标准化考试（如大学英语四六级、雅思、托福）都包含了评估学生书面和口头语篇衔接能力的部分。这促使学校和学生重视语篇衔接的学习。

（2）评估标准的指导作用：清晰的评估标准可以帮助学生了解良好的语篇衔接所需的标准，比如使用合适的连接词、确保语篇的连贯性和逻辑性。

（3）教学内容的调整：为了应对评估的要求，教师可能会在教学中更加注重语篇衔接的教学，如通过写作和口语练习来提高学生的实际应用能力。

2.负面影响

（1）应试教育的局限性：如果评估体系太过侧重于考试分数，可能会导致教学变得机械，学生可能只是为了应对考试而学习语篇衔接技能，而不是为了真正提高语言运用能力。

（2）评估内容的不全面：如果评估主要集中在单项选择题或填空题上，可能会忽略学生语篇衔接能力的全面发展，因为这些题型难以全面评估学生在实际语言使用中的连贯性和衔接性。

（3）对创新和个性表达的抑制：过度标准化的评估体系可能会限制学生表达的创新性和个性化，因为学生可能会倾向于使用那些他们认为能够得分的"安全"表达方式，而非自然和创新的语言。

（五）学习动机与目的

1.学习动机与目的是影响中国英语学习者语篇衔接能力非常重要的因素

学习动机可以分为内在动机和外在动机。内在动机指的是出于个人兴趣、满足感或个人发展等内部因素而学习，而外在动机则是指为了获取奖励、避免惩罚或满足他人期望等外部因素而学习。学习动机对语篇衔接的影响有以下几个方面。

（1）内在动机：通常，具有强烈内在动机的学习者更可能投入学习过程中，花费更多时间和精力在英语学习上，包括语篇衔接这一复杂技能的掌握。内在动机较强的学习者在面对困难和挑战时更有可能坚持下去，这有助于他们克服学习英语语篇衔接时所遇到的难题。

（2）外在动机：外在动机可能导致学习者过分关注考试成绩和证书获取，这可能会促使他们采取应试策略来学习语篇衔接，而非真正理解和掌握语篇衔接的本质。如果学习者仅仅为了满足外部要求而学习语篇衔接，他们可能在短期内提高能力，但这种改进可能不持久。

2.学习目的对语篇衔接的影响

学习目的对语篇衔接的影响可以体现在以下几个方面。

（1）学术目的：学习者如果以学术进步为目标，他们可能会更注重语篇的逻辑性和连贯性，因为这是学术写作和口头表达的核心要求。学术目的通常要求高水平的批判性思维和分析能力，这将促进学习者更深入地掌握语篇衔接技能。

（2）职业目的：若学习者的目标是为了职业发展，他们可能会更注重实用性和语境适应性，这可能导致他们在实际交际中更自然地使用语篇衔接技巧。职业目的下的语篇衔接学习可能更侧重于特定情境和术语的使用，有助于提升专业领域内的沟通能力。

（3）个人兴趣：由个人兴趣驱动的学习者可能会更加自发地探索英语语言，包括阅读、写作、听力和口语等方面，他们在语篇衔接上的表现可能更加自然和多样化。个人兴趣可以促使学习者寻找更多与兴趣相关的语料，从而在模仿和实践中提高语篇衔接能力。

总体而言，学习动机和目的不仅影响学习者学习英语的时间和精力投入，还影响他们学习策略的选择和学习行为的持久性。一个积极的学习动机和明确的学习目的可以有效促进语篇衔接能力的发展，帮助学习者在不同语境中更加自信、有效地使用英语。教师和教学机构应当通过合理的课程设计和教学方法，激发学习者的内在动机，并帮助他们确立实际且有意义的学习目标。

（六）技术进步

技术进步对中国英语学习者语篇衔接能力的影响是多方面的。随着互联网和移动设备的普及，以及人工智能和大数据技术的发展，中国英语学习者可以更方便、更高效地学习英语，包括提高他们的语篇衔接能力。以下是一些技术进步对英语语篇衔接影响的具体方面。

（1）更广泛的资源接触：技术使得学习者可以轻松访问大量的英语学习资源，包括在线课程、电子书、新闻网站、学术论文、博客和论坛等。这些资源提供了丰富的语篇样本，帮助学习者理解如何有效地组织英语语篇，从而提高他们的衔接能力。

（2）交互式学习平台：教育技术的进步促生了各种交互式学习平台，如在线论坛和社交媒体群组，学习者可以在这些平台上与其他学习者或母语为英语的人交流，实践语篇衔接。

（3）智能辅导系统：人工智能辅导系统可以提供个性化的学习建议和反馈。这些系统能够分析学习者的写作或口语输出，指出衔接上的不足，并给出改进建议。

（4）自动语言生成和校正工具：例如，语法检查器和写作辅助工具可以帮助学习者识别和修正他们的语篇中的衔接错误，提升语篇的流畅度和连贯性。

（5）模拟环境和游戏化学习：虚拟现实（VR）和游戏化学习环境可以模拟现实生活情境，让学习者在接近现实的对话中实践语篇的衔接技能。

（6）数据分析和反馈：大数据分析可以帮助教育者了解学习者在语篇衔接上的常见问题，并据此调整教学策略和材料。

（7）远程教育和协作工具：视频会议软件和在线协作工具使得远程学习和国际交流变得更加容易，这为学习者提供了更多实践并改进语篇衔接技能的机会。

（七）国际化背景

国际化背景对中国英语学习者的语篇衔接能力产生了显著的影响。随着全球化的加深和国际交往的频繁，英语作为国际交流语言的地位日益突出，这对中国学习者的英语学习带来了以下几方面的影响。

（1）提升意识与需求：在国际化的背景下，英语被视为开展国际交流和合作的基本工具。这提高了中国学习者提升英语语篇衔接能力的意识，因为这是确保他们能够在国际场合中有效沟通的关键。

（2）丰富的交流机会：国际化为中国学习者提供了更多与英语为母语的人士以及其他非母语英语使用者的交流机会。通过真实的交流，学习者可以直观地感受到语篇衔接在沟通中的重要性，实践和提高自己的衔接技能。

（3）跨文化意识的增强：了解不同文化背景下的语篇结构和表达习惯对于有效的跨文化沟通至关重要。国际化背景促使中国学习者更加重视跨文化交际能力的培养，包括如何调整语篇衔接方式以适应不同文化背景的沟通对象。

（4）学习材料和环境的多样化：国际化带来了更多元化的学习资源和环境，学习者能够接触到各种各样的英语语篇，包括学术论文、商务报告、国际新闻等。这些多种类型的材料可以帮助学习者理解并练习如何使用不同的衔接手段以适应不同类型的语篇。

（5）国际教育的影响：中国学生有更多机会出国留学或参与国际交换项目，这些经历不仅能提升他们的语言能力，还能加深他们对语篇衔接在实际使用中的理解。

（6）标准化与一致性的追求：国际化背景下，英语的标准化和一致性成为重要目标，特别是在学术和专业领域。中国英语学习者需要掌握广泛接受的语篇衔接规范，以确保他们的英语使用能被国际社会广泛理解和接受。

（7）英语使用的实用性：国际化背景下的英语使用更强调实用性和效率。学习者需要能够快速地构建清晰、连贯的语篇来适应快节奏的国际交流环境。

总之，研究中国英语学习者的语篇衔接特征，有助于理解他们在英语学习过程中遇到的具体问题，从而开发出更加有效的教学策略，提升学习者的综合英语应用能力，特别是在真实交际情境中的表达和理解能力。

二、本章拟解决的问题

（1）探讨中国英语学习者的语篇衔接类型。
（2）对中国英语学习者语篇衔接各种具有代表性强的类型进行案例分析。
（3）对比中国英语学习者与母语者在衔接类型方面的差异性。
（4）讨论影响中国英语学习者与母语者衔接类型差异性的可能因素。

三、本章拟采用的研究方法

（一）使用语料库

International Corpus Network of Asian Learners of English（ICNALE）语料库收集了亚洲十个地区英语学习者的英语作文，其中包括ESL国家或地区（中国香港、巴基斯坦、菲律宾和新加坡）和EFL国家或地区（中国、印度尼西亚、日本、韩国、中国台湾和泰国）。该语料库还将学习者按照其英语水平测试（如托福和托业）的考试成绩，划分为A2、B1_1、B1_2和B2水平（四个水平从低到高排列）。以托业成绩为例，分数低于545分的学习者为A2水平，分数介于550～670分之间的属于B1_1水平，分数超过670分但低于785分的属于B1_2水平，而分数超过785分的被划分为B2水平。

（二）同题语料的选择

在ICNALE语料库中抽选的中国英语学习者和英语母语者的语篇主题

有以下两个：①大学生是否有必要从事兼职工作；②禁烟是否应在全国餐馆内推行。

（三）中国英语学习者的语料的选择方法

选取ICNALE的子语料库Written Essays v2.4内的中国大学生所写的英语作文作为中国英语学习者语料，即从中国英语学习者的英语作文中随机抽取100篇，每个水平随机抽取25篇作文，共有四个英语水平，每篇作文字数约为200~300词，故本研究选取的中国英语学习者的语料共有100篇。

（四）英语母语者的语料的选择方法

子语料库Written Essays v2.4一共包含400篇英语母语者的同题英语作文，其中200篇是由大学生撰写的，88篇的作者是教师，剩余的112篇的作者则是其他职业的英语母语者。由于中国英语学习者作文篇数为100篇，加之本研究的主要对象是以英语为外语的中国大学生的英语作文，故本研究将从200篇以英语为母语的学生作文中随机抽取100篇作文作为英语母语者语料。

（五）使用文本分析软件AntConc

AntConc对语料进行形容词词汇标注和词汇配对分析。AntConc是一种免费的文本分析工具，可用于语料库语言学研究。它提供了各种功能，包括词频统计、词性标注、关键词提取、共现分析、词汇云等。使用AntConc可以导入文本文件或语料库，然后对文本进行各种分析。其中一个重要的功能是词频统计，它可以显示文本中每个词出现的频率，并按照频率进行排序。这对于了解文本的词汇使用情况和重点词汇非常有帮助。此外，AntConc还提供了共现分析功能，可以找出文本中词汇之间的共现关系。它可以显示哪些词汇在文本中经常一起出现，从而帮助我们发现词汇之间的关联性和语言习惯。词汇云是AntConc的另一个有用的功能，它可以根据词频和重要性生成一个词汇云图。词汇云图将文本中常见的词汇以不同的字体大小和颜色显示，使我们可以直观地了解文本的重点词汇和主题。总的来说，AntConc是一个功能强大的文本分析工具，它可以帮助研究人员和语言学习者分析和理解语料库中的文本数据。

（六）使用线上语法纠错软件Grammrly

Grammarly是一款流行的在线语法检查工具，旨在帮助用户改善写作质量。它能够检测多种类型的写作错误，包括拼写、语法、标点、句式风格以及用词选择。Grammarly的目标是让任何人写出清晰、准确和专业水准的英语。以下是Grammarly软件的一些主要特点。

（1）实时语法纠错：Grammarly可以在用户输入时实时检测和纠正错误，包括基础的语法和拼写错误。

（2）文体指导：软件根据不同的写作目的（如学术、商务或创意写作）提供风格建议。

（3）拼写检查：Grammarly提供比传统文本编辑器更高级的拼写检查功能。

（4）句子结构：它能分析句子结构，指出哪里可以通过调整来提高可读性。

（5）词汇增强：该工具建议同义词来帮助改善词汇的使用，使写作更加生动有力。

（6）检测抄袭：Grammarly有一个内置的抄袭检测器，它可以扫描你的文本并与网上的内容进行比较，确保你的作品是原创的。

（7）个性化反馈：根据用户的写作习惯和常犯的错误，Grammarly提供个性化的反馈和练习来帮助用户提高。

（8）多平台兼容性：Grammarly可以作为浏览器扩展、桌面应用和手机应用存在，使得无论在哪个平台写作都能得到支持。

（9）目标设定：在检查文档之前，用户可以设定文档的目标，包括受众、形式、风格和情感等，这样Grammarly就可以提供更为定制化的建议。

（10）隐私和安全：Grammarly强调用户文本的安全性和隐私，并采取措施保护用户数据。简而言之，Grammarly适合任何希望提高英语写作质量的人，包括学生、专业作家、商业人士和非母语人士。它提供了免费和付费版本，付费版本（Grammarly Premium）提供更多高级功能，包括更深入的写作检查和个性化的写作报告。

四、本章的研究内容

分析中国英语学习者（100篇）与母语者（100篇）语篇中的衔接类型以及频率。具体研究的衔接类型如下。

（1）指代衔接（anaphoric and cataphoric reference）：前指（anaphora），指向文本中前面提到的某个词或短语。后指（cataphora），指向文本中后面出现的词或短语。

（2）替代衔接（substitution）：使用一个词（如代词）或短语来替换前文中的词或短语，避免重复。

（3）省略衔接（ellipsis）：在句中省略某些可以从上下文中推断出来的信息，常见于口语和非正式写作中。

（4）连词衔接（conjunctive adverbs and transitional phrases）：使用连词（如"and""but""therefore"）或过渡性短语（如"on the other hand""for example"）链接句子或段落。

（5）词汇衔接（lexical cohesion）：重复（repetition），重复关键词或短语来强化主题或观点。同义复现（synonymy）：使用同义词或近义词来指代前文中出现的词汇。上义词/下义词（hypernymy/hyponymy）：使用上义词（泛称）或下义词（具体项）来建立词汇关系。

（6）搭配（collocation）：特定词汇的惯用搭配，其共现可以提供文本的连贯性。

（7）语法衔接（grammatical cohesion）：使用特定的语法结构来保持语篇的连贯，如时态、语态、文章（冠词）的一致性等。

五、中国英语学习者语篇衔接类型以及频次列表

中国英语学习者语篇衔接的类型及频次如表6.1、表6.2、表6.3、表6.4所示。

表 6.1 中国英语学习者 A2 水平衔接手段类型以及频次

类别	衔接手段频次	参照手段频次	替代手段频次	省略手段频次	连词手段频次	词汇连贯性手段频次
1	个人参照	24	名词替代：0	名词省略：1	并列连词：28	重复：0
2	指示参照	5	词组替代：0	动词省略：0	从属连词：22	同义词/近义词：0
3	比较参照	1	句子替代：0	句子省略：1	关联连词：8	搭配/词语搭配：0
4	泛指	107	—	—	连词副词：15	上下义词：0
5	—	—	—	—	—	反义词：0
总计	总使用频次	137	0	2	73	0

表 6.2 中国英语学习者 B1-1 水平衔接手段类型以及频次

类别	衔接手段频次	参照手段频次	替代手段频次	省略手段频次	连词手段频次	词汇连贯性手段频次
1	个人参照	13	名词替代：0	名词省略：0	并列连词：26	重复：0
2	指示参照	6	词组替代：0	动词省略：0	从属连词：22	同义词/近义词：0
3	比较参照	2	句子替代：0	句子省略：0	关联连词：8	搭配/词语搭配：1
4	泛指	97	—	—	连词副词：14	上下义词：0
5	—	—	—	—	—	反义词：0
总计	总使用频次	118	0	0	70	1

表 6.3 中国英语学习者 B1-2 水平衔接手段类型以及频次

类别	衔接手段频次	参照手段频次	替代手段频次	省略手段频次	连词手段频次	词汇连贯性手段频次
1	个人参照	36	名词替代：0	名词省略：0	并列连词：80	重复：0
2	指示参照	24	词组替代：0	动词省略：0	从属连词：23	同义词/近义词：0
3	比较参照	—	句子替代：0	句子省略：0	关联连词：3	搭配/词语搭配：1
4	泛指	92	—	—	连词副词：26	上下义词：0
5	—	—	—	—	—	反义词：0
总计	总使用频次	152	0	1	132	0

表 6.4 中国英语学习者 B2 水平衔接手段类型以及频次

类别	衔接手段频次	参照手段频次	替代手段频次	省略手段频次	连词手段频次	词汇连贯性手段频次
1	个人参照	20	名词替代：0	名词省略：0	并列连词：50	重复：0
2	指示参照	4	词组替代：0	动词省略：0	从属连词：16	同义词/近义词：0
3	比较参照	0	句子替代：0	句子省略：0	关联连词：4	搭配/词语搭配：1
4	泛指	93	—	—	连词副词：30	上下义词：0
5	—	—	—	—	—	反义词：0
总计	总使用频次	117	0	1	100	1

中国英语学习者衔接手段类型及出现频次如图6.1所示。

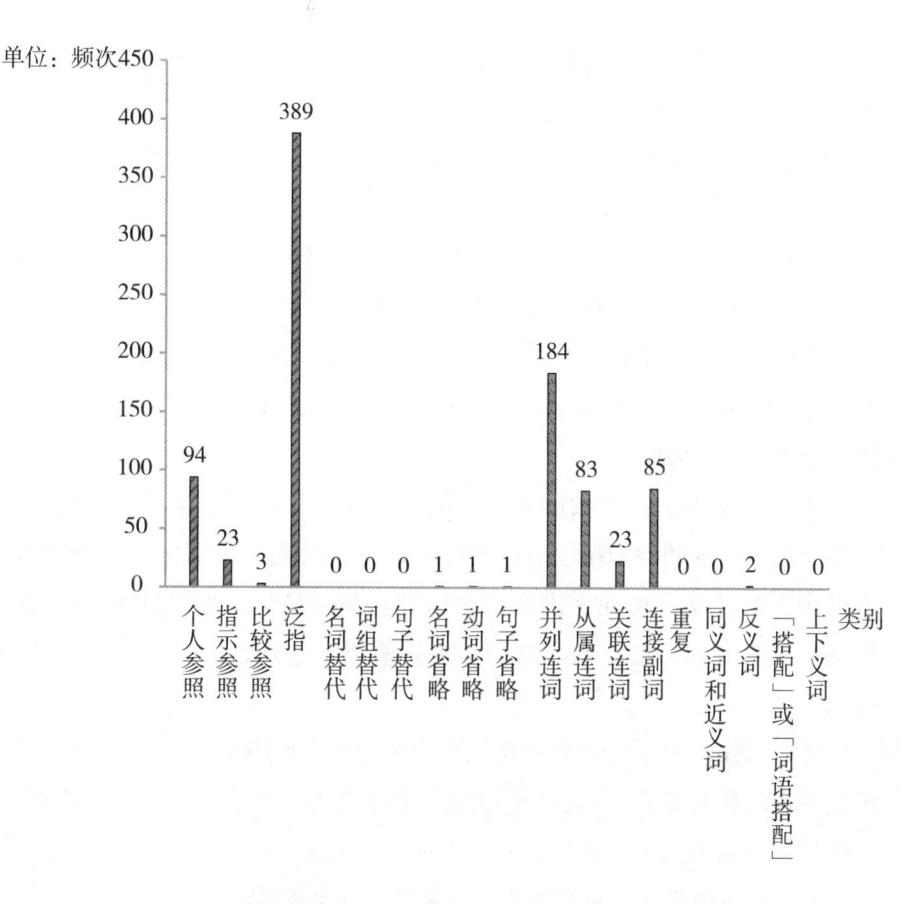

图 6.1 中国英语学习者衔接手段类型以及出现频次示意图

六、中国英语学习者衔接使用的类型以及频次特征结论

（1）表6.1表明，A2水平的中国英语学习者在参照手段上的使用频次最高（137次），其次是连词手段（73次），而替代手段和词汇连贯性手段的使用频次都是0，省略手段使用了2次。这可能表明，在这个水平的学习者中，参照手段和连词手段在保持文本连贯性上起着更重要的作用。

（2）表6.2告诉我们以下几点。

①个人参照是最常见的参照手段，使用了13次。

②泛指非常频繁，使用了97次，远高于其他类型的参照手段，表明学习者倾向于使用这种方式来指代一般概念或类别。

③连词手段是使用频次第二高的衔接手段，总共使用了70次，其中并列连词使用最多（26次），其次是从属连词（22次）。

④在这个水平的学习者中，替代手段和省略手段完全没有被使用，可能表明学习者在这些方面的语言技能还未充分发展。

⑤词汇连贯性手段中只有"搭配/词语搭配"被使用了1次，其他如重复、同义词/近义词和反义词都没有使用，这可能反映了学习者在使用这些语言资源方面的限制。

（3）表6.3 提供的数据显示了B1-2水平的中国英语学习者在使用个人参照和泛指这两种衔接手段时比较频繁，而在使用替代手段和省略手段方面则不太常见。连词手段的使用相对较多，尤其是并列连词的使用频次高。这些数据可能反映了学习者在提高语言连贯性方面的一些偏好和挑战。

（4）表6.4 显示B2水平的中国英语学习者在使用个人参照和泛指类型衔接手段时相对频繁，而在使用替代手段和省略手段方面则较少。连词手段的使用也较为常见，尤其是并列连词。词汇连贯性手段的应用则相对较为有限，这可能是学习者需要进一步提高的一个领域。

（5）图6.1显示，对中国英语学习者而言，泛指和并列连词是学习者使用最频繁的衔接手段，而替代手段和大部分的词汇连贯性手段几乎没有被使用。这可能表明学习者在使用某些衔接技巧上还不够熟练，尤其是在替代和词汇丰富性方面。这样的分析可以帮助教师识别学习者在语言学习中的弱点，并提供针对性的教学策略来改进这些弱点。

七、中国英语学习者衔接类型以及频次特征讨论

（1）表6.1显示，在A2水平的英语学习者中，学生的英语能力相对有

限，他们的托业成绩低于550分。在这个阶段，学习者可能会依靠更直接和简单的语言结构来表达思想和构建句子。因此，参照手段和连词手段对于这些学习者来说尤其重要，因为它们帮助学生以较少的语言复杂性保持文本的连贯性。对于A2水平的学习者来说，其他衔接手段如替代手段和词汇连贯性手段可能需要更高级的语言技巧和词汇知识。在这个学习阶段，学习者可能还没有掌握足够的词汇量或语法结构来有效使用这些更复杂的连贯性工具。

（2）表6.1还显示，A2水平的中国英语学习者的替代手段和词汇连贯性手段的使用频次都是0，可能有以下原因。

①当学习者不知道或不确定某个特定词汇或短语时，他们会使用其他已知的词汇来替代。如果这样的手段的使用频次为0，这可能意味着学习者在遇到不知道的词或表达时，要么停顿，要么完全避免了那个话题，而没有尝试使用他们知道的其他词汇来表达相同的意思。

②在英语写作中，词汇连贯性手段指使用同义词、搭配词或其他形式的词汇来保持语言的连贯性。中国英语学习者在这方面的使用频率为0，可能是因为学习者的词汇量有限，无法找到合适的同义词或搭配词来表达思想，导致句子或话语之间缺乏连贯性。

（3）表6.2表明，连词手段是B1-1（托业分数介于550~670分之间）水平的中国英语学习者使用频次第二高的衔接手段，总共使用了70次，其中并列连词使用最多（26次），其次是从属连词（22次）。在托业考试中，衔接手段的使用反映了考生在语言组织和逻辑连接能力方面的熟练程度。B1-1水平的中国英语学习者，通常具备可以理解和使用日常表达以及简单句子进行基本沟通的能力。在这一水平上，学习者通常能够运用基本的连词来构建句子和段落，因此，连词手段会被频繁使用。连词手段使用频次高的原因可能包括以下几个方面。

①表达需要：在表达比较复杂的观点或论述时，连词是必不可少的，因为它们帮助考生构建逻辑关系和复合句式。

②受试者的教育背景：中国的英语教育很重视句子结构和语法，学习

者很可能在早期教育中就接触并练习了大量的连词使用。

③考试策略：考生可能认识到在托业等标准化英语考试中，适当的连词使用可以展示出他们的语言组织能力，有助于提高得分。

④语言迁移：中文中也存在着并列和从属的结构，考生可能会将母语中的逻辑结构迁移应用到英语中。

（4）表6.2还表明，在B1-1水平的中国英语学习者中，替代手段和省略手段完全没有被使用，可能有几个原因。

①词汇量和句型掌握：B1-1水平的学习者通常具备一定范围的词汇和句型掌握。他们可能在准备考试时专注于这些词汇和句型的使用，而不是学习如何替代或省略未知或不确定的词汇和表达。

②考试准备和策略：中国的英语学习者往往通过考试导向的学习方式来准备英语测试，这种方式强调正确使用已知的词汇和结构，而不是冒险使用可能不准确的替代表达。

③风险回避：考生可能倾向于使用他们最熟悉和最自信的语言材料，以避免在替代或省略时可能出现的错误。他们可能害怕使用错误的替代词汇或结构，这可能会影响他们的得分。

④语言测试的性质：托业等标准化测试通常奖励准确性和恰当使用语言的能力。考生知道这一点，因此可能会避免使用那些可能导致扣分的策略，如替代和省略。

⑤语言习得的阶段：在B1-1水平，学习者处于一个过渡阶段，他们的语言知识可能还不足以灵活地使用替代表达。同时，他们可能已经有能力避免需要省略的情况，因为他们可以使用其他已知的结构来表达相同的意思。

⑥文化和教育背景：中国学生可能受到教育体系的影响，这个体系可能更强调语法准确性和传统的写作方式，而不是鼓励创造性或即兴的语言使用。

⑦自信心水平：这些学习者可能对他们的英语水平缺乏自信，因此在表达不确定或不熟悉的概念时，他们可能选择避免使用这种语言，而不是

尝试未经证实的表达方式。

⑧考试经验：考生可能缺乏考试经验，不熟悉或不知道如何有效地运用替代和省略策略来提高他们的表现。

（5）表6.2还告诉我们，词汇连贯性手段中只有"搭配/词语搭配"被使用了1次，其他如重复、同义词/近义词和反义词都没有使用，可能有以下几个原因。

①有限的词汇量：在B1-1水平，学习者的词汇量相对有限。他们可能还没有掌握足够的同义词、近义词或反义词来丰富他们的写作或口语。他们可能更倾向于使用他们确信正确的词汇，而不是冒险尝试他们不太熟悉的词汇。

②对搭配的教学重视：在英语教学中，尤其是在非英语国家，往往强调正确的搭配使用，因为这直接关联到语言的准确性。学习者可能被教导要注意搭配，因此在实际使用中会更加注意这一点。

③对重复的避免：在某些文化和教育体系中，学习者可能被教导避免在写作和口语中重复使用相同的词汇，因为这被认为是词汇量不足的表现。这可能导致他们在使用重复作为一种衔接手段时有所犹豫。

④不熟悉同义词/近义词和反义词的使用：学习者可能不太熟悉如何恰当使用同义词和近义词来替换已经使用过的词汇，或者他们可能不清楚在某些情况下使用反义词可以作为一种强调手段。

⑤风险管理：在考试环境下，学生可能倾向于使用他们最确定无误的词汇和表达。即使他们可能知道一些同义词或近义词，也可能因为担心使用不当而导致理解上的混淆或错误。

⑥考试策略：学习者在考试中可能更注重语法结构和句子的正确性，而不是词汇的多样性和连贯性。他们可能没有意识到通过使用同义词/近义词和反义词来增强连贯性也是评分的一部分。

⑦认知负荷：在语言产出时，B1-1水平的学习者可能已经处于较高的认知负荷。在此情况下，简化任务并集中精力使用他们最熟悉的语言材料，而不是尝试更复杂的连贯性策略。

（6）表6.4显示，B2水平的学习者中，参照手段的使用模式显示出个人参照和泛指的明显偏好，这表明了几个关键点。

①个人参照的使用：个人参照的使用频率（13次）表明学习者能够利用代词来指代文中的人物，这是英语写作中基本的衔接技巧。这种参照手段的使用有助于避免重复并使文本更加流畅。在B1-2水平，学习者应该能够正确使用第一、第二和第三人称代词，以及它们的所有格和宾格形式。

②泛指的频繁使用：泛指的极高使用频次（97次）可能反映了几个方面。首先，这可能表明学习者在处理一般概念或类别时感到相对舒适，并且可能偏好使用泛指代词如"this""that""these""those"，来引导听者或读者注意到前文提到的事物或事情。其次，它也可能说明学习者在语言表达中趋向于谈论一般性的信息，而不是具体的、个别的事项。这可能是因为一般性的表达不需要特定的词汇知识，而是使用较为简单和常用的词汇。

（7）表6.4还表明，B2（托业成绩高于670）的学习者使用替代手段和省略手段方面也较少，可能有以下原因。

①考试策略：托业考试是标准化的英语能力测试，侧重于评估学习者的英语交流能力。B2级别的学习者可能更关注于展示他们的语言准确性和流利性，因此在使用替代和省略手段时可能会更加谨慎。

②对准确性的关注：在正式的考试环境中，学习者可能更注重使用他们完全掌握的、正确的词汇和语法结构，而不是冒险使用可能不那么准确的替代表达，以免影响他们的分数。

③缺乏必要性：B2级别的学习者通常拥有足够的词汇量和句型掌握，能够表达大部分想要传达的意思。因此，他们可能觉得没有必要频繁使用替代或省略手段。

④风险规避：尽管B2级别的学习者有能力使用更高级的语言技巧，但在高压的考试环境下，他们可能倾向于避免使用有错误风险的语言策略。

⑤教学方法：如果学习者所接受的教育更侧重于语言的规范性和准确性，而不是策略性的语言使用，他们可能不习惯于在需要时使用替代或省

略手段。

⑥自我监控能力：B2级别的学习者在语言产出时可能会进行更多的自我监控和修正，试图避免使用那些可能不够准确或不够正式的表达形式。

⑦文化因素：某些文化背景下的学习者可能更习惯直接和明确的表达方式，而不是使用含蓄或间接的替代和省略手段。

⑧考试形式的限制：托业考试的某些部分可能不鼓励或不需要使用替代和省略手段。例如，阅读和听力部分可能主要考察学习者对材料的理解，而不是他们使用语言的策略性。

（8）图6.1表明，中国英语学习者在使用泛指和并列连词等衔接手段频繁，而很少使用替代手段和大部分词汇连贯性手段，可能有以下几个原因。

①教育方法：中国的英语教学往往强调语法和词汇的记忆以及应试技巧，而不是语言的实际运用。因此，学生可能更熟悉并且更频繁地使用那些在教科书和考试中常见的结构，如泛指和并列连词。

②语言迁移：中国学生学习英语时可能会受到母语的影响。例如，汉语中经常使用的结构和表达方式可能会在学习者使用英语时倾向于使用类似的结构，而汉语中的替代和词汇连贯性技巧可能与英语中的不同，导致学生没能有效地将此类技巧运用到英语学习中。

③使用频率与可见性：泛指和并列连词在日常沟通中较为常见，易于理解和掌握，而替代和词汇连贯性手段则相对复杂，需要更丰富的词汇量和对语言的敏感性，可能在常规教学或学习材料中提及得较少。

④复杂性和难度：替代手段和词汇连贯性手段要求学习者有较高的语言生成能力和对英语深层次理解。例如，要正确地使用同义词、反义词或词语搭配，学习者需要有广泛的词汇知识和对这些词汇适当使用语境的理解。

⑤练习和反馈的缺乏：如果学习者在学习过程中没有得到足够的机会来练习使用替代手段和词汇连贯性技巧，或者没有得到有效的反馈来指导和改进他们的使用，那么他们可能就不会倾向于使用这些技巧。

八、英语母语者衔接类型以及出现频次数据

英语母语者衔接手段使用类型及出现频次如图6.2所示。

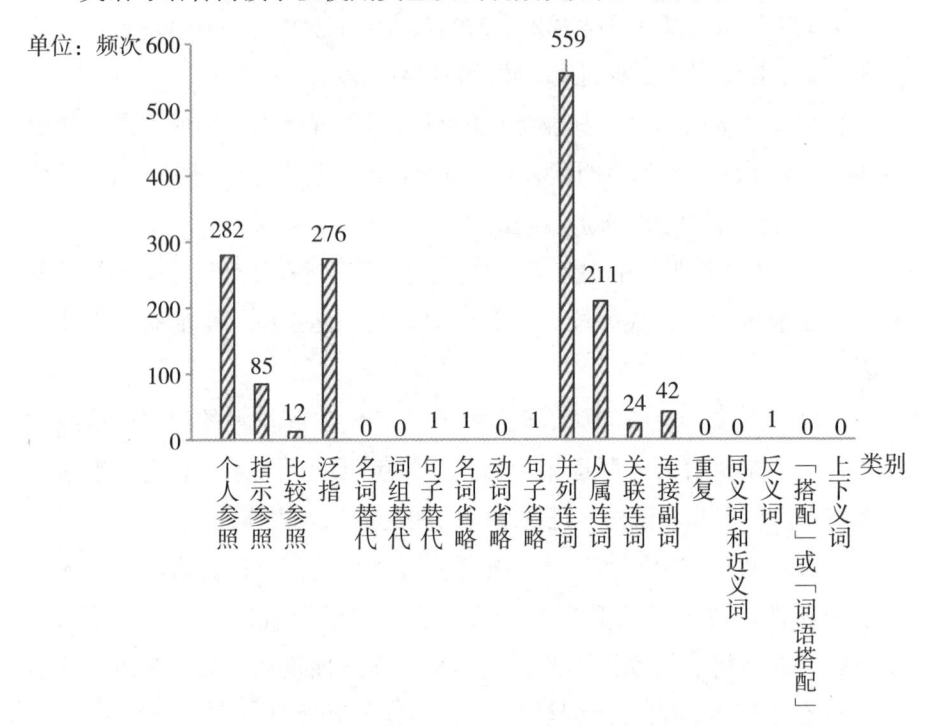

单位：频次

柱状图数据：
- 个人参照：282
- 指示参照：85
- 比较参照：12
- 泛指：276
- 名词替代：0
- 词组替代：0
- 句子替代：1
- 名词省略：1
- 动词省略：0
- 句子省略：1
- 并列连词：559
- 从属连词：211
- 关联连词：0
- 连接副词：24
- 重复：42
- 同义词和近义词：0
- 反义词：0
- 上下义词：1
- "搭配"或"词语搭配"：0
- 类别：0

图6.2 英语母语者衔接手段使用类型以及出现频次示意图

九、英语母语者语篇衔接类型以及频次结论

图6.2表明，英语母语者在使用参照手段时，个人参照和泛指的使用频率相对较高。在连词手段中，"并列连词"和"从属连词"的使用频率非常高，远高于其他连词手段，而参照手段也使用得更加平衡。替代手段和词汇连贯性手段的使用频率较低，尤其是关联连词在数据中显示为0次使用，可能表明在这个特定数据集中，关联连词不是特别常用。

十、英语母语者语篇衔接类型以及频次讨论

（1）图6.2显示，连词手段被广泛使用，尤其是并列连词（559次）和从属连词（211次），这表明英语母语者经常依赖这些连词来结构化句子和段落，以及表达不同思想和信息之间的逻辑和语义关系。连词在英语中是用来连接单词、短语或句子的单词或短语。并列连词（如"and""but""or"）和从属连词（如"because""since""although"）之所以在英语母语者的写作中广泛使用，有几个原因。

①清晰的结构：连词帮助作者提供明确的结构。它们指明了句子或短语之间的关系，使得文本的组织更加有逻辑性，读者因此可以更容易地跟随作者的思路。

②逻辑关系：并列和从属连词使作者能够表达复杂的逻辑关系。例如，并列连词可以用来添加信息（"and"）、表达选择（"or"）、或对立（"but"），而从属连词可以引入因果关系（"because"）、对比条件（"although"）或时间关系（"when"）。

③语篇连贯性：连词是创建连贯文本的关键工具。通过明确地连接句子和段落，连词有助于维持语篇的流畅性和连续性，这对于读者理解文本的整体意义至关重要。

④避免重复：使用连词可以避免重复同样的信息或词汇，因为它们提供了一种合并信息的方式，使文本更加精炼和有力。

⑤风格的多样性：连词的使用可以增加句式的多样性，避免写作显得单调。通过使用不同类型的连词，作者可以创造出各种句型结构，从而使文本更加生动有趣。

⑥语言习惯：母语者在学习母语的过程中习得了这些连词的使用，因此它们成为自然语言输出的一部分。母语者通常会不假思索地使用它们来构造语言，因为这是他们表达复杂思想的习惯性方式。总结来说，连词因其在组织思想、表达逻辑关系以及增加文本连贯性和风格多样性方面的功

能，被英语母语者广泛而有效地使用。

（2）图6.2还表明，省略这类手段很少被母语者使用，名词省略和句子省略各发生了1次，而动词省略未发生。省略作为一种语言衔接手段，在某些情况下可以增加语言的经济性和效率，但它也有可能导致理解上的困难或歧义。以下是一些可能的原因，解释为什么省略在书面语篇中不被频繁使用。

①清晰性和明确性：在书面交流中，尤其是学术或正式文本中，清晰和明确性非常重要。省略某些元素可能会使句子含糊不清，难以理解，特别是当上下文信息不足以补充被省略部分时。

②歧义风险：省略可能会导致歧义，使得读者难以确定省略部分的确切意义。为了避免误解，作者可能会倾向于完全表达所有的思想。

③文体和体裁：某些文体或体裁可能更倾向于使用完整的句子结构，而不使用省略。例如，学术写作通常要求严谨的表达和完整的句子。

④读者的需要：作者在写作时需要考虑到目标读者的背景知识和理解能力。如果预期读者不熟悉主题或上下文，作者可能会避免使用省略，以确保信息被正确传达。

⑤非口语性：在口语中，省略更为常见，因为说话者可以依赖语调、身体语言和即时的上下文反馈来确保意义的传达。然而，在书面语中，这些即时的交流线索不可用，因此省略可能被控制使用，以避免造成混淆。

⑥修辞效果：完整的句子可能会带来更强的修辞效果，这对于说服、描述或叙述来说可能很重要。如果一个句子被刻意省略，那么可能会失去某些修辞效果。

⑦编辑和修订过程：在写作的编辑和修订过程中，不清晰或可能导致误解的省略往往被识别并被更完整的句子替代，以提高文本的整体质量。简而言之，省略的使用需要作者在效率和清晰性之间权衡。在某些情境下，明智地使用省略可以增强语言的紧凑性和动态性，但在其他情况下，为保证信息的清晰传达，避免使用省略可能是更好的选择。

（3）图6.2还显示，本研究所选的母语者语料当中没有发现使用重复、同义词和近义词、反义词、词语搭配以及上下义词等维持语篇连贯性的工具，可能有几个原因。

①语料的范围与多样性：如果分析的语料量不足或者范围不够广泛，可能无法全面反映母语者的语言习惯。这些工具的使用可能在其他语料或不同的文体中有所体现。

②文体或体裁的特定要求：不同的文体或体裁对语言的使用有不同的要求和限制。例如，学术写作可能会更少地使用同义词或近义词，以确保专业术语的准确性；而新闻报道可能会避免使用过多的词语搭配和重复，以保持报道的客观性和简洁性。

③作者的个人风格：每位作者都有独特的写作风格，其中包括对特定语言工具的偏好。有些作者可能倾向于直接和简洁的表达方式，而不是使用丰富的修辞手段。

④上下文的自明性：在某些情况下，文本的上下文足够清晰，不需要额外的语言工具来维护连贯性。例如，一个逻辑严密的论证或者结构清晰的叙述可能不需要额外的语言设备来帮助读者理解。

⑤目标和目的的影响：作者写作时的目标和目的会影响他们的语言选择。如果目的是传达信息的速度和效率，可能会减少这些语言工具的使用，以免拖延节奏。

⑥编辑和修订：在写作的编辑和修订过程中，可能剔除了一些不必要的重复或者修饰，以使文本更加简洁有力。

⑦读者的预期知识：作者可能假定读者具有一定的背景知识，因此可能省略某些定义和解释，这可能减少了对同义词和上下义词的需求。

⑧句子的简洁性：在某些情况下，作者可能更倾向于使用简洁的句式结构，以避免不必要的复杂性，这可能减少了对某些语言工具的使用。

总之，母语者在本研究的特定语料中未使用这些连贯性工具的原因可能是多方面的，包括语料的范围和多样性、文体或体裁要求、个人风格、上下文自明性、写作目标和目的、编辑修订过程、读者预期知识以及对句子简洁性的追求等。

十一、中国英语学习者与母语者的语篇衔接类型以及频次对比结果

（1）通过比较图6.1和图6.2，我们可以观察到中国英语学习者和英语母语者在使用各种衔接手段时的差异有以下几点。

①参照手段中的个人参照：英语母语者使用了282次，而中国英语学习者使用了94次。指示参照：英语母语者使用了85次，中国英语学习者使用了23次。比较参照：英语母语者使用了12次，中国英语学习者使用了3次。泛指：英语母语者使用了276次，中国英语学习者使用了389次。

②替代手段中的名词替代和词组替代：在两个群体中都没有使用，次数为0。句子替代：英语母语者使用了1次，而中国英语学习者没有使用。

③省略手段中的名词省略：英语母语者和中国英语学习者都使用了1次。动词省略：中国英语学习者使用了1次，而英语母语者没有使用。句子省略：两个群体都使用了1次。

④连词手段中的并列连词：英语母语者使用了559次，中国英语学习者使用了184次。从属连词：英语母语者使用了211次，中国英语学习者使用了83次。关联连词：英语母语者没有使用，中国英语学习者使用了23次。连接副词：英语母语者使用了42次，中国英语学习者使用了85次。

⑤词汇连贯性手段中的重复、同义词和近义词、反义词、"搭配"或"词语搭配"和上下义词：在两个群体中都几乎没有使用，或者使用非常少。

（2）总结差异性。

①英语母语者在个人参照和指示参照的使用上远超中国英语学习者。

②就泛指部分而言，中国英语学习者使用次数多于英语母语者，这可能是因为中国学习者更依赖这种参照方式。

③在连词使用方面，英语母语者显著多于中国英语学习者，尤其在并列连词和从属连词的使用上，这可能反映了母语者在构建复杂句型和复合

句方面的能力更强。

④英语母语者在衔接手段的使用上更偏向省略和替代，而中国英语学习者在连接副词的使用上超过了母语者，这可能表明学习者更依赖显性的连接手段来表达逻辑关系。

⑤词汇连贯性手段在两组数据中都非常少，这可能是因为这些手段不是衔接的主要方式，或者是因为样本中这些手段的使用不够显著。

总的来看，这些差异可能体现了不同语言背景下的用户在语言运用中衔接手段的偏好和能力差异。英语母语者的使用模式可能更加多样和复杂，而中国英语学习者可能在某些方面有限或偏好明显的衔接手段。

十二、中国英语学习者与母语者的语篇衔接类型以及频次对比结果讨论

（1）英语母语者在个人参照和指示参照的使用上远超中国英语学习者，这可能由几个因素导致。

①第一语言影响：中国英语学习者的母语（汉语）在句法和语篇结构上与英语存在显著差异。汉语依赖语境和话题连贯性来维持参照，而英语更多地使用显式的个人代词和指示代词。因此，英语学习者可能会受到母语习惯的影响，在英语使用中不自觉地减少了代词的使用。

②语言习得和熟练度：在语言习得过程中，学习者通常从掌握基础的词汇和语法结构开始，逐渐发展到能够熟练运用各种复杂的语言功能。英语母语者由于长期和持续的语言暴露和实践，他们对个人参照和指示参照的使用有更深的理解和更自然的把握。

③教育和教学方法：中国的英语教育可能更侧重于语法规则和书面语的正式性，而在口语交流和实际运用中的训练可能相对较少。这可能导致学习者在实际使用中不能像母语者那样灵活运用个人参照和指示参照。

④文化差异：语言使用也受到文化影响。英语表达倾向于直接和个人

化，而中国文化在交际中可能更崇尚含蓄和集体性。这种文化差异可能在语言使用上体现出来，使得中国学习者在利用个人参照和指示参照方面更为保守。

⑤交际需求和习惯：母语者在日常交际中经常需要通过个人和指示参照来明确指出讨论的对象或主题，因此他们在这方面的技能更加熟练。相比之下，中国学习者可能更少有机会在真实的交际环境中练习这些技能。

⑥对指代一致性的敏感度：母语者通常对代词的指代一致性有更高的敏感度，能够根据上下文自然地使用正确的参照表达。英语学习者可能在这方面的感知和运用上需要更多的学习和练习。

⑦输入的多样性和质量：母语者从小接触到各种语言输入，包括家庭、学校、媒体等，这些丰富的输入有助于他们掌握语言的各种细微差别。而英语学习者的语言输入可能相对有限，且多来自教科书和课堂，这可能影响他们对参照用法的掌握。

（2）就泛指部分而言，中国英语学习者使用次数多于英语母语者，即中国英语学习者在使用泛指（generic reference，即用词汇指代一类事物或人群而非特指某个具体个体）时可能出现频率更高的情况，这可能与以下因素有关。

①母语迁移：汉语中的泛指使用非常普遍，例如使用"狗"可以泛指所有狗，而不需要额外的泛指词汇，如"dogs in general"或"the dog as a species"来明确。中国学习者可能会将这种用法迁移到英语中，导致泛指的使用频率较高。

②语法习得差异：中国英语学习者可能没有完全掌握英语中特指与泛指的使用规则，或者在学习过程中接受了更多关于泛指的教学，因此在使用时可能偏向于过度泛化。

③对冠词用法的不熟悉：英语通过冠词的使用区分泛指和特指，例如"The dog loves to play"（特指某狗）与"Dogs love to play"（泛指所有狗）。中国学习者可能对冠词的这种用法不够熟悉，因为汉语中没有直接相当的冠词系统。

④对非特定性的偏好：在一些情况下，由于缺乏对英语中特定性（specificity）的理解，中国学习者倾向于使用非特定或泛指表达，以避免在特指和泛指之间做出决定。

⑤教学策略的影响：英语作为第二语言的教学可能会强调泛指的结构，因为它们在语法和词汇上可能更加简单。例如，教师可能会更多地使用泛指句型来介绍新词汇或概念。

⑥文化思维方式的差异：不同文化背景下，个体可能在表达观点或分享信息时采用不同的思维方式。中国学习者可能更习惯于讨论事物的一般性特征，而不是个别实例。

（3）在连词使用方面，英语母语者显著多于中国英语学习者，尤其在并列连词和从属连词的使用上，其潜在因素如下。

①语言习得过程的不同：母语者在自然语言环境中，从小通过听说积累了丰富的语言经验，包括连词的使用，而学习者通常是通过课堂教学和书本学习英语，可能缺乏足够的自然语言输入和实际使用连词的机会。

②教学法的差异：中国的英语教学可能更注重语法结构和词汇记忆，而不是语言的实际运用。因此，学生可能没有充分学习到连词在自然语言中的使用方式。

③英语考试的影响：中国学生学习英语的一个重要目的是应对各种英语测试，这些考试可能更偏重于单项选择和填空题，而不是连词的实际使用。因此，学生可能没有足够的动机去练习和掌握连词的使用。

④句子复杂度：英语母语者在表达复杂思想或提供详细信息时，可能更倾向于使用并列和从属连词来构建复杂句子结构。相比之下，中国学习者可能更多地使用简单句或分开的短句，从而减少了连词的使用。

⑤直译的倾向：中国学习者在英语写作或口语表达时，可能会不自觉地将中文思维方式直接翻译成英语，而汉语在句子连接上的习惯与英语不同，导致使用连词的频率和方式与母语者有所差异。

⑥语言经济原则：在母语使用中，为了表达的精确和语言的流畅性，母语者可能更倾向于使用连词来避免重复和冗长的句子。而中国学习者可

能还没有掌握如何有效地使用连词来达到这个效果。

（4）中国英语学习者在使用连接副词（如however，therefore，moreover等）超过英语母语者的现象可能由以下几个因素引起。

①教育背景：中国英语教育可能强调使用连接副词这类衔接手段来展示逻辑关系和提高写作的连贯性，导致学习者在写作和口头表达中过度依赖这些结构。

②考试影响：中国英语考试如大学英语四六级、雅思、托福等，往往对文章结构和逻辑清晰度有明确要求，使用连接副词可以帮助学生清楚地标示文中的逻辑关系，因此学生可能会更多地使用这些词来满足这些标准。

③第一语言迁移：汉语中经常使用重复、并列或是使用特定的连接词来构建逻辑关系和衔接。中国学习者可能将这种逻辑和表达方式迁移到英语中，结果是在英语句子和段落中过度使用连接副词。

④显性化倾向：中国学习者可能倾向于显性化（overexplicitness）地表达逻辑关系，而英语母语者由于对话语的隐性逻辑关系有更深的理解，能够通过上下文和共同知识来理解这些关系，因此他们可能会更多地省略这些显性的衔接手段。

⑤文化差异：中国文化在学术写作和表达中倾向于明确且详细地表达思想，而西方文化可能更倾向于简洁和直接，英语母语者因此可能更倾向于使用省略和替代的衔接手段。

⑥写作经验与习惯：英语母语者通常从小就在英语环境中写作，他们更了解何时可以省略连接副词，通过段落结构和语境来传达衔接关系。相反，中国学习者可能在书面表达方面缺乏天然的语感和经验，因此会依赖这些显性标记来确保清晰度。

⑦输入的不足：中国学习者接触到的英语输入往往来自教科书和课堂，这些材料可能在展示衔接手段时偏向教条化和过度简化，而不是展示母语者在自然语境下的真实使用。

（5）词汇连贯性手段在中国英语学习者和母语者数据中都非常少，可能有以下原因。

①语言经济性：在自然语言使用中，无论是母语者还是学习者都倾向于直接和经济的表达方式。使用过多的词汇连贯性手段可能会导致语言的冗余，影响表达的清晰和效率。

②上下文清晰：如果上下文已经非常清楚，那么使用大量的词汇连贯性手段可能是不必要的。在这种情况下，简单的代词或省略（ellipsis）就足以保持文本的连贯性。

③交际策略：在日常交际中，人们倾向于使用简单明了的语言来传达信息。过多地使用同义词或同根词可能会使语言显得过于书面化，不符合口语交际的习惯。

④文体特征：不同的文体有不同的语言特征。例如，在学术写作中可能更多地使用词汇连贯性手段来展示词汇丰富性和精确性，而在非正式交流或口语中，这种使用可能会大大减少。

⑤流利度和自然性：对于母语者来说，语言的流利度和自然性是很重要的，他们可能更倾向于使用自然流畅的语言，而非刻意追求词汇的多样性。对于学习者而言，可能在词汇量有限或是不确定同义词准确性的情况下，也更倾向于使用他们更熟悉的词汇。

⑥认知负荷：对于学习者来说，使用大量的词汇连贯性手段可能会增加语言产出的认知负荷。因此，他们可能会倾向于使用他们已经熟悉的、简单的表达方式。

⑦词汇知识的限制：中国英语学习者可能在词汇量和词汇运用上存在限制，可能不如英语母语者那样能够灵活运用丰富的同义词和同根词。

十三、同题语料视域下中国英语学习者语篇衔接研究的学术价值

同题语料（thematic corpus）视域下的中国英语学习者语篇衔接研究具有显著的学术价值，具体表现在以下几个方面。

（1）二语习得理论发展：通过分析和比较中国学习者在特定主题下的语篇衔接特点，学术研究可以增进我们对二语写作过程的理解，尤其是在语篇生成、组织和修订策略等方面。这些发现可以用来支持或挑战现有的二语习得理论和模型。

（2）写作教学方法论：研究结果能够为英语教师提供关于如何教授有效的写作策略的见解，特别是在提高学生的语篇衔接技巧方面。这有助于改进教学方法，使之更加注重学生的实际写作能力提升。

（3）跨文化交际研究：通过比较中国学习者与英语母语者在相同主题下的语篇衔接方式，研究可以揭示不同文化背景下的交际风格和语篇结构的差异，为跨文化交际研究提供实证数据。

（4）语言测试与评估：研究成果可用于改进英语写作测试的设计，特别是在评价考生的语篇衔接能力方面。这有助于测试开发者创建更加公正和有效的评估工具。

（5）自然语言处理和语料库构建：同题语料的构建和分析为计算语言学提供了宝贵的资源，特别是在自然语言处理（NLP）和机器学习模型的训练中。这些研究成果可以用于改进机器翻译、自动摘要和文本生成等技术。

（6）学术写作与出版：研究可以帮助中国学者和学生了解国际学术出版的语篇要求，提升其学术写作质量，尤其是在保持逻辑连贯性和衔接性方面。

（7）个性化和差异化学习：研究有助于识别不同学习者群体在语篇衔接上的具体困难，为设计个性化的教学方案提供理论支持。

（8）语言教育政策和规划：研究成果可以为教育决策者提供依据，帮助他们在课程设计和教育资源分配方面做出更为科学的决策。

（9）学术交流与国际合作：随着英语在全球的通用性，提升中国英语学习者的语篇衔接能力对于学术交流和国际合作越来越重要。研究成果可以帮助学习者更好地参与到国际学术界的讨论中去。

（10）教材编写与课程开发：研究可以指导教材编写者包含针对性练

习和解释，帮助学生理解并掌握有效的语篇衔接策略。

总之，同题语料视域下的中国英语学习者语篇衔接研究具有重要的学术价值，它不仅能促进理论的发展，还能指导实践，提高教学和评估的质量，促进学生英语水平的提升。

十四、同题语篇视域下中国英语学习者语篇衔接研究的应用前景

在同题语篇视域下，针对中国英语学习者的语篇衔接研究可以应用于以下几个方面。

（1）教育教学改进：通过研究中国学习者在英语写作或口语中的语篇衔接问题，教师能够更精准地指导学生在文章结构、连贯性和衔接性方面的能力，提升他们的语篇组织和表达能力。这样的研究可以帮助设计更有效的教学方法和材料，如衔接手段的教学活动和练习。

（2）自动化评分系统：研究成果可用于开发和完善自动化评分系统，这些系统可以评估学生的写作质量，特别是在语篇衔接和连贯性方面。这样的系统对于大规模的英语考试和在线教育平台尤其有用。

（3）二语习得研究：语篇衔接能力是衡量语言习得水平的重要指标之一。研究可以深入探究中国英语学习者在语篇衔接上的困难和发展轨迹，为二语习得理论提供实证支持。

（4）课程设计和教材编写：研究成果可以用于指导英语教学课程和教材的设计。通过了解学习者在语篇衔接上的具体问题，教材编写者可以设计出更符合学习者需要的教学内容和活动。

（5）跨文化交际能力培养：语篇衔接研究可以帮助学习者了解中英文化背景下的表达差异，提高跨文化交际的能力。这对于准备参与国际环境工作或学习的学习者尤其重要。

（6）语言测试与评估：在语言测试和评估中，语篇衔接是重要的考

察点。对中国英语学习者语篇衔接能力的研究可以为测试设计提供依据，使测试更加科学和合理。

（7）学术写作能力提升：学术写作要求高水平的语篇衔接能力。研究成果可以为高等教育中学术英语写作的教学提供指导，帮助学生提升写作水平，尤其是在撰写论文和发表研究成果时。

（8）个性化学习：了解不同学习者在语篇衔接方面的差异，可以为个性化英语教学提供数据支持，帮助每个学生根据自己的特点和需要得到更有效的学习资源和指导。

（9）人工智能与自然语言处理：语篇衔接研究的成果可以用于提升自然语言处理技术，特别是在机器翻译、自动摘要和信息检索等领域的应用。

（10）国际交流与合作：通过提高英语语篇衔接能力，学习者可以更有效地参与国际交流与合作，促进文化和知识的交流。

综上所述，同题语篇视域下中国英语学习者语篇衔接的研究有着广泛的应用前景，可以在教育实践、科研、国际交流等多个领域产生重要影响。

十五、本章小结

本章通过对比分析，深入探讨了中国英语学习者在语篇衔接方面的特点，并将其与英语母语者的使用习惯进行了比较。研究发现，中国英语学习者在某些衔接手段的应用上与母语者存在显著差异，这些差异不仅表现在频率和偏好上，还反映在衔接技巧的复杂性和多样性上。例如，中国学习者可能更频繁地使用连词和泛指来实现语篇衔接，而英语母语者可能更倾向于使用参照、替代和省略等更为复杂的衔接策略。这种差异可能源自多种因素，诸如教育体制、考试导向的学习模式、对英语使用环境的缺乏，以及对母语文化和思维习惯的内在影响。本章不仅识别了这些差异，还对其背后的原因进行了细致的分析，考虑到了教育实践、学习环境及文化背景等多方面的因素。例如，中国的英语教学往往强调语法准确性和词汇记忆，而不是语篇的整体流畅性和上下文的连贯性。此外，缺少真实语境下的交流练习也可能导致学习者在实际运用中过于依赖书面语言中的常见衔接模式。

本章的研究结果为未来的教学实践提供了宝贵的参考数据，可以帮助教育者更准确地理解中国英语学习者在学术写作中面临的具体挑战，并据此设计更加有效的教学策略。通过更加注重语篇整体性和衔接技巧的教学，可以引导学习者逐步摆脱对简单衔接手段的依赖，培养能够灵活运用各种衔接资源以提高语篇连贯性的能力。这不仅有助于学习者更好地掌握学术英语的写作技巧，还将促进他们在全球交流中更自信、更有效地使用英语。

第七章 中国英语学习者语篇连贯特征研究

一、中国英语学习者语篇连贯特征研究背景

认识和掌握中国英语学习者语篇连贯特征研究背景对于阐明研究的重要性、定义其范围、展示研究缺口、建立理论框架、促进学术对话以及激发读者兴趣至关重要。中国英语学习者语篇连贯特征研究背景涉及以下几个方面。

（一）全球化与英语的国际地位

全球化和英语的国际地位对中国英语学习者语篇连贯习得有着显著影响。以下是一些主要的影响方式。

（1）对语言学习动机的提升：随着全球化进程的加深，英语成为国际沟通的桥梁，提高了中国学习者学习英语和掌握连贯英语语篇能力的动机。这种动机可以促进学习者投入更多的时间和精力在语言学习上，从而可能提高语篇连贯性的习得。

（2）增加接触英语的机会：全球化带来了更多使用英语的场合，如国际会议、商务交流、旅游、互联网沟通等。中国学习者有更多机会接触到地道的英语语篇，理解其连贯性的特点，进而在自己的英语使用中模仿

和实践。

（3）教育资源的国际化：全球化促进了教育资源的国际流动。中国英语学习者可以通过网络课程、在线教育平台、国际教材等获取更多高质量的英语学习资源，这些资源常常涵盖语篇连贯方面的训练，有助于提高学习者的语篇连贯能力。

（4）跨文化交流的增加：全球化加强了跨文化交流，中国学习者有更多机会与英语母语者或其他非母语者交流。通过这些交流，学习者可以从实践中学习如何有效地组织信息，提高语篇的连贯性和衔接性。

（5）改变学习者的学习目标：英语的国际地位可能会使中国学习者更关注实用性，更倾向于学习能够在真实交流中有效使用的英语，包括学习如何构建连贯、逻辑性强的语篇。

（6）标准化和多样化的影响：一方面，全球化通常意味着语言使用的标准化，中国学习者可能会被鼓励遵循国际标准的英语语篇结构。另一方面，全球化也带来语言使用的多样性，学习者可能会接触到各种英语变体，这对他们的语篇连贯习得既是机遇也是挑战。

（7）考试和评估系统的影响：国际英语水平考试如雅思、托福等，其评分标准强调语篇连贯性。中国学习者为了在这些考试中取得好成绩，必须注重提高自己的语篇连贯能力。

在这些影响下，中国英语学习者的语篇连贯习得可能会变得更加迅速和高效，但同时也可能面临适应国际英语标准和不同英语变体间差异的挑战。总体而言，全球化和英语的国际地位为中国学习者提供了更多学习和实践英语的机会，这对于提高他们的语篇连贯性是有益的。

（二）中国英语教育政策

中国英语教育政策对中国英语学习者语篇连贯习得的影响是多方面的，包括教学目标、课程设计、教师培训、评估标准等方面。以下是一些政策对语篇连贯习得可能产生的影响。

（1）教学目标的明确化：如果教育政策强调语篇连贯性的重要性，

并将其作为教学目标之一，教师和学习者就会更倾向于关注这一方面的学习。这可能包括如何组织语篇、如何使用衔接手段、如何确保信息的清晰性和逻辑性等。

（2）课程内容和教材的设计：政策对教材内容的要求可能会影响包含语篇连贯习得的课程材料。如果政策鼓励采用真实、丰富的语料来教学，学习者可能会有更多机会接触和学习地道的、连贯的英语语篇。

（3）教师培训和发展：通过教师培训项目可以提高教师关于语篇连贯性教学的意识和能力。如果教师能够得到关于如何教授语篇连贯性的系统培训，他们在课堂上就更可能有效地指导学习者。

（4）评估和考试：评估标准对于教学内容有很大影响。如果英语考试评分标准包括语篇连贯性，教师和学习者就会更加重视这一点。例如，中国的高考、四六级考试等，如何调整评分标准以包括对语篇连贯性的考量，对学习者的学习方向有直接影响。

（5）学习方法和策略：教育政策可能会鼓励学习者采用更加自主和批判性的学习方法，如参与讨论、写作和演讲，这些都是提高语篇连贯能力的有效方式。政策对于提倡学习者主动探索语言使用，尤其是在写作和口语表达中的连贯性，起到了推动作用。

（6）国际化和多元化：如果政策倡导英语教学的国际化和多元化，可能会引进更多国际教育资源和教学法，这也可能提升学习者语篇连贯性的习得。

（7）技术和资源的整合：教育政策可以推动更多的技术和在线资源被整合到英语教学中。这样的资源，如在线课程、电子书籍、互动平台等，可以提供更多样化的语篇连贯性学习材料和环境。

总的来说，中国英语教育政策通过上述各种方式，可以显著地影响英语学习者语篇连贯习得的效率和成效。优良的政策应当能够提供坚实的框架和资源，以支持学习者在理解和产出连贯语篇方面的发展。

（三）语篇连贯理论

语篇连贯理论为英语学习者提供了一个理解和构建连贯语篇的框架，

这对中国英语学习者来说尤其重要，因为汉语和英语在句子结构、语篇组织和衔接方式上存在差异。语篇连贯理论为英语学习者提供了一个理解和构建连贯语篇的框架，这对中国英语学习者来说尤其重要，因为汉语和英语在句子结构、语篇组织和衔接方式上存在差异。理论对中国英语学习者语篇连贯习得的影响可以从以下几个方面加以理解。

（1）认知框架的建立：语篇连贯理论帮助学习者建立起理解和分析语篇的认知框架。了解如何通过逻辑关系、参照、替代、省略和衔接手段（如过渡词语）等构建连贯的文本，对学习者来说是非常有用的。

（2）写作和口语技巧的提高：依据语篇连贯理论，学习者可以提高他们的写作和口语技巧。学习如何明确地表达思想，使用恰当的连接词，以及如何组织语篇，使得信息传达更加流畅和一致。

（3）跨文化交际能力的增强：了解英语语篇连贯特点的学习者会更容易理解和适应英语文化中的交际方式，这有助于提升他们的跨文化交际能力。

（4）评价和自我修正能力的培养：语篇连贯理论提供了评估自己和他人语篇连贯性的工具。学习者可以运用这些工具来评价自己的语言使用，并进行相应的修正和改进。

（5）阅读理解的加深：对于阅读材料，理解语篇连贯理论可以帮助学习者更好地理解作者的意图、文本结构和信息的组织方式，从而提高阅读理解能力。

（6）批判性思维能力的提升：语篇连贯理论不仅能促进学习者的语言学习，还能促进学习者的批判性思维能力。在分析语篇连贯性时，学习者需要评估信息是否逻辑一致、是否有足够的支持点，这有助于提高他们的批判性思维。

（7）语言教学方法的改进：教师可以基于语篇连贯理论来设计课程和教学活动，使得课堂教学更加注重实际语言使用中的连贯性。例如，通过模仿练习、同伴评审和修订写作等活动，学习者可以在实践中提高自己的语篇连贯能力。

（8）考试和评估的对策：了解语篇连贯理论对于应对英语考试中的

写作和口语部分尤为重要。考试如雅思和托福通常评价学生的语篇连贯性，因此该理论可帮助学习者在考试中获得更好的成绩。

（四）中英语言结构差异

中英语言结构的差异对中国英语学习者在习得语篇连贯性方面产生了多方面的影响。以下是一些主要差异以及它们对语篇连贯习得可能产生的影响。

（1）词序差异：中文的词序比英文更为灵活。在中文中，主题（topic）经常被放在句首，而英文则通常遵循严格的主谓宾结构。这可能导致中国学习者在英文写作中错误地使用词序，从而干扰句子的连贯性。

（2）连接词与过渡词的使用：英文依赖于连接词和过渡词来明确指示句子或段落之间的逻辑关系，而中文则更多依赖于语境和隐含的意义。中国学习者可能不习惯频繁使用这些衔接手段，结果可能导致英语语篇的连贯性不足。

（3）省略和指代的差异：中文中的省略现象更为普遍，这反映了汉语高度依赖上下文的特点。中国学习者在英语中可能过度省略主语或使用不清晰的指代，使得英语句子不够明确，影响语篇的清晰度和连贯性。

（4）主题链的构建：汉语常常通过主题链来构建语篇的连贯性，即话题在句子间的重复和延续。而在英语中，必须更加注重使用显性的逻辑连接手段来表达相同的连贯性。中国学习者可能会在英语写作中过分依赖主题重复，而不是逻辑衔接。

（5）修辞和组织结构：中文和英文在修辞和语篇组织上存在明显差异。例如，英文强调"总—分"结构，即先提出主旨，再陈述细节；而中文可能采用"总—总"或"分—总"结构。中国学习者可能在英文写作中将中文的组织结构方式错误地应用到英文中，影响文章的连贯性和逻辑性。

（6）直接与间接表达：英文通常更倾向于直接表达，而中文则更含蓄和间接。中国学习者可能在英语交际中过度使用间接表达，导致信息传达不明确。

（五）教育研究需求

中国英语学习者在习得语篇连贯性方面的教育研究需求主要集中在以下几个方面。

（1）跨语言对比研究：对中英文结构和表达方式进行对比分析，以揭示语言结构差异对语篇连贯性习得的具体影响。这类研究有助于制定针对性教学法，帮助学习者了解两种语言在构思和组织语篇时的差异。

（2）第二语言习得理论应用：应用第二语言习得理论，如输出假设、交互假设、元认知策略等，来研究中国英语学习者在语篇连贯性方面的习得问题。这些理论为设计有效的教学策略提供了理论基础。

（3）教学法开发：开发基于语篇分析的教学法，帮助学习者理解并运用连接词、指代词、时态、语态等语言元素，以提高其语篇连贯性。研究需要探讨哪些教学方法最有效，如任务型学习、合作学习等。

（4）材料和课程设计：设计包含大量连贯性实践的教学材料和课程，使学习者能在实际语言使用中学习和练习语篇连贯性。研究需求包括开发适合不同学习阶段的教材和活动。

（5）评估工具的开发与验证：开发和验证评估学习者语篇连贯性的工具和标准。这些工具能够帮助教师和研究人员准确地评价学习者的状态，并识别他们在哪些方面需要更多的指导。

（6）技术和媒体的应用：研究如何有效地利用技术和多媒体资源（如在线论坛、博客、同伴编辑软件等）来促进语篇连贯性的教学和学习。这些工具可以提供更多的语言输入和交互机会，有助于提高学习效果。

（7）教师培训：对教师进行专业发展和培训，使他们能够更有效地教授语篇连贯性相关的技能。教师需要了解如何教授语篇结构、如何提供有效的反馈，以及如何设计切实可行的练习。

（8）跨文化交际能力培养：研究如何在英语教学中融入跨文化交际

能力的培养，帮助学习者理解不同文化背景下的表达习惯和预期，以提高其在多文化交际情境中的语篇连贯性。

（9）实证研究与案例研究：进行实证研究和案例研究，以收集关于中国英语学习者语篇连贯习得的定量和定性数据。通过实际数据分析，教育研究者可以更好地理解问题并提出解决策略。

（10）动机与态度研究：研究学习者的动机、态度以及其他影响因素如何影响他们习得语篇连贯性的能力。这有助于理解学习者在学习过程中的心理需求，以及如何激发他们的学习兴趣。

（六）学习者特点与误用

学习者的特点与中国英语学习者在语篇连贯性习得中的误用有紧密的相关关系。以下是一些关键因素。

（1）母语迁移：学习者的母语特点可能会影响第二语言的习得。对于中国学习者而言，中文与英文在句法结构、词序、修辞方式等方面存在明显差异。这些差异可能导致学习者在英语语篇连贯性方面犯错，如不当使用连接词、过多或过少使用指代词等。

（2）认知发展水平：学习者的认知发展水平影响其处理和生成连贯语篇的能力。年轻学习者可能在组织复杂语篇方面存在困难，而成年学习者则可能因为更发达的认知能力表现得更好。

（3）学习策略和风格：不同的学习者采取不同的学习策略和风格，这可能影响他们语篇连贯性的习得。例如，有的学习者善于通过大量阅读自然习得连贯性策略，而有的学习者可能需要更系统的语法和写作训练。

（4）语言输入的质量与数量：学习者接受的语言输入的质量和数量直接影响他们语篇连贯性的习得。缺乏高质量的、多样化的输入可能导致学习者在连贯性方面的误用。

（5）动机和态度：学习者的动机和态度对语言学习至关重要。积极的学习态度和强烈的学习动机通常与更好的学习成果相关，这同样适用于语篇连贯性的习得。

（6）文化背景知识：学习者对于英语文化的了解程度可以影响他们理解和产生连贯文本的能力。不了解西方文化常识和语境可能导致误用或不当表达。

（7）语言实践经验：实际使用语言的经验，特别是在交际语境中的实践，对于语篇连贯性的习得至关重要。缺乏实践经验可能导致学习者难以在实际语境中正确运用连贯性策略。

（8）年龄和学习经历：年龄和学习经历影响语言习得过程。年长的学习者可能由于长期的语言习得和使用经验，在连贯性方面有更好的表现。相反，年轻学习者可能需要更多的指导和练习。

（9）个人兴趣和需求：学习者个人的兴趣和学习需求也会影响他们在语篇连贯方面的表现。例如，对外国文化和英语文学感兴趣的学习者可能会更多地接触连贯性较强的英语材料，从而取得更好的习得效果。

（10）教学环境和资源：学习者所处的教学环境和可用资源对语篇连贯性习得同样重要。优质的教学资源和环境可以提供更多的学习机会，而资源匮乏的环境可能限制学习者的进步。

（七）技术与数据分析

技术和数据分析在中国英语学习者语篇连贯习得方面可以扮演重要角色。语篇连贯是指一个文本在结构和意义上的连贯性和一致性，是衡量语言使用者语言组织能力的重要标准之一。以下是几个技术和数据分析如何与中国英语学习者的语篇连贯习得相关联的方面。

（1）语言学习软件和应用程序：现代技术通过语言学习软件（如Duolingo、Babbel、Rosetta Stone等）和应用程序为学习者提供实时反馈。这些工具通常使用自然语言处理（NLP）和机器学习（ML）技术来分析学习者的输入，并提供关于语篇连贯性和语法结构等方面的反馈。

（2）数据驱动的学习分析：通过收集学习者的学习数据，分析他们在写作和口语练习中的表现，可以更好地了解他们在语篇连贯性方面的强项和弱点。数据分析可以揭示特定的错误模式和常见问题，从而帮助教师或学习系统针对性地设计教学内容。

（3）自动评分系统：技术的进步使得自动评分系统（如ETS的e-rater）能够给学生的写作作品评估和打分，包括其语篇连贯性。这些系统通过算法评估诸如话题发展、逻辑流、连接词使用和段落结构等因素。

（4）在线资源和平台：例如，使用Coursera或edX上的在线课程，学习者可以访问到针对英语写作和沟通技巧的高质量教学资源，这些资源通常包括对语篇连贯的理论和实践练习。

（5）语料库分析：通过分析大型语料库中的真实语言使用样本，学习者和教师可以观察和了解连贯性在不同文体和语境中的表现，从而更好地理解和教授语篇连贯性规则。

（6）交互式练习和模拟：模拟现实情境的交互式练习可以帮助学习者在实际语言环境中应用语篇连贯的概念，如在线角色扮演游戏或情景模拟。

（7）个性化学习路径：利用数据分析，可以为每个学习者定制个性化学习路径，强化他们在语篇连贯方面的弱点。

（8）教师的专业发展：技术也可以帮助教师通过在线研讨会、慕课和其他专业发展资源来提高他们在教授语篇连贯方面的技能。

（八）国际交流与合作

国际交流与合作在中国英语学习者提高语篇连贯性方面扮演着至关重要的角色。语篇连贯性涉及的是能够清晰、逻辑地表达思想，并使听众或读者能够跟随作者的思路。对于语言学习者而言，这不仅仅是语言技能的体现，也是文化和社会实践的一部分。以下是国际交流与合作与中国英语学习者语篇连贯习得之间的相关关系。

（1）真实语言环境：通过国际交流与合作，学习者可以置身于使用英语的真实语境中，这有利于他们理解和实践语篇连贯性的原则，比如如何使用连接词、如何组织段落、如何构建论点等。

（2）文化理解：语篇连贯性不仅与语言结构有关，还与文化语境相关。国际交流可以帮助中国学习者理解西方的思维模式、论证方式和表达习惯，从而写出更符合目标语言习惯的连贯文本。

（3）交际策略学习：与来自不同文化背景的人交流，可以促使学习者学习和实践有效的交际策略，例如使用澄清、确认信息、适当转换话题等技巧，以增强语篇的连贯性。

（4）批判性思维的培养：国际交流往往伴随着多元观点和思想的碰撞，这有助于培养学习者的批判性思维能力，提高他们构建有逻辑、有说服力文本的能力。

（5）语言技能的综合提升：在国际合作项目中，英语学习者需要使用英语进行听、说、读、写的全方位交流，这有助于语言技能的整体提升，其中就包括语篇连贯性的提高。

（6）反馈与修正：在国际交流中，学习者可以从非母语者或母语者那里直接获得反馈，了解自己的语篇是否连贯，并据此进行修正。

（7）合作学习：在国际合作项目中，学习者往往需要与其他人合作完成任务，这种合作学习可以提高他们整合信息、协调不同观点以提高语篇连贯性的能力。

（8）语言习得动机：国际交流与合作往往能激发学习者学习英语的兴趣和动机，动机是学习任何语言的关键驱动力，也是提高语言能力，包括语篇连贯性的重要因素。

简而言之，国际交流与合作通过提供真实的语言使用环境、增进文化理解、培养交际策略和批判性思维、提供反馈和激发学习动机等途径，对中国英语学习者的语篇连贯习得具有积极影响。在一个越来越全球化的世界中，这种交流和合作的机会显得尤为宝贵。

二、本章拟解决的问题

（1）探讨中国英语学习者的语篇连贯类型以及特点。

（2）案例分析中国英语学习者的语篇连贯类型。

（3）对比中国英语学习者与母语者连贯类型的差异性。

（4）讨论影响中国英语学习者与母语者连贯类型差异性的可能因素。

三、本章拟采用的研究方法

本章拟采用的研究方法，参见第六章第三小节。

四、本章的主要研究内容

语篇连贯中的逻辑连贯指的是文本中各个句子或段落之间的逻辑关系，这种关系有助于读者理解文本的意思并跟随作者的思路。逻辑连贯通常通过一些特定的连接词和短语来体现，这些词汇或短语可以指示不同句子或段落之间的关系，如因果、转折、顺序、对比等。本研究拟研究语篇连贯中的逻辑连贯关系，具体涵盖以下领域。

1. resembalance relations（相似性关系）

（1）parallel/similarity（相似关系）

Example 1：Jason organized rallies for George and Adam distributed pamphlets for him.

Example 2：Herons live in the northern United States and most of Canada. Elephants live in Africa and Asia.

常用的连接词有：and, similarly, likewise, too.

（2）contrast（对比关系）

Example 3：Jason supported Gecrge, but Adarm opposed him.

Example 4：Jason supported George, but Adam supported David.

常用的连接词有：but, in contrast, on the other hand, alternatively.

（3）elaboration（阐述关系）

Example 5: Foxes have one thing in their favor: they are total opportunists.

常用的连接词有: that is, in other words, which is to say, also, furthermore, in addition, notice that, to wit.

（4）exemplification（例证关系）

Example 6: Herons are total opportunists. When the fish are frozen out, they'll eat other things, including crustaceans, mice, voles, and small birds.

常用的连接词有: for example, for instance, to illustrate.

（5）generalization（概括关系）

Example 7: When the fish are frozen out, herons will eat other things, including crustaceans, mice, voles, and small birds. They are total opportunists.

常用的连接词有: in general, more generally.

（6）exception: generalization first（例外关系: 概括在先）

Example 8: Cape Cod winters are often mild and pleasant. Then there is this winter, the winter that never ends.

常用的连接词有: however, on the other hand, then there is.

（7）exception: exception first（例外关系: 例外在先）

Example 9: This winter seems like it will never end. Nonetheless, Cape Cod winters are often mild and pleasant.

常用的连接词有: nonetheless, nevertheless, still.

2. contiguity Relations（时空连续性关系）

（1）sequence: before-and-after（顺序关系: 前后）

Example 10: The cold weather arrives and then the herons head south.

使用的连接词有: and, before, then.

（2）sequence: after-and-before（顺序关系: 后前）

Example 11: The herons head south when the cold weather arrives.

使用的连接词有: after, once, while, when.

3. cause and Effect（因果关系）

（1）cause-effect（先因后果）

Example 12：Young herons are inexperienced, so some of them migrate to Cape Cod.

使用的连接词有：and, as a result, therefore, so.

（2）effect-cause（先果后因）

Example 13：Some herons migrate to Cape Cod because they are young and inexperienced.

使用的连接词有：because, since, owing to.

（3）violated expectation（preventer-effect）[妨碍期待（妨碍物在前果在后）]

Example 14：Herons have a tough time when the ponds freeze over.However, they will hunt and eat many other things.

（对比先因后果）：Herons have a tough time when the ponds freeze over. Therefore, they will not hunt and eat as much as before.

使用的连接词有：but, while, however, nonetheless, yet.

（4）Failed prevention（effect-preventer）[妨碍不成（果在前妨碍物在后）]

Example 15：Herons will hunt and eat many things in winter, even though the ponds are frozen over.

（对比先果后因）：Herons will not hunt and eat as much as before because the ponds are frozen over.

使用的连接词有：despite, even though.

五、中国英语学习者语篇连贯类型以及频次数据

中国英语学习者语篇连贯类型及频次如表7.1、表7.2、表7.3、表7.4所示。

表 7.1　中国英语学习者 A2 水平连贯手段类型以及频次

类别 水平	相似性关系						时空连续性关系		因果关系			
	相似关系	对比关系	阐述关系	例证关系	概括关系	例外关系「概括在先」	例外关系「例外在先」	顺序关系「前后」	顺序关系「后前」	先因后果	先果后因	妨碍期待	妨碍不成
A2	2	9	14	7	10	0	0	34	6	20	7	1	0
合计	42							40		28			

表 7.2　中国英语学习者 B1-1 水平连贯手段类型以及频次

类别 水平	相似性关系						时空连续性关系		因果关系			
	相似关系	对比关系	阐述关系	例证关系	概括关系	例外关系「概括在先」	例外关系「例外在先」	顺序关系「前后」	顺序关系「后前」	先因后果	先果后因	妨碍期待	妨碍不成
B1-1	0	7	15	11	12	0	0	25	8	19	7	2	0
合计	45							33		28			

表 7.3 中国英语学习者 B1-2 水平连贯手段类型以及频次

类别	相似性关系							时空连续性关系		因果关系			
水平	相似关系	对比关系	阐述关系	例证关系	概括关系	例外关系「概括在先」	例外关系「例外在先」	顺序关系「前后」	顺序关系「后前」	先因后果	先果后因	妨碍期待	妨碍不成
B1-2	0	8	14	9	5	0	0	22	2	17	8	2	0
合计	36							24		27			

表 7.4 中国英语学习者 B2 水平连贯手段类型以及频次

类别	相似性关系							时空连续性关系		因果关系			
水平	相似关系	对比关系	阐述关系	例证关系	概括关系	例外关系「概括在先」	例外关系「例外在先」	顺序关系「前后」	顺序关系「后前」	先因后果	先果后因	妨碍期待	妨碍不成
B2	1	6	26	7	11	0	0	24	4	12	2	1	0
合计	51							28		15			

中国英语学习者总体连贯手段类型及频次如图7.1所示。

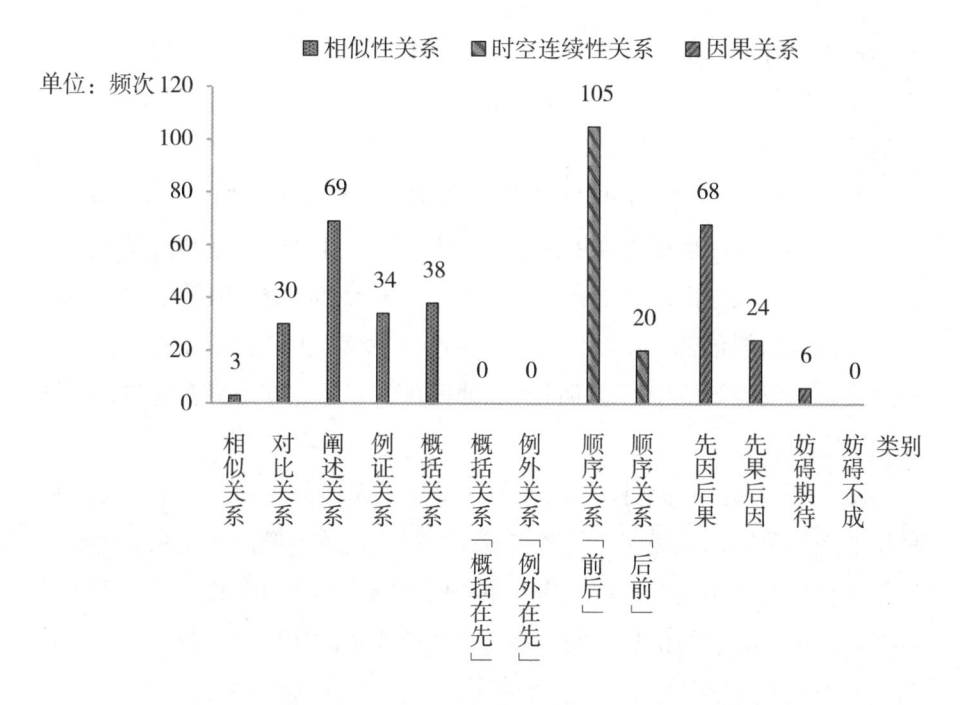

图7.1 中国英语学习者总体连贯手段类型和频次示意图

（单位：频次）
- 相似关系：3
- 对比关系：30
- 阐述关系：69
- 例证关系：34
- 概括关系：38
- 概括关系「概括在先」：0
- 例外关系「例外在先」：0
- 顺序关系「前后」：105
- 顺序关系「后前」：20
- 先因后果：68
- 先果后因：24
- 妨碍期待：6
- 妨碍不成：0

图例：相似性关系、时空连续性关系、因果关系

六、中国英语学习者语篇连贯类型以及频次总结

（1）表7.1表明，A2水平的高频次的"顺序关系'前后'"说明学习者可能更善于或更习惯于按时间顺序组织事件或信息。而"概括在先"和"例外在先"的连贯手段未被使用，暗示这些结构可能对A2水平的学习者来说较为复杂或不常见。

（2）通过表7.2我们可以得出结论，B1-1水平的中国英语学习者在使用连贯手段时，可能更偏好使用时空连续性关系和因果关系来组织他们的语言，而在相似性关系的使用上则不太频繁，特别是相似关系未被使用。

（3）表7.3显示，B1-2水平的中国英语学习者在使用连贯手段时，可能更频繁地依赖先因后果和顺序关系"前后"来组织他们的语言。同时，可以看出，相对于B1-1水平的学习者，B1-2水平的学习者在时空连续性关系的使用上可能减少了。此外,某些连贯手段如"概括在先"和"例外在先"未被使用,这可能表明在这个水平上学习者对这些较为复杂的连贯手段的掌握还不足。

(4)通过表7.4我们可以观察到,与B1-1和B1-2水平相比,B2水平的中国英语学习者在使用连贯手段时,似乎在时空连续性关系和因果关系上更为熟练,这反映出随着语言能力的提升,学习者能更有效地使用多样的连贯手段来组织语言。然而,仍然有些连贯手段(如"概括在先"和"例外在先")没有被使用,这可能表明即便在B2水平,学习者在这些方面仍有提升空间。

(5)图7.1告诉我们以下几点:①顺序关系中的"前后关系"是最常使用的连贯手段,这表明学习者在叙述事件或论述时倾向于按照时间顺序来组织信息;②阐述关系和概括关系的使用频率也相对较高,可能反映了学习者在解释和总结信息时的策略;③相似关系的使用频率最低,这可能表明在表达相似点时,学习者可能不太倾向于使用明确的连贯标记;④某些连贯手段,如例外关系中的"概括在先"和例外关系中的"例外在先"没有被使用,指出学习者可能不熟悉或不善于使用这些更复杂的连贯结构。

七、中国英语学习者语篇连贯类型以及频次讨论

(1)表7.1所反映的信息表明A2水平的中国学习者(托业分数低于550分)高频次地使用了"顺序关系'前后'",其潜在原因可能包括以下几个方面。

①结构清晰:初级学习者通常会被教导使用清晰的结构来组织句子和段落,而顺序关系词如"first""then""next""finally"可以帮助他们清晰地组织叙述顺序或说明步骤,这对于他们来说是一种简单直观的表达方式。

②语言简单：A2水平的学习者词汇量有限，可能不容易使用更复杂的逻辑关系或者抽象的连接词。因此，他们可能倾向于使用简单、直接的表达方式来建立顺序关系。

③叙事和说明文：在初级英语学习中，常见的写作和口语任务包括叙述个人经历、日常活动或说明如何做某事。这些任务自然而然地需要使用顺序关系词汇。

④语法重复和习得：学习者在学习过程中可能会重复练习一些基本句型和结构，顺序关系的表达就是这些句型之一。通过重复使用，学习者加深了对这些词和短语的记忆。

⑤教材和课程设计：教材和课程可能强调了描述顺序和过程的重要性，因此学习者在作业和考试中反复使用这些结构。

⑥心理语言学因素：按时间顺序组织语言信息是一种自然的认知过程，学习者可能会倾向于按照时间线来组织他们的思维和语言输出。

⑦自信心和舒适度：使用简单的顺序关系词可以帮助学习者更自信地表达自己的思想，因为它们容易使用且错误的可能性较低。综上所述，A2水平的英语学习者频繁使用顺序关系的"前后"是由于它们结构清晰、易于理解和使用，能够帮助他们以简单直观的方式组织句子和段落，同时也是他们在英语学习的早期阶段学习和练习的重点之一。

（2）表7.1还显示，"概括在先"和"例外在先"的连贯手段未被A2的中国英语学习者所使用。"概括在先"和"例外在先"是两种比较高级的文本组织手段，它们要求作者或说话者能够在讨论一个主题时提供一个概述（或规则），然后给出相应的具体例子（或例外）来支持或阐明这个概述。A2水平的英语学习者通常不会使用这些连贯手段，可能有以下几个原因。

①语言能力限制：A2水平的学习者通常还没有掌握足够的词汇和语法结构来构建复杂的句子和段落，这限制了他们使用这样的高级文本组织手段。

②认知复杂性：使用"概括在先"和"例外在先"连贯手段需要更高

级的思维能力，例如抽象思维和批判性思维，这些能力在A2水平的学习者中还没有充分发展。

③教学重点：在基础英语教学中，教师可能更侧重于教授基本的语言结构和日常交流技能，而不是复杂的文本组织和连贯性手段。

④文本类型和任务：A2水平的学习者在学习过程中遇到的文本和任务类型可能不需要使用这种高级的连贯手段。他们通常处理的文本类型可能是叙述或描述性质的，而不是需要严格逻辑结构的论述文本。

⑤学习资源和实践机会：学习者可能没有足够的资源或者在课堂上缺乏实践这些连贯手段的机会，因为教材和课堂活动可能没有包含这类高级技能的练习。

⑥文化和教育背景：不同文化和教育体系对于论证和文本组织的方法可能有不同的偏好和强调，A2水平的学习者可能没有被训练去使用这种西方学术写作中常见的结构。

（3）表7.2显示，B1-1水平的中国英语学习者在使用连贯手段时更偏好使用时空连续性关系和因果关系来组织他们的语言。这意味着在这个水平上，学习者的语言技能已经有所提高，但仍然有一定的限制。以下是中国的B1-1水平英语学习者可能更偏好使用时空连续性关系和因果关系来组织他们语言的原因。

①时空连续性易于理解：时空连续性关系涉及时间顺序（如先后关系）和地点顺序（如位置变换），这些都是非常直观的概念。对于中国学习者来说，利用时空概念组织语言是自然而直观的，因为这反映了现实世界中的实际顺序和位置变化，可以通过具体的时间词汇（如"then""afterwards""next"）和空间词汇（如"above""below""beside"）来清晰表达。

②因果关系的普遍性：因果关系是人类交流的基础，我们经常需要解释原因和结果。这种关系对于中国的B1-1学习者来说相对容易掌握，因为它可以通过基本的连接词（如"because""so""therefore"）来明确表达，而这些连接词在英语学习的早期阶段就会被引入。

③文化习惯：在中国的教育中，学生通常被教导要很清楚地表达思路，而时空连续性和因果关系都是实现这一点的有效方式。学生在中文写作和口语表达中也经常使用这些结构，因此，这种偏好可能被带入了英语学习。

④教学重点：英语教育可能强调使用这些关系，因为它们是构建段落和文章基本框架的重要工具。教师可能在课程中特别强调这些连贯手段，因为它们有助于学习者提高书面和口头表达的清晰度。

⑤语言迁移：学习者可能会从他们的第一语言（母语）中迁移时空和因果的概念到英语中。由于这些关系在许多语言中的表达方式相似，学习者可能会发现在英语中使用它们相对容易。

⑥实用性：在日常交流中，时空关系和因果关系的表达非常常见和实用。因此，学习者可能更经常练习这些表达方式，从而导致在使用英语时偏好使用它们。

⑦考试和评估标准：各种英语考试通常会评估学习者在使用时空和因果关系方面的能力，因为这些是评判连贯性和内在逻辑的重要标准。学习者可能会为了应对考试而更多地练习这些连贯手段。

（4）表7.2还显示，B1-1水平的中国英语学习者在使用连贯手段时，在相似性关系的使用上则不频繁，特别是相似关系未被使用，可能有以下原因。

①教育侧重点：在中国的英语教学中，传统上可能更多侧重于教授明确的因果关系和时空关系，因为这些关系能够帮助学生清晰地组织事实和事件的叙述。相比之下，相似性关系可能没有得到同样程度的强调，导致学生在这方面的练习不够。

②语言迁移效应：中国学习者在中文写作和口语表达中也可能相对少用相似关系作为连贯手段。如果第一语言使用这种手段的频率低，这可能会影响到第二语言的使用习惯。

③抽象性质：相似性关系涉及对比较抽象的概念、思想或情况的比较和对照，这可能是B1-1水平学习者所欠缺的。与时空和因果关系相比，这

类关系的使用需要更高层次的语言技能和思维能力。

④词汇和语言表达限制：表达相似性关系可能需要更丰富的词汇和更复杂的句式结构。B1-1水平的学生可能尚未掌握足够的词汇和句型来有效地使用相似性关系。

⑤实用性：在日常交流和大多数写作任务中，说明事物的因果和时序关系可能比表达相似性更为常见和必要。因此，学习者往往会更加关注并练习那些他们认为更实用的连贯手段。

⑥认知挑战：识别和表达相似性关系可能需要学习者进行更多的分析和比较，这在认知上可能比表达简单的时空顺序或因果关系要求更高。

（5）表7.3的数据显示，B1-2水平的中国英语学习者处于中级英语能力的较高阶段，相较于B1-1水平的学习者，他们的语言知识和使用能力有所提升。在这个阶段，他们更频繁地使用对比关系和顺序关系"前后"来组织语言，原因可能包括：

①复杂性的增加：随着英语水平的提高，学习者开始尝试使用更复杂的句型和结构，对比关系是一种常用来展示思维复杂性和深度的手段，可以清楚地展示两个或多个实体之间的差异。

②词汇和语法知识的扩展：B1-2水平的学习者已经掌握了更丰富的词汇和更多的语法结构，使他们能够更容易地表达对比和顺序关系。例如，他们可能会使用"however""on the other hand""firstly""secondly"等连接词，这些词汇和短语在组织语言时有助于清晰地表达思想。

③思维的发展：在认知和思维能力方面，B1-2水平的学习者通常能够更好地理解和处理相对复杂的概念，包括对比和顺序关系。这种认知上的进步使他们能够更自如地使用这些结构。

④学术和考试要求：对于准备各种英语考试的学习者来说，使用对比和顺序关系是组织作文和口头答辩的常见方法。这些手段能够帮助他们更清晰地展示他们的论点和观点。

⑤教学材料的影响：教科书和练习材料可能更频繁地包含使用对比和顺序关系的例子，因为这些是组织段落和文章的有效手段。随着学习者

接触到更多这些例子，他们可能会模仿并在自己的语言使用中应用这些结构。

⑥中文影响：在中文表达中，对比和顺序关系同样十分重要和常用。中国学习者可能会从母语中迁移这些表达习惯到英语学习中，这种迁移可能在B1-2水平变得更加显著。

⑦实践的增多：随着学习者英语实践的增多，他们有更多机会接触、理解和使用对比和顺序关系，从而使这些连贯手段在他们的语言组织中变得更加自然和频繁。

（6）表7.3还表明，相对于B1-1水平（托业成绩在550~670分之间）的中国英语学习者，B1-2（托业成绩在670~780分之间）水平的学习者在时空连续性关系的使用上可能减少了。这可能由以下几个原因造成。

①语言多样性：随着英语水平的提高，学习者会被鼓励使用更多样化的表达方式来展现他们的语言能力。他们可能会开始尝试使用更复杂的连贯手段，如因果关系、条件关系和让步关系，以丰富他们的语言并展示更高级的语言技能。

②复杂性理解：B1-2水平的学习者在理解和表达更复杂的逻辑关系方面有了进步，他们不再依赖于简单的时空关系来组织句子或段落。他们能更好地理解和表达复杂的概念和抽象的关系。

③表达精细度：提升到B1-2水平意味着学习者可以更精细地表达思想和情感。他们可能倾向于使用精确的连接词和短语来表达这些思想，而不是仅仅依靠时空顺序。

④写作和口语任务的要求：随着他们逐渐接触到更高层次的写作和口语任务，需要他们提供更多的分析和批判性思考，这些任务往往需要超越简单的时空连续性，展现更复杂的思维过程。

⑤认知发展：随着认知能力的提升，B1-2水平的学习者能更好地处理和组织复杂信息，他们可能更侧重于表达思想的逻辑连贯性，而非简单的时空顺序。

⑥考试和评估标准：高级别的英语测试可能更多地评估学习者使用各

种连贯手段的能力，而不仅仅是基本的时空关系。因此，学习者可能更注重练习多样的连接词和复杂句型，以满足这些标准。

⑦自信心增强：随着英语水平的提高，学习者在使用英语时可能更加自信，不再那么依赖于时空关系来保持语言的流畅性，而是更加自由地探索语言的多样性。

（7）表7.4表明，相较于B1-1和B1-2水平的学习者，B2水平的中国英语学习者在使用连贯手段时，在时空连续性关系和因果关系上更为熟练，原因包括以下几点。

①语言掌握度：B2水平的学习者对语言的掌握更加全面，包括更广泛的词汇和更复杂的语法结构。这使得他们在表达时空关系和因果关系时能够使用更精确和多样化的语言。

②逻辑思维能力：在这个水平上，学习者通常能够更好地组织和表达自己的思想。他们能够清晰地理解和表述事件之间的逻辑关系，包括原因、结果和目的。

③认知发展：随着认知能力的发展，B2水平的学习者在理解和使用更复杂的概念方面更加成熟。他们能够在描述事件和情况时使用复杂的时空模式和因果链。

④学术和专业要求：B2水平的学习者可能正在准备或已经涉足更高层次的学术或专业环境，这些环境要求能够精确地使用连贯手段来构建论证和展示分析。

⑤考试和评估标准：托业考试或其他英语考试在B2水平上对连贯性的要求更高，这促使学习者更加专注于提高使用时空和因果关系的能力。

⑥写作和口语技巧的提升：B2水平的学习者在写作和口语上通常有更高的技巧，能够在叙述故事、描述过程或论证观点时，自然而流畅地使用连贯手段。

⑦实践和应用：随着英语水平的提高，B2学习者有更多机会在真实情景中练习英语，例如在工作、学习或社交中，这些实际应用帮助他们加强了对时空连续性关系和因果关系的理解和使用。

（8）图7.1显示，顺序关系中的"前后关系"作为一种连贯手段经常被中国英语学习者使用，其潜在原因如下。

①直观性：时间顺序是人类经验和认知中的基本组织原则之一。我们的日常生活和思考模式通常都是按照时间的流逝来组织的，因此在叙述事件或论述观点时，按照时间顺序来组织信息符合人类的自然倾向。

②清晰性和易于理解：使用"前后关系"来组织语言可以使得信息的呈现更加清晰，易于追踪。听众或读者能够更容易地理解事件发展的过程或者论点的构建，从而减少理解上的障碍。

③叙事和论证的基础结构：在叙事和论证中，"前后关系"不仅能够帮助保持信息的连贯性，而且也是一个有效的叙事框架，让叙述者可以围绕这个框架展开更加详细和复杂的叙述。

④教学强调：在语言学习的过程中，教师通常会强调按照时间顺序来组织叙述和论证的重要性。因此，学习者在课堂上接受的训练往往强调这种方法，从而在他们的语言使用中体现出来。

⑤文化因素：不同文化中对于时间的看待和表达方式可能有所差异，但在多数文化中，顺序性是一种普遍接受的和强调的表达方式。

⑥记忆和思考的便利：按时间顺序排列事件或论点可以帮助学习者更好地组织自己的思路和记忆。这种方式有助于减少在表达时的认知负担，因为它利用了我们对时间线索的自然记忆。

⑦语言习得的自然过程：在第一语言和第二语言习得的过程中，顺序性表达通常是较早掌握的结构之一，因为它与日常生活经验紧密相关，所以学习者在使用第二语言时可能会自然而然地借鉴这一点。

（9）图7.1表明，阐述关系和概括关系在中国英语学习者的语言使用中频率较高，可能由以下几个原因导致。

①增强理解和记忆：阐述关系通过提供详细信息或例子来支持一个观点或概念，有助于加深理解和促进记忆。概括关系则通过总结和提炼信息来帮助学习者抓住主要观点。这两种手段均有利于学习者更好地处理和存储语言输入。

②学术写作和口语的要求：在学术和教育环境中，学生常常需要解释概念和总结材料。因此，教育体系可能鼓励和训练学生使用这两种连贯手段，作为表达和组织思想的一部分。

③表达的完整性：阐述关系可以使论点更加充实和有说服力，而概括关系则可以确保讨论保持集中并突出重点。学习者可能会发现这两种手段对于构建完整、连贯的表达方式很有帮助。

④思维的习惯：人们在思考问题时通常会自然而然地进行解释、例证和总结，这些都是我们加工和理解信息的常见方式。因此，学习者在使用英语时也可能会模仿这种思维习惯。

⑤教材和输入影响：学习者接触的英语教材或其他输入资源（如文章、演讲等）很可能大量使用了阐述和概括关系，因此他们在模仿这些资源时也会使用这些连贯手段。

⑥清晰度和逻辑性：阐述和概括关系有助于创建清晰、逻辑性强的语言构造。这不仅帮助学习者更加有效地传递信息，也使得听众或读者更容易跟随和理解。

（10）图7.1还表明，中国英语学习者在语篇连贯性方面较少使用显示相似关系的手段，原因可能包括以下几个方面。

①认知负担：学习者在语言学习过程中，尤其是非母语学习者，需要同时处理语言的多个方面，如语法、词汇、发音等。这种认知负担可能导致他们在写作或口语中忽略了使用显示相似关系的手段。

②对比较结构的不熟悉：学习者可能尚未完全掌握比较结构或并列结构的使用，这些结构常用于表达相似或对比关系。

③缺乏练习：如果学习者没有得到足够的练习机会来使用表示相似关系的语言结构，他们可能不会习惯于在自己的语篇中使用这些结构。

④文化和教育背景：不同文化和教育系统可能在教学连贯手段时侧重不同的方面。如果学习者的教育背景没有强调使用显示相似关系的技巧，他们可能不会在自己的语言产出中经常使用这些手段。

⑤过度依赖其他连贯手段：学习者可能更习惯于使用其他类型的连贯

手段，如因果关系或时间顺序关系，而忽视了相似关系。

⑥有限的词汇量和表达能力：表达相似关系可能需要特定的连接词或短语，如"similarly""likewise"或"in the same way"。如果学习者的词汇量有限，他们可能无法恰当地使用这些表达。

⑦教学方法：如果教师在教学中没有强调相似关系的表达或未提供充分的例子和练习，学习者可能不会意识到其重要性，从而在实际应用中忽略这一点。

⑧语篇分析技能的欠缺：学习者可能还没有充分发展出分析和构建复杂语篇的技能，尤其是那些涉及细微的逻辑关系和结构层次的技能。

八、英语母语者语篇连贯类型以及频次总数据

英语母语者连贯手段类型及频次如图7.2所示。

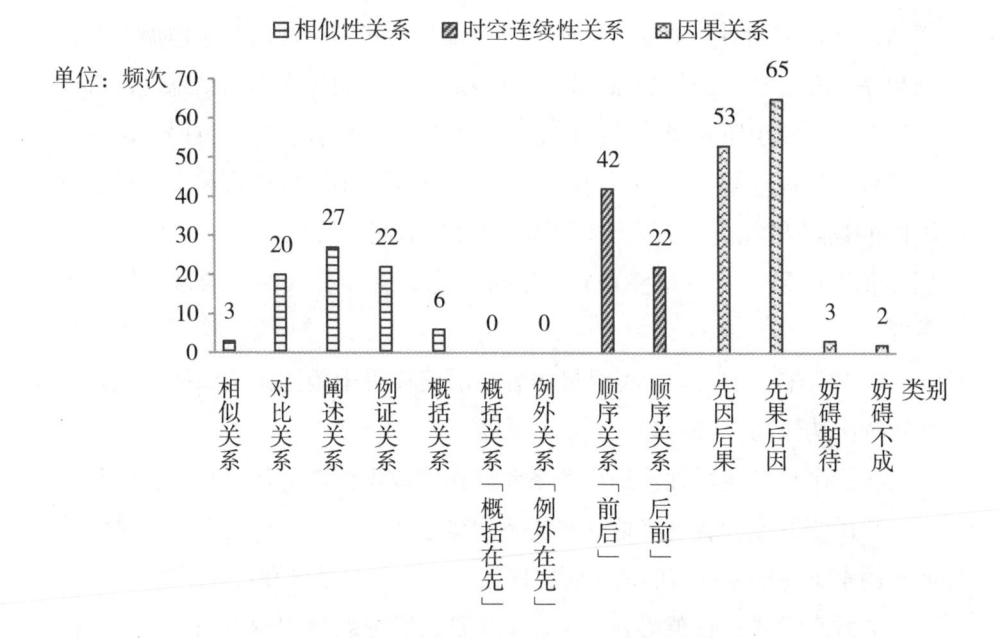

图 7.2 英语母语者连贯手段类型和频次示意图

九、英语母语者语篇连贯类型以及频次总结

图7.2显示以下特点：①先果后因关系的使用频次很高，这可能表明母语者在构造论点或叙述时，更加灵活地使用因果逻辑；②阐述关系和例证关系的使用频次均较高，这说明英语母语者倾向于使用这些手段来提供信息的详细说明和支持；③概括关系的使用频次相对较低，这可能意味着在英语母语环境中，提供具体例证比抽象概括更受青睐；④与中国英语学习者的数据对比时，我们可能注意到母语者在某些连贯手段上的使用频次更加平均分布，这可能反映了更为复杂和成熟的语言运用能力。

十、英语母语者语篇连贯类型以及频次的结果讨论

（1）图7.2显示，英语母语者在语篇连贯中先果后因关系的使用频次很高，这种结构对于英语听众或读者来说是自然和直观的，它遵循一种逻辑顺序，在表达复杂的观点和情况时特别有用。通过先提出结果，作者或说话者能够吸引听众或读者的注意力，然后提供解释，这样可以帮助听众或读者更好地理解和记住所讨论的信息。然而，不同的语言和文化可能有不同的偏好和习惯。某些语言可能更倾向于使用因果结构的其他顺序，例如先因后果。了解这些差异对于跨文化交流和有效的多语言写作至关重要。

（2）图7.2还表明，英语母语者在语篇连贯中阐述关系和例证关系的使用频次均较高，可能有以下几个原因。

①清晰性和逻辑性：阐述关系允许作者或说话者清楚地解释和展开观点，帮助听众或读者更好地理解复杂的概念或论据。例证关系通过提供具体实例来支持抽象的声明或主张，增强了论点的可信度和可理解性。

②教育模式：在英语教育中，学生常被教导要使用例子和详细的解释来支持他们的观点。这种教学方法倾向于鼓励使用例证和阐述关系，使之

成为英语写作和口语中的一种常见模式。

③论证和说服：在说服性语篇中，有效的论证往往需要提供具体例子和详细解释来支撑观点。因此，在努力说服听众时，使用例证和阐述关系会更加频繁。

④文化习惯：英语使用者可能受到其文化习惯的影响，倾向于通过连贯的叙述和实际例子来交流信息。这种风格被认为既直接又具有说服力。

⑤阅读和写作传统：英语的阅读和写作传统强调了清晰的结构和组织，比如使用段落和主题句来构建论文。在这种结构中，提供阐述和例证是常见的做法，因为它们帮助构建每个段落的中心主题或论点。

⑥认知加工：人类的认知加工过程对于例证和详细解释有自然的偏好，因为这些元素帮助我们通过熟悉的情境来理解和记忆新信息。英语母语者可能会利用这一点来提高沟通的有效性。这些因素共同作用，使得在英语语篇中使用阐述关系和例证关系成为一种常见且有效的沟通手段。

（3）图7.2还显示，概括关系的使用频次相对较低，这可能意味着在英语母语环境中，提供具体例证比抽象概括更受青睐，其潜在原因如下：

①具体性：具体的例子通常比抽象的概括更容易理解和记忆。具体例子为抽象概念提供了实际的、可以感知的情境，使得理解变得更加直观。

②可信性：提供实际的例子可以增强论点的可信度。具体的证据或案例研究通常比广泛的概括更能说服人，因为它们展示了理论在现实世界中的应用。

③情感共鸣：个人故事和具体例子往往能够触动听众的情感，从而增强信息的影响力。人们通常对那些能够引起共鸣的故事更加敏感。

④交流效果：在日常交流中，过多的抽象描述可能会让对话显得枯燥乏味。相反，使用具体例子可以使沟通更加生动、有趣和引人入胜。

⑤教育模式：如上所述，英语教育常常强调通过具体例证来支持论点。学生从小就被教育要用具体例子来阐明和证明他们的观点，这种习惯可能会延续到成年后的沟通方式中。

⑥逻辑结构：在英语的写作和口语中，常常使用细节和例证来支持论

点的结构。这种方式有助于构建清晰和有逻辑的论证，更容易被接受。

⑦文化偏好：英语使用国家的文化可能更偏好实用性和经验主义，倾向于具体和可操作的信息，而非纯粹的理论和概括。这可能反映了一种文化价值，即偏好"实实在在"的证据。然而，虽然具体例子很受青睐，但在某些情况下，高层次的概括也是必要的，特别是在需要总结大量信息或提出广泛论点的场合。有效的沟通往往需要在具体例证和抽象概括之间找到平衡。

（4）图7.2还告诉我们，母语者在某些连贯手段上的使用频次更加平均分布，其潜在原因可能有以下几点。

①多样性和平衡：为了维持听众的兴趣并避免单调，母语者可能会采用多种连贯手段。这样做可以平衡信息的呈现，既不过于抽象也不过于具体，既有详细的例证也有高层次的概括。

②复杂性的反映：现实世界的复杂性经常要求我们在提供具体细节和抽象概括之间切换。母语者在掌握语言时学会了如何根据语境选择合适的连贯手段。

③话题和目的：不同的话题和交流目的要求使用不同类型的连贯手段。例如，科技或法律文本可能更多地使用概括和定义，而叙事或描述性文本可能更多地使用具体例证。

④听众的需求：母语者能够根据预期听众或读者的背景和需求调整他们的语言使用。例如，对于专业听众，可能会使用更多专业术语和概括性说明；而对于非专业听众，可能会使用更多的例证和简化语言。

⑤修辞效果：母语者可能会基于修辞效果来选择连贯手段，例如为了强调一个论点，他们可能会在概括之后紧跟一个或多个具体例子。

⑥文化影响：不同文化对信息的组织和呈现有不同的偏好。母语者的连贯手段使用可能受到其所在文化的影响，该文化可能强调某种特定的沟通风格。

⑦教育背景：母语者的教育背景会影响他们使用不同连贯手段的能力。良好的教育往往会教授如何有效地使用各种连贯手段，以便于清晰和

有效地表达思想。

⑧个人风格：每个母语者都有自己独特的表达风格，这将影响他们使用不同连贯手段的频率和方式。总之，母语者在连贯手段使用上的平均分布反映了他们在语言运用上的灵活性和适应性，以及他们根据不同情境和需要进行调整的能力。

十一、中国英语学习者与母语者语篇连贯类型以及频次对比

图7.1和图7.2显示出以下结果。

（1）概括关系：中国英语学习者在概括关系的使用上远超英语母语者，这体现出中国学习者可能更倾向于使用概括性的语言来表达思想。

（2）例证关系：尽管两组在例证关系上都有使用，但中国英语学习者的使用频次更高，这可能说明中国学习者更依赖具体例子来阐释观点。

（3）顺序关系："顺序关系"在英语母语者中的使用更均衡，可能因为他们更倾向于根据叙述的需要灵活地调整信息的先后顺序。

（4）因果关系：中国英语学习者在"先因后果"的使用上更为频繁，而英语母语者在"先果后因"的使用上更为频繁。这可能反映了不同的逻辑表达习惯。

（5）妨碍期待和妨碍不成：这两种关系在英语母语者中的出现频次虽然不高，但相比之下，中国英语学习者几乎不使用，这可能表明这两种关系的使用需要更高水平的语言能力和对英语修辞的敏感性。

整体来看，英语母语者在使用连贯手段时显示出较高的多样性和平衡性，而中国英语学习者则在某些连贯手段上的使用频次相对较高，可能因为他们更依赖于特定的表达方式。

十二、中国英语学习者与母语者语篇连贯类型以及频次对比结果讨论

（1）中国英语学习者在概括关系的使用上远超英语母语者，这可能由多种因素导致。

①教育方式：中国的教育体系通常强调对知识点的总结和概括，学生被鼓励使用概括性的语言来展示对材料的理解和掌握。这种教育方式可能使学习者在使用英语时也倾向于使用概括性的表达。

②考试导向：由于语言考试，如大学英语四六级、雅思、托福等，经常要求考生能够概括和总结信息，因此学习者可能会在实际使用中过度依赖这种技能。

③文化差异：中西方在沟通风格上存在差异，中文表达倾向于间接和含蓄，而英语表达则相对直接和明确。中国学习者可能将中文的沟通风格带入英语学习中，故在表达时更倾向于使用概括性语言。

④语言习得过程：在英语学习的早期阶段，学习者可能更容易接触和掌握概括性表达，因为这需要较少的具体词汇和详尽的背景知识。

⑤表达习惯：概括性语言可以帮助非母语者避免进入他们不熟悉或不舒服的领域，因为具体细节的表述可能需要更精确的词汇和语法结构。

⑥思维方式：中国学习者可能更习惯于先建立一个总体框架，然后再填充细节，这种思维方式在使用语言时也可能倾向于先提供概括性信息。

⑦自信心和舒适区：提供概括性的信息可以让学习者保持在自己的舒适区内，特别是在不确定如何详细描述一个复杂情境时。

⑧语言资源的限制：概括性的语言使用较为宽泛的词汇，这对于词汇量有限的学习者来说更易掌握和应用。

⑨修辞风格的差异：英语和汉语在修辞风格上存在差异，中国学习者可能更习惯于使用汉语中的修辞手法，这在他们的英语表达中也得到体现。为了更接近英语母语者的表达习惯，中国学习者需要在语言学习中注意平衡概括性表达和具体细节的描述，同时也需要培养对英语修辞方式的

敏感性和了解。

（2）相对于英语母语者而言，中国英语学习者在例证关系的使用上频率更高，可能有以下原因。

①教育习惯：中国的教育体系通常鼓励学生通过例证来支持他们的论点，这种学术写作的训练使得中国学习者在写作或口头表达时习惯于引用具体例子来加强论据。

②理解和记忆方式：例证作为一种直观、具体的信息，往往更容易被理解和记忆。中国学习者可能会发现通过提供具体例子来解释复杂概念或论点更为有效。

③语言能力的限制：对于非母语者来说，使用具体例子可以减少对复杂抽象语言的需求，这对于词汇和语法掌握程度有限的学习者尤其有用。

④思维模式：中国学习者可能习惯于通过例子进行归纳推理，这是一种从具体事实出发，归纳出一般性结论的思维模式。

⑤文化因素：在中文表达中，具体例子常被用来增加说服力，这种表达模式可能被延续到英语学习者的英语使用中。

⑥沟通策略：使用例子可以作为一种沟通策略，帮助听者或读者更好地理解讲者的观点，尤其是在跨文化交流中，具体例子可以帮助桥接不同文化背景下的理解差异。

⑦考试和评估标准：许多英语考试和学术评估标准都倾向于奖励那些能够使用具体例子来支持观点的学生，因此学习者可能会因应这种评估趋势而更多地使用例证。

（3）英语母语者在使用"顺序关系"时更加均衡和灵活，这可能与以下因素有关。

①语言习得的自然过程：母语者在日常交流中自然习得了如何组织语言和信息。他们不需要刻意学习如何使用顺序关系，而是根据上下文自然而然地安排信息的流动和结构。

②叙述技巧的熟练掌握：英语母语者通常更熟悉叙事技巧，包括故事的构建、论点的发展等，他们能够根据叙述的需要，灵活运用时间、空间

和逻辑顺序。

③风格和流派的多样性：英语母语文化中有各种各样的表达风格和文学流派，人们从小就被鼓励欣赏和尝试不同的写作和讲故事方式，这培养了他们调整信息顺序的能力。

④对语境的敏感性：母语者通常对语境和受众有更深的理解，他们知道如何根据听众的需要和反应来调整他们的语言。

⑤思维模式与语言的一致性：母语者在思考和组织思想时，自然而然地以他们的母语进行，这样的一致性使得思想和语言的表达更加协调。

⑥修辞和写作训练：在英语为母语的国家，从小学到大学，学生接受了大量的写作训练，这包括如何有效地使用包括顺序关系在内的各种修辞手法。

⑦自信和熟练度：作为母语者，他们在使用他们的语言时自然会感到更加自信和熟练，这使得他们在表达时更加自如，不太受固定模式的束缚。

（4）中国英语学习者和英语母语者在使用"因果关系"的顺序上存在差异，其中中国学习者可能更多地使用"先因后果"（即先陈述原因，后描述结果），而英语母语者可能更频繁地使用"先果后因"（即先介绍结果，再解释原因）。这种差异可能由以下因素导致。

①逻辑结构习惯：在中文语境中，传统的表达习惯往往是按照时间顺序或逻辑顺序来组织语言，即事物发生的原因先行，其结果随后出现。中国学习者在英语学习中可能不自觉地将这种习惯带入。

②教育背景：中国的英语教学可能更强调使用明确的逻辑结构来组织句子和段落，学生可能被教导在写作时应当先明确原因，再陈述结果，这种训练可能导致他们在英语使用中默认采取这种结构。

③修辞和写作策略：英语母语者在写作和口语表达中可能更习惯于使用"先果后因"的结构，因为这种方式可以先吸引听众或读者的注意，然后提供解释，增加话语的吸引力或说服力。

④表达习惯和偏好：文化背景影响了个体的认知风格和表达偏好，英

语母语者在长期的语言使用中形成了一定的风格，如讲故事时常常先描述事件，再解释原因，这种偏好也体现在他们的语言使用中。

⑤思维模式的差异：中国学习者可能更偏向线性、递进的思维模式，而英语母语者可能更习惯于发散性或环状的思维，这影响了他们组织论述时因果关系的顺序。

⑥交流目的：在某些情况下，英语母语者可能会基于交流的目的选择不同的因果结构，比如在强调结果的重要性时可能会先提结果，这样的策略在英语交流中可能更为常见。

（5）"妨碍期待"和"妨碍不成"这两种表达涉及一种高级的修辞性质，它们通常用于描述某一预期的行动或结果被阻碍或未能实现的情况。在英语中，这可能通过各种复杂的句式和修辞手段来表达，例如使用虚拟语气、条件句、对比结构等。对于中国英语学习者来说，这样的表达较少使用，原因可能包括。

①语言习得层级：妨碍期待和妨碍不成的表达通常出现在语言习得的更高阶段。它们要求使用者不仅理解字面含义，还要把握语境中的隐含意义，这对非母语者来说是一个挑战。

②复杂语法结构：这类表达往往需要较复杂的语法结构，如虚拟语气，这对英语作为第二语言的学习者来说可能难以掌握。

③修辞意识：在英语中，妨碍期待和妨碍不成的表达往往涉及细微的修辞差别和语境理解，这需要较高水平的语言技巧和对英语修辞的敏感性。

④文化和思维差异：中英文化背景和思维习惯的差异可能影响这类表达的使用频率。例如，在英语中，可能更倾向于使用反讽或细腻的幽默来表达预期被妨碍的情况。

⑤教学与实践：中国的英语教学可能更侧重于基础语法和词汇的教授，而不是复杂的句式或修辞表达，导致学习者在实际使用中较少接触和练习这类结构。

⑥使用频率：即便在英语母语者中，这些复杂表达的使用频率也不

高，因此中国学习者在接触英语输入（如阅读和听力材料）时，接触到这类表达的机会相对较少。

十三、同题语篇视域下中国英语学习者语篇连贯研究的学术价值

同题语篇视域下对中国英语学习者语篇连贯性的研究同样具有重要的学术价值，其价值主要体现在以下几个方面。

（1）对二语写作教学的指导：了解中国英语学习者在同一主题下构建语篇连贯性的能力和模式，可以帮助教师识别学生在写作过程中可能遇到的问题。基于此，教师可以设计更有效的教学活动，帮助学生提高构建连贯语篇的能力。

（2）对二语习得研究的贡献：研究中国英语学习者的语篇连贯性能提供有关二语习得过程中认知和语言能力发展的见解。这些见解可用于验证或改进二语习得相关理论。

（3）对评估标准的完善：通过深入了解学习者的语篇连贯性，研究可以帮助制定更为精确的评估标准，使教师能够更公正地评价学生的写作水平。

（4）对跨文化交流的影响：语篇连贯性是跨文化交流中的一个关键因素。研究不同文化背景下学习者的语篇连贯性，有助于了解文化差异如何影响语言的使用和理解。

（5）对教材开发的启示：研究结果可以用于开发或改进针对中国学习者的英语教材，尤其是那些旨在提高学生语篇连贯性技能的教材。

（6）对学术写作的促进：通过研究和教学实践，可以帮助中国英语学习者提高学术写作质量，特别是在逻辑结构和论证连贯性方面。

（7）对自然语言处理的应用：在自然语言处理（NLP）领域，语篇连贯性是机器翻译、摘要生成和信息检索等任务的重要组成部分。研究可以

为这些应用提供语料库和算法开发的基础。

（8）对国际合作与交流的支持：提高中国学习者的英语语篇连贯性能力，能够增强其在国际学术和专业领域的沟通能力，从而促进更有效的国际合作。

（9）对个性化教学的推动：通过研究，教师可以更好地理解学习者个体差异，从而提供更加个性化的教学支持。

（10）对语言测试发展的贡献：了解语篇连贯性的特点和学习者的常见问题，可以帮助测试开发者设计更好的评估工具，这些工具可以更准确地测量学习者的语言能力。

综上所述，从同题语篇视域下研究中国英语学习者的语篇连贯性，不仅可以推动语言学习理论的发展，也对教学实践、评估、教材开发和国际交流等有着广泛的应用价值。

十四、同题语篇视域下中国英语学习者语篇连贯研究的应用前景

同题语篇视域下中国英语学习者语篇连贯性研究的应用前景是多方面的，具体包括但不限于以下几个领域。

（1）教育政策制定：研究成果可以为教育决策者提供数据支持，帮助他们制定或调整针对英语写作教学的政策和标准。

（2）教学法发展：研究可以为教师提供关于如何改进教学方法的见解，特别是在提高学生语篇连贯性方面的教学策略。

（3）课程设计：研究结果可以直接影响课程设计，尤其是写作课程的设计，以确保课程内容能够有效地提升学生的连贯性技能。

（4）教材编写：基于研究发现，教材编写者可以开发出更加符合中国英语学习者需求的教材，尤其是针对写作技能的教材。

（5）学习者自主学习：研究成果可以转化为学习者自主学习的资源

和工具，例如提供在线自学平台上的练习和反馈机制。

（6）评估和测试：研究成果可用于开发或改进评估工具，使之更加精准地评价语篇连贯性，从而提供更加有效的学习者能力评估。

（7）自然语言处理：在人工智能领域，研究成果可以帮助改进机器翻译、自动摘要和文本生成等自然语言处理技术。

（8）国际交流项目：了解中国学习者的语篇连贯性特点可以帮助设计更有效的国际交流项目，以及提高学习者在国际环境中的交流能力。

（9）职业培训：对于希望在国际环境中工作的专业人士，研究成果可以被用于开发针对性的职业英语培训课程。

（10）在线教育平台：研究成果可以被用来优化在线教育平台的课程内容和学习路径设计，使之更加适应中国学习者的特点。

这些应用前景都指向了如何更有效地帮助中国英语学习者提升他们的语言能力，特别是在书面表达的连贯性方面。随着教育技术的不断进步，研究成果的应用范围将进一步扩大，对教育质量和学习效果都有可能产生显著的正面影响。

十五、本章小结

在对比中国英语学习者和英语母语者的语篇连贯逻辑关系使用模式的研究中，本章揭示了两者之间的显著差异，并探讨了中国学习者在建立连贯性时所依赖的特定手段和策略。通过深入分析，本章的发现不仅加深了我们对中国英语学习者如何构建语篇连贯的理解，也揭示了他们在逻辑关系运用上与母语者相比的具体差距。

首先，中国学习者在使用概括性表达来构建语篇连贯时，表现出比母语者更高的频率。这种偏好可能源自教育影响，反映了中国学习者倾向于使用泛化的叙述方式。其次，在例证关系的使用上，中国学习者更倾向于通过大量具体例子来支持观点，这种做法在增加语篇可信度的同时，可能会牺牲论证的深度。在顺序关系的应用中，英语母语者展现出更为平衡的使用模式，显示了他们根据语境灵活处理信息顺序的高级技能。而在因果关系的构建上，中国学习者通常遵循传统的"因—果"顺序，相对于英语母语者更自然的"果—因"结构，这反映出不同文化对逻辑表达方式的影响。此外，中国学习者在使用妨碍期待和妨碍不成的关系上几乎为零，这暗示着对高级连贯手段的掌握和应用存在明显障碍。英语母语者虽然也不频繁使用这些结构，但相对较为熟练，这指出了在连贯性习得中的进阶目标。

　　本章的发现为英语教育工作者提供了宝贵的参考信息，指出了教学中需要关注的特定连贯手段和策略。这些数据可以帮助教师更有针对性地设计教学活动，指导学习者识别和修正他们的语篇连贯问题，培养能够灵活运用各种逻辑关系来构建高质量英语语篇的能力。通过这样的教学实践，学习者不仅能提高语言连贯性，还能更深入地理解和掌握英语母语者的表达习惯，从而缩小与母语者之间的差距。

结 语

一、研究发现

（一）总体发现

本研究通过从同题语篇视角深入探讨中国英语学习者的语篇衔接与连贯的特征，旨在揭示中国英语学习者在书面和口头英语表达中，如何通过不同的语言资源实现信息的有效传递和思想的连贯表达。研究聚焦于同一话题下，学习者产出的语篇材料，通过比较分析，揭示了中国英语学习者在语篇衔接与连贯方面的共性与个性，取得了以下几方面的研究成果。

（1）研究详细分析了学习者在使用参照、指代、替代、连词衔接、副词衔接以及词汇连贯性手段等语言元素时的特点，这些元素是实现语篇衔接的关键。通过对比学习者与母语者的语篇，研究揭示了学习者在这些衔接手段的使用频率、多样性及适切性方面的差异，为理解学习者的语篇衔接能力提供了深入见解。

（2）除了语篇衔接的微观分析外，本研究还关注了语篇连贯性的宏观特征，包括信息结构和论证逻辑推理等。研究发现，中国英语学习者在保持语篇连贯性方面存在一定的挑战，特别是在论证逻辑结构的构建以及观点的明确表达上，反映出需要在教学中加强这方面的指导。

（3）本研究还考察了中西方文化差异和思维模式对语篇衔接与连贯的潜在影响。通过分析中国学习者的语篇，发现一些特定的衔接和连贯问题可能源自中西方在表达习惯、论证结构和逻辑推理方式上的差异，这对于设计更为有效的跨文化英语教学策略具有启示作用。

总体而言，本研究通过对中国英语学习者同题语篇的深入分析，不仅揭示了语篇衔接与连贯的具体特征，而且对英语教学提出了有价值的建议，对于提高中国英语学习者的语言表达能力和教师的教学实践均具有重要意义。

（二）具体发现

中国英语学习者语篇衔接与连贯的使用特征的具体发现如下。

（1）在英语语篇衔接手段的研究中我们注意到，英语母语者与中国英语学习者之间在使用类型及频率上的显著差异，这表现在几个方面。

首先，英语母语者在使用个人参照（如使用"I""you""he/she"等代词）和指示参照（如使用"this""that""these""those"等代词）方面的频率远高于中国学习者，这可能表明母语者在运用这些参照形式时更为自如，反映出他们在语篇中明确区分不同事物或人物的能力更加娴熟。而中国学习者在使用泛指方面则更为频繁，这显示他们在指代时更倾向于使用抽象和模糊的参照方式。

其次，从连词的使用来看，英语母语者在构建语篇时更频繁地使用并列连词（如"and""but""or"）和从属连词（如"because""although""if"），这不仅反映了他们在语篇结构上的复杂性，也表明他们在建立句子间逻辑联系时更倾向于使用结构性更强的连词。中国学习者相对较少使用这些连词，可能是由于对复杂句型构建的技巧掌握不足。

最后，关于衔接手段的使用，英语母语者倾向于通过省略已经提及的信息或者使用替代词汇来避免重复，从而使句子更加流畅、紧凑。相比之下，中国学习者在使用连接副词（如

"therefore""however""moreover")方面的频次更高，这可能是因为他们更依赖这些明确的衔接信号来指明句子间的逻辑和顺序关系，而不是依赖语境或先前的信息来推导这些关系。

通过以上分析，可以看出，母语者与中国英语学习者在书面语篇的衔接使用上存在显著的区别，这些差异可能源自语言习得的不同阶段、对语言结构掌握的差异，以及对语篇流畅性和逻辑性认知的不同。这些发现对于英语教学具有指导意义，提示教师应关注提高学习者在使用个人和指示参照、构建复杂句子结构、以及运用省略和替代等高级衔接手段方面的能力。

（2）在深入探讨语篇连贯性的使用类型及频次时我们发现，中国英语学习者在使用概括关系表达时的频率超过英语母语者，这可能反映了中国学习者在语言表达中更加依赖通用性和泛化的表达方式。这种倾向可能与教育背景有关，中国学生在学术写作中经常被鼓励使用概述性的语言来展开话题。然而，过度泛化可能会导致语篇细节的缺失，降低文字的精确性和说服力。

在例证关系的使用上，中国学习者比英语母语者更频繁地运用具体例子来支持论点。这种频繁的例证可能是因为学习者感到需要通过具体化来增加其语言的可信度。然而，例证的过度使用可能会导致论点的深度和广度不足，使文章显得单一和重复。

对于顺序关系，英语母语者的使用看起来更加平衡和多样化，这表明他们在逻辑结构和信息组织方面的能力较为成熟，能够根据内容的需要灵活地调整顺序，以达到更好的叙述效果。相比之下，中国学习者在顺序的处理上可能显得较为刻板，这可能影响了语篇的流畅度和逻辑性。

在因果关系的使用上，中国学习者倾向于遵循传统的"因—果"结构，而英语母语者在使用"果—因"结构时显得更为自然。这种差异反映了文化背景和思维方式的影响，英语母语者可能更愿意先引出结果，再追溯原因，这种结构在英语修辞中常用来吸引读者的注意力。

最后，在妨碍期待和妨碍不成关系的使用上，中国学习者几乎不使用这两种复杂的逻辑结构，这可能暗示中国学习者在理解和利用这些复杂结构方面存在困难。英语母语者虽然也不常使用，但相对来说更能理解和运用这些结构。这种高级语言结构的掌握不仅需要更深入的语言学习，也需要对英语文化和思维方式的理解。

综上所述，这些发现对于英语教学提供了重要的指导。教师应该强调在写作和口语中使用多样化的语言表达和逻辑结构，鼓励学习者培养灵活运用语言的能力。同时，教育者也应该指导学习者掌握高级的语言结构和修辞性，以提升他们的语篇连贯性和表达力。

二、本研究对未来的启示

根据以上结论可以得出以下启示。

（1）个人化和指示性语言使用：英语母语者在使用个人参照和指示参照上的高频率显示了他们在语篇中使用指代手段的自然性和流畅性。这为英语教育者和学习者提供了一个关键的学习点：增强指代手段的使用，特别是在提高口语和写作技能方面。为中国学习者提供更多实践和模仿母语者的机会，可能有助于他们更自然地运用这些语言特征。

（2）复杂句型构建能力：母语者在并列连词和从属连词的频繁使用表明了他们在构建复杂句型方面的高级能力。这一点可以启发语言教学策略，强调连词在提高语篇复杂性和连贯性中的作用，以及在高级写作和口语表达中的重要性。

（3）显性与隐性衔接手段的使用：中国学习者更多地依赖显性的连接副词，而母语者更多地使用省略和替代来维持衔接。这暗示教师和课程设计者应该强调显性衔接手段以外的衔接技巧，如语境的建立和非语言信号的使用，以促进学习者语篇连贯性的整体发展。

（4）语篇连贯性：中国学习者在表达概括和例证关系时的高频使用可能指向他们在传递信息时依赖于直接和具体的方式。而母语者在顺序和因果关系的平衡使用反映了他们在叙述和逻辑结构方面的灵活性。因此，教育者可以通过提供多样化的叙述和论证练习来培养学习者的灵活性和逻辑思维能力。

（5）高级语言结构和修辞感知：中国学习者较少使用某些高级的语言结构，如妨碍期待和妨碍不成的关系，这表明在高阶思维和复杂语言表达方面可能存在障碍。这强调了高级语言技巧和修辞感知培养在语言学习过程中的重要性，尤其是对于那些希望达到高级水平的学习者。

总之，这些发现突出了语篇衔接手段和连贯性在语言学习中的重要性，以及针对这些领域进行教学和练习的必要性。通过理解和模仿母语者的语言习惯，中国英语学习者可以提升自己在指代、句型构建、衔接手段运用、连贯性表达以及高级语言结构和修辞技巧的使用上的能力。

三、对策与建议

针对中国英语学习者在语篇衔接与连贯方面的挑战，以下是一些实用的建议，旨在帮助学习者改进他们的英语书面和口头表达能力。

（1）加强连接词的学习与应用。①系统学习：学习者应系统地学习和复习连接词及其用法，包括表示因果、转折、递进、总结等逻辑关系的连接词。②实践应用：通过写作和口语练习，积极应用这些连接词，从而在实际语篇中实现流畅的过渡和衔接。

（2）提高语言准确性和多样性。①扩充词汇量：积极扩充词汇量，特别是同义词和反义词，以增加语言的多样性和准确性。②学习固定搭配：掌握常用的短语和固定搭配，以提高语言的自然度和地道性。

（3）培养逻辑思维和结构意识。①练习清晰的思维结构：在写作和口语表达中练习清晰的逻辑结构，如使用"引入—主体—结论"的结构，确保语篇的连贯性。②学习论文和文章结构：通过阅读英文论文和文章，学习作者是如何组织内容、构建论证的，以此作为模仿和学习的对象。

（4）加强跨文化交流和理解。①了解文化差异：了解中西方文化差异对语言表达的影响，特别是在论证方式和逻辑结构上的差异。②参与国际交流：积极参与国际交流活动，与母语为英语的人士交流，了解其思维习惯和表达方式。

（5）利用技术和资源。①利用在线资源：利用在线学习资源，如英语学习网站、应用程序，进行自我学习和练习。②进行同伴评审：与同学进行写作或口语的同伴评审，相互提供反馈，以提高语篇的衔接与连贯性。

（6）教师指导的重要性。①提供明确指导：教师应提供关于如何改进语篇衔接与连贯性的明确指导和实际例子。②组织模拟练习：通过模拟真实场景的练习，帮助学生在具体语境中应用语篇衔接与连贯的策略。③通过实施这些建议，中国英语学习者可以在提高语篇衔接与连贯性方面取得显著进步，从而在学术和职业领域中更有效地使用英语进行交流和表达。通过实施这些建议，中国英语学习者可以在提高语篇衔接与连贯性方面取得显著进步，从而在学术和职业领域中更有效地使用英语进行交流和表达。

参考文献

Al-Jarf R. Processing of Cohesive Ties by EFL Arab College Students [J]. Foreign Language Annals, 2001, 34(2): 141-151.

Ambiyo S. A comparative analysis of cohesion in academic and newspaper texts [J]. Journal of Language, Technology and Entrepreneurship in Africa, 2007, 1(1): 191-195.

Barzilay R, Lapata M. Modeling local coherence: an entity-based approach [C]//Proceedings of the 43rd Annual Meeting of the Association for Computational Linguistics (ACL 2005). Morristown, NJ, USA: Association for Computational Linguistics, 2005: 141-148.

Barzilay R, Lapata M. Modeling local coherence: An entity-based approach [J]. Computational Linguistics, 2008, 34(1): 1-34.

Beaman K V, Guy G R. The Coherence of Lingusitic Communities: Orderly Heterogeneity and Social Meaning [M]. United Kingdom: Routledge, 2022.

Bellert I. On a Condition of the Coherence of Texts [J]. Semiotica, 1970(2): 335-363.

Bhartia S, Sehrawat A. Coherence in Engineering and Management Students' Argumentative Writing [C] //IEEE Delhi Section Conference (DELCON). Delhi: IEEE, 2022.

Blakemore D. Relevance and Linguistic Meaning: The Semantics and Pragmatics of Discourse Markers [M]. Cambridge: Cambridge University Press, 2002.

Carrell P L. Cohesion Is Not Coherence [J]. TESOL Quarterly, 1982, 16 (4): 479-488.

Chai H, Strube M. Incorporating Centering Theory into Neural Coreference Resolution [C] //Proceedings of the 2022 Conference of the North American Chapter of the Association for Computational Linguistics: Human Language Technologies. United States: Association for Computational Linguistics, 2022: 2996-3002.

Charolles M. Coherence as a principle in the interpretation of discourse [J]. Text, 1983, 3 (1): 71-97.

Clifton C, Frazier L. Imperfect ellipsis: Antecedents beyond syntax? [J] Syntax, 2010, 13 (4): 279-297.

Crossley S A, McNamara D S. Text Coherence and Judgments of Essay Quality: Models of Quality and Coherence [C] //Proceedings of the Annual Meeting of the Cognitive Science Society, 2011, 33 (33): 1236-1241.

de Beaugrande R A, Dressler W U. Introduction to Text Lingusitics [M]. London: Longman, 1981.

Danes F. Functions of Sentence Perspective and the Organization of the Text [M] //F Danes (ed.), Papers on Functional Sentence Perspective. Prague: Academia, 1974.

Enkvist N E. Coherence, Pseudo-Coherence, and Non-Coherence [M] //J L Ostman (ed.), Semantics and Cohesion. Abo: Abo Akademi University, 1978.

Fadzilah N, Noor M. Examining the Use of Personal Pronouns in Political Speeches by Tun Dr. Mahathir and President Trump [J]. International Journal of Modern Languages and Applied Linguistics, 2023, 7 (4): 52-107.

Frazier L, Clifton C. The Syntax-discourse Divide: Processing Ellipsis [J]. Syntax, 2005, 8 (2): 121-174.

Giora R. Notes towards a Theory of Text Coherence [J]. Poetics Today, 1985, 6 (4): 699-715.

Givón T. Coherence in text, coherence in mind [J]. Pragmatics & Cognition, 1993, 1 (2): 171-227.

González M A. Evaluating lexical cohesion in telephone conversations [J]. Discourse Studies, 2010, 12 (5): 599-623.

Gutwinski B. Cohesion in Literary Texts [M]. The Hague: Mouton, 1976.

Halliday M A K, Hasan R. Cohesion in English [M]. London: Longman, 1976.

Halliday M A K, Hasan R. Language, context, and text: Aspects of language in a social-semiotic perspective [M]. Geelong, Victoria, Australia: Deakin University Press, 1985.

Halliday M A K, Matthiessen C M I M. Halliday's Introduction to Functional Grammar (4th ed) [M]. London: Routledge, 2014.

Hinds J V. Japanese conversation, discourse structure, and ellipsis [J]. Discourse Processes, 1980, 3 (3): 263-286.

Hobbs J R. Coherence and Coreference [J]. Cognitive Science, 1979, 3 (1): 67-90.

Hobbs J R. On the Coherence and Structure of Discourse. Technical Report [M]. Stanford University: Center for the Study of Language and Information, 1985.

Huang Y. A neo-Gricean pragmatic theory of anaphora [J]. Journal of Linguistics, 1991 (27): 301-335.

Kamalski J, Sanders T, Lentz L. Coherence Marking, Prior Knowledge, and Comprehension of Informative and Persuasive Texts: Sorting Things Out [J]. Discourse Processes, 2008, 45 (4-5): 323-345.

Kehler A. Coherence, Reference, and the Theory of Grammar [M]. Center for the Study of Language and Information, California: CSLI Publications, 2002.

Kellermann K, Sleight C. Coherence: A Meaningful Adhesive for Discourse [J]. Annals of the International Communication Association, Communication Yearbook, 1989, 12 (1): 95-129.

Khalil A. A study of cohesion and coherence in Arab EFL college students' writing [J]. System, 1989, 17 (3): 359-371.

Kintsch W. Comprehension: A paradigm for cognition [M]. Cambridge: Cambridge University Press, 1998.

Klebanov B B, Shamir E. Reader-based exploration of lexical cohesion [J]. Language Resources and Evaluation, 2007 (41): 27-44.

Klimova B, Hubackova S. Grammatical Cohesion in Abstracts [J]. Procedia-Social and Behavioral Sciences, 2014 (116): 664-668.

Kunz K. A method for investigating coreference in translations and originals

［J］. Languages in Contrast, 2007, 7（2）: 267-287.

Kurnia H. Reference in Narrative Texts（A Systemic Functional Linguistics）［J］. Jurnal Penelitian Humano, 2021, 12（1）: 36-43.

Kuo C. Cohesion and Coherence in Academic Writing: From Lexical Choice To Organization［J］. Relc Journal, 1995, 26（1）: 47-62.

Lapata M, Barzilay R. Automatic evaluation of text coherence: Models and representations［C］//Leslie Pack Kaelbling and Alessandro Saffiotti（editors）, Proceedings of the Nineteenth International Joint Conference on Artificial Intelligence. Edinburgh, Scotland, UK, 2005.

Lin Z, Kan M Y, Ng H T. Recognizing implicit discourse relations in the Penn Discourse Treebank［C］//Proceedings of the 2009 Conference on Empirical Methods in Natural Language Processing（EMNLP 2009）. Singapore, 2009.

Linnik A, Bastiaanse R, Stede M. Linguistic mechanisms of coherence in aphasic and non-aphasic discourse［J］. Aphasiology, 2021, 36（2）: 123-146.

Louis A, Nenkova A. A Coherence Model Based on Systactic Paterns［C］//Proceedings of the 2012 Joint Conference on Empirical Methods in Natural Language Processing and Computational Natural Language Learning. Jeju Island, Korea, Association for Computational Linguistics, 2012: 12-14.

Mahlberg M. Lexical cohesion: corpus linguistic theory and its application in English language teaching［J］. International Journal of Corpus Linguistics, 2006, 11（3）: 363-383.

María De Los Ángeles Gómez González. A Reappraisal of Lexical Cohesion in Conversational Discourse [J]. Applied Linguistics, 2013, 34 (2): 128-150.

Mann W C, Thompson S A. Rhetorical Structure Theory: Toward a functional theory of text organization [J]. Text, 1988, 8 (3): 243-281.

McCarthy M J. Discourse Analysis for Language Teachers [M]. Cambridge: Cambridge University Press, 1991.

McGee L. Traversing the lexical cohesion minefield [J]. ELT Journal, 2009, 63 (3): 212-220.

McShane M, Babkin P. Automatic Ellipsis Resolution: Recovering Covert Information from Text [J]. Twenty-Ninth AAAI Conference on Artificial Intelligence, 2015, 29 (1): 572-578.

McNamara D, Shapiro A. Multimedia and Hypermedia Solutions for Promoting Metacognitive Engagement, Coherence, and Learning [J]. Journal of Educational Computing Research, 2005, 33 (1): 1-29.

Michael A S, Muthusamy C, Suppiah P C. Cohesion in news articles: A discourse analysis approach [J]. International Journal of Applied Linguistics and English Literature, 2013, 2 (3): 129-133.

Molino A. Personal and Impersonal Authorial References: A Contrastive Study of English and Italian Linguistics Research Articles [J]. Journal of English for Academic Purposes, 2010, 9 (2): 86-101.

Morley J. Lexical cohesion and rhetorical structure [J]. International Journal of Corpus Linguistics, 2006, 11 (3): 265-282.

Murphy G. Personal reference in English [J]. Language in Society,

1988, 17（3）: 317–349.

Nykiel J. The syntax and semantics of elliptical constructions: A direct interpretation perspective [J]. Korea Open Access Journal, 2020, 37（3）: 27–35.

Palmer J C. Coherence and Cohesion in the English Language Classroom: the Use of Lexical Reiteration and Pronominalisation [J]. Relc Journal, 1999, 30（2）: 61–85.

Pitler E, Raghupathy M, Mehta H, et al. Easily identifiable discourse relations [C]//Proceedings of the 22nd International Conference on Computational Linguistics（COLING 2008）Short Papers. Manchester, UK, 2008.

Redeker G. Ideational and pragmatic markers of discourse structure [J]. Journal of Pragmatics, 1990, 14（3）: 367–381.

Reinhart T. Conditions for Text Coherence [J]. Poetics Today, 1980, 1（4）: 161–180.

Renkema J. Introduction to Discourse Studies [M]. Amsterdam: John Benjamins, 2004.

Sanders T, Spooren W, Leo G, et al. Toward a taxonomy of coherence relations [J]. Discourse Processes, 2009, 15（1）: 1–35.

Sanders T, Spooren W, Noordman L. Toward a taxonomy of coherence relations [J]. Discourse Processes, 1992, 15（1）: 1–35.

Schumacher P, Jargen G, Dangl B M. Backward- and Forward-Looking Potential of Anaphors [J]. Frontiers in Psychology, Psychology of Language, 2015（6）: 1–14.

Shin J, Gierl M J. Evaluating Coherence in Writing: Comparing the Capacity of Automated Essay Scoring Technologies [J]. Journal of

Applied Testing Techonogy, 2022, 23(1): 1-19.

Sutrisno A, Sumarsih. Grammatical Cohesion in Writing Narrative Text at Tenth Grade Students' at Vocational High School SMK Swasta Putra Jaya Stabat[J]. Register Journal of English Language Teaching of FBS-Unimed, 2018, 21(3): 55-65.

Suyanu, Rusdiawan, Sumerep A Z. The use of language elements in the creation of coherences in discourse[J]. International Journal of Linguistics, Literature and Culture, 2017, 15(1): 15-30.

Taboada M. Building Coherence and Cohesion: Task-oriented dialogue in English and Spanish[M]. Amsterdam: John Benjamins, 2004.

Taboada M. Discourse markers as signals (or not) of rhetorical relations[J]. Journal of Pragmatics, 2006(38): 567-592.

Tanskanen S K. Collaborating towards Coherence: Lexical Cohesion in English Discourse[M]. Amsterdam: John Benjamins, 2006.

Thomas A L. Ellipsis: The interplay of sentence structure and context[J]. Lingua, 1979, 47(1): 43-68.

Thompson G. Introducing Functional Grammar (3rd ed)[M]. London: Routledge, 2014.

Tyler A. The role of repetition in perceptions of discourse coherence[J]. Journal of Pragmatics, 1994, 21(6): 671-688.

Uz I. Individualism and First Person Pronoun Use in Written Texts Across Languages[J]. Journal of Cross-Cultural Psychology, 2014, 45(10): 1671-1678.

Van Dijk T A. Discourse and Power[J]. Discourse & Society, 1993, 4(2): 243-288.

Vechtomova O, Karamuftuoglu M, Robertson S. On document relevance and lexical cohesion between query terms[J]. Information Processing & Management, 2006, 42(5): 1230-1247.

Vuchinich S. Elements of Cohesion Between Turns in Ordinary Conversation[J]. Semiotica, 1977, 20(3): 229-256.

Webber B, Stone M, Joshi A, et al. Anaphora and Discourse Structure[J]. Computional Linguistics, 2003, 29(4): 545-587.

曹亚北. 上古汉语代词"之"的间接回指[J]. 中国语文, 2023(1): 46-61, 127.

曹烨华. 浅析照应在广告语篇中的使用[J]. 现代语文（学术综合版）, 2016(4): 126-127.

陈共驰, 荣欢, 马廷淮. 面向连贯性强化的无真值依赖文本摘要模型[J]. 计算机科学与探索, 2022, 16(3): 621-636.

陈海艳, 潘文婕. 维吾尔语语篇的语法衔接方式探微[J]. 双语教育研究, 2017, 4(4): 52-61.

陈蒙, 甄珍. 来华预科生医学汉语教材与本科生医学专业教材的词汇衔接度研究[J]. 医学教育研究与实践, 2023, 31(2): 194-199.

陈巧静. 新话语标记"咱就是说"探微[J]. 汉字文化, 2023(17): 125-127.

陈伟济. 语篇连贯：翻译研究的本体回归[J]. 齐齐哈尔大学学报（哲学社会科学版）, 2021(6): 139-143.

程晓堂, 王璐. 语篇中的概念连贯问题[J]. 当代外语研究, 2011(4): 9-14, 60.

蔡晨. 语篇连贯和人称叙事对外语学习者阅读推论表现的影响[J]. 北京第二外国语学院学报, 2023, 45(2): 74-87.

崔璇.《春江花月夜》英译文本语篇衔接手段的研究[J]. 牡丹江大学

学报，2015，24（10）：129-131.

董剑桥．超文本结构与意义连贯性［J］．南京师大学报（社会科学版），2003（1）：148-154.

高增霞．重动式同形回指假说［J］．世界汉语教学，2023，37（3）：330-340.

葛节丽．中英学术期刊论文摘要的衔接对比研究［J］．现代英语，2021（6）：118-120.

关永皓．基于语篇连贯视角的《习近平谈治国理政》日译研究［D］．天津：天津外国语大学，2021.

何维．顺应论视角下《故都的秋》语篇衔接与连贯的分析——以张培基译本为例［J］．山西青年，2020（10）：150.

何伟，马宸．生态语言学视角下的衔接与连贯［J］．北京第二外国语学院学报，2020，42（2）：26-45.

黄国文．语篇中的组合衔接［J］．当代修辞学，2023（3）：7-12.

黄忠廉．汉译语篇组构衔接隐显问题——以关联词为例［J］．外国语文研究，2021，7（5）：55-64.

黄晓燕．缅甸学生汉语语篇照应的偏误研究——基于HSK动态作文语料库［J］．语文学刊，2014（9）：16-18，103.

黄衍．Aspects of anaphora in Chinese and in some Germanic, Romance, and Slavic languages, the 'syntactic' versus 'pragmatic' language typology, and neo-Gricean pragmatics［J］．外语教学与研究，2015，47（5）：673-694.

黄衍．从五百多种语言看回指：乔姆斯基句法学与新格赖斯语用学的冲突［J］．华夏文化论坛，2019（2）：3-17.

胡佳倩，王松林．英汉动物名称上下义词差异性研究［J］．现代语文，2019（3）：95-100.

胡翔羽，胡健．杜甫诗及其译文语法衔接手段对比分析［J］．安徽理工大学学报（社会科学版），2020，22（2）：71-74．

贾光茂．英汉约束照应中浮现现象的认知语法研究［J］．现代外语，2023，46（6）：769-780．

李冰．《儒林外史》及其英译本人称照应衔接手段对比［J］．西安航空技术高等专科学校学报，2011，29（2）：73-76．

李奉栖．翻译硕士专业（MTI）学生汉英翻译中的语篇衔接问题研究［J］．外语教学理论与实践，2021（1）：138-152．

李洪坤，白解红．我国语篇连贯研究25年：回顾与思考［J］．外国语言与文化，2019，3（1）：147-156．

李璐．英汉新闻语篇照应分析［J］．黑龙江教育学院学报，2018，37（4）：121-123．

李敏．初级阶段留学生汉语语篇衔接与连贯特征分析［J］．汉字文化，2022（S1）：178-180．

李维静，许家金．中国大学生英语话语标记序列组合规律及语用功能研究［J］．外语界，2023（5）：40-48．

李万轶．认知模型及认知语境对语篇连贯性构建的重要性［J］．北京第二外国语学院学报，2006（6）：19-23．

李佐文，梁国杰．论语篇连贯的可计算性［J］．外语研究，2018，35（2）：27-32．

梁凯．否定话语标记"少来"的立场表达与语义浮现［J］．语文学刊，2023，43（5）：54-60．

梁茂成．学习者书面语语篇连贯性的研究［J］．现代外语，2006（3）：284-292，330．

刘国兵．词汇衔接理论视角下的英语学习者书面语语篇连贯评价研究［J］．中国外语教育，2016，9（2）：33-43，88．

刘凯，王红玲. 基于篇章修辞结构的自动文摘连贯性研究［J］. 中文信息学报，2019，33（1）：77-84.

刘梁强. 话语标记"不是"：从话语修正到话语推进［J］. 汉语学习，2023（5）：103-112.

刘文. 从语篇衔接理论看政治类文献外译——以《2020年政府工作报告》为例［J］. 翻译研究与教学，2021（1）：106-110.

刘衍. 《爱丽丝漫游奇遇记》原著与八个简写本易读度研究：系统功能语言学照应视角［J］. 北京科技大学学报（社会科学版），2019，35（3）：20-29.

刘泽权，丁立. 语篇衔接变异的翻译策略研究——以《尤利西斯》第18章为例［J］. 上海翻译，2022（1）：82-87.

吕爽. 《HSK标准教程5》语篇衔接手段研究［J］. 汉字文化，2023（24）：97-99.

马嘉. 文学翻译的多维连贯性和小说翻译批评——兼评杨译《名利场》的文体连贯性［J］. 解放军外国语学院学报，2004（2）：68-71，117.

毛科文，徐豪蔓. 《红楼梦》汉英上下义词的对比研究［J］. 汉字文化，2022（7）：132-133.

彭德晶，吴嘉平. 政治文献中汉英语法衔接手段的对比与翻译——以《2015年政府工作报告》及其英译本为例［J］. 现代语文（语言研究版），2016（8）：155-158.

彭一平，胡韧奋，吴继峰. 汉语语篇衔接特征的自动分析和应用研究［J］. 语言文字应用，2023（1）：114-129.

浦妤. 《屋顶丽人》中的衔接照应研究［J］. 中国多媒体与网络教学学报（上旬刊），2019（11）：224-225.

齐畅，邓瑶. 谈话语体中"人们常说"的话语功能探析［J］. 汉字文化，2023（21）：142-146.

单艾婷. 日本学生汉语议论文照应衔接偏误分析［J］. 汉日语言对比研究论丛，2020（00）：307-318.

商艳芝. 从语篇衔接入手培养学生的英语书面表达能力［J］. 教学与管理，2015（27）：87-90.

石秀文，吕明臣. 认知——同声传译语篇连贯新视角——《论同声传译过程中语篇连贯——基于理想化认知模型》述评［J］. 上海翻译，2016（5）：89-93.

唐碧霞. 超文本语篇的连贯性缺失［J］. 外语电化教学，2007（3）：28-32.

汤世平，樊孝忠，朱建勇. 基于潜在语义分析的文本连贯性分析［J］. 计算机应用与软件，2008（2）：95-96.

滕延江，卢卫中. 语篇连贯的转喻认知机制［J］. 当代外语研究，2011（9）：21-25，60.

田佳欢. 语篇衔接理论在高中英语写作教学中的应用研究［D］. 哈尔滨：哈尔滨师范大学，2023.

王克友. 翻译中的语体风格、修辞意图与文本连贯性［J］. 解放军外国语学院学报，2010，33（1）：57-61.

王洪亮，绪可望. 语篇衔接与连贯认知分析理论及范式问题探究［J］. 东北师大学报（哲学社会科学版），2021（5）：49-55.

王金花，庞中兰. 英语专业学生议论文的语篇衔接手段分析［J］. 齐齐哈尔大学学报（哲学社会科学版），2016（2）：139-143.

王倩，梁君英. 空代词和显性代词在语篇回指中的分工机制研究［J］. 外国语（上海外国语大学学报），2020，43（1）：2-12.

王瑞明，吴迪，邹艳荣，等. 连贯性对文本表征意识性的影响［J］. 心理学报，2011，43（10）：1114-1123.

王晓滨．英汉语篇语法衔接文化手段对比及其翻译策略［J］．边疆经济与文化，2018（5）：94-95．

魏在江．概念转喻与语篇连贯——认知与语篇的界面研究［J］．外国语文，2010，26（2）：57-61．

吴天怡．照应关系在高考英语写作范文中的应用研究——以2020—2023年为例［J］．英语教师，2023，23（13）：155-157，177．

谢晓明，陈晨．概述回指与副词"大体"的形成——兼论"大X"类范围副词的平行虚化［J］．语言研究，2022，42（4）：29-36．

解月，任伟．不同英语水平学生的段落连贯元语用能力研究［J］．语言学研究，2021（1）：18-30．

徐凡，王明文，谢旭升，等．基于主位—述位结构理论的英文作文连贯性建模研究［J］．中文信息学报，2016，30（1）：115-123．

杨丽．写作过程中衔接手段的使用问题——一项基于语言水平的相关性研究［J］．大学英语（学术版），2015，12（2）：25-30．

杨素琴．叙事性散文中英汉衔接手段的不同［J］．语文学刊（外语教育教学），2014（6）：10-11．

杨艳华．英语语法衔接手段在《南方史诗论》英译中的应用［J］．大连民族大学学报，2020，22（4）：352-356．

杨志亭．认知叙事学视域中语篇连贯的翻译重构［J］．外国语文，2021，37（1）：105-112．

原晋钰，高玉芳．计算机类论文摘要机器翻译中的语篇衔接问题［J］．中国新通信，2022，24（5）：69-71．

余东．论翻译文本连贯的真与伪［J］．外国语文，2016，32（6）：122-127．

曾丽娟，齐沪扬．韩国学生汉语语篇指称习得研究［J］．华文教学与研究，2021（3）：79-87．

曾丽娟，梁卓．韩国学生汉语语篇NP省略习得及分级教学研究［J］．语言文字应用，2022（4）：103-115．

詹芳琼．从构式角度看立场话语标记"本来"的形成［J］．清华语言学，2023（0）：113-132．

张超，梁文花．二语写作文本流利度与语篇衔接的多维交互模式［J］．外语教学与研究，2022，54（4）：557-568，639-640．

张建华．DST视域下的EFL学习者作文语篇连贯发展个案研究［J］．中国外语教育，2016，9（3）：47-55，96．

张静，张伟年，邓静子．同声传译译文衔接系统的显化研究［J］．浙江外国语学院学报，2023（5）：75-83．

张玮，马涛．语篇连贯的认知研究：理论回顾与模式探索［J］．外语与外语教学，2010（2）：49-53．

张新杰，邱天河．语篇连贯构建的动态模式［J］．外国语文，2010，26（1）：79-87．

张铱．上下义词在党政文献外译中的应用研究［J］．民族翻译，2022（3）：20-27．

张域．中国学生英语写作中的语篇问题及其成因与对策分析［J］．现代英语，2022（8）：115-118．

赵婷．电视谈话语篇的词汇衔接研究——以《面对面》电视专题谈话语篇为例［J］．作家天地，2023（3）：104-106．

甄凤超．基于解读过程的语篇连贯分析技术及其应用［J］．当代修辞学，2023（6）：34-46．

周强，周骁聪．基于话题链的汉语语篇连贯性描述体系［J］．中文信息学报，2014，28（5）：102-110．

朱钰麒，熊文新．基于小句复合体理论的汉语中介语语篇连贯性探讨［J］．语言教学与研究，2023（1）：1-11．

附录1

中国英语学习者衔接的案例分析[①]

一、A2水平

1. W_CHN_PTJ0_038_A2_0

类别	子类别	数量
参照手段	个人参照	出现2次。 例1：They think that many students gain experience from part-time job. 例2：As for me, I think the main task of students is to study hard and learn important knowledge. 分析：例1和例2使用了个人参照手段，例1中的"They"是人称代词，其指的是认为兼职对于学生来说是有好处的人，他们认为学生能从兼职中获取经验。例2中的"me"是人称代词，引出自己的观点，认为学生的主要任务应该是努力学习。
	指示参照	无
	比较参照	无
	泛指	出现14次。 例：Some people think there are some advantages if students take part-time jobs. 分析：上例中的"people"是一个泛指，表示"一些人"或"有些人"，通过使用"people"，句子表达了存在一部分人持有某种观点或看法，即认为"学生做兼职工作有一些优势"。而"students"则明确了讨论的主体或对象是学生。这使得观点或看法更加具体和明确，即是关于学生做兼职工作的好处。

[①] 由于篇幅的限制，这里只举例20篇，每个水平各5篇。

续表

类别	子类别	数量
替代手段	名词替代	无
	词组替代	无
	句子替代	无
省略手段	名词省略	出现1次。 例：So some <u>students</u> now have some problems with study and some even don't go to class on time. 分析：上例中省略了students，本句意在说明兼职对学生的影响，通过省略名词，可以避免重复。
	动词省略	无
	句子省略	无
连词手段	并列连词	出现2次。 例1：<u>But</u> after-school work has brought a lot of problems. 例2：For example, some students all the time think of their part-time jobs <u>and</u> cannot decide study is more important now. 分析：例1中的"But"起到了转折作用，从上文提到兼职的好处转折到兼职带来不好的影响。例2中的"and"连接了两个语法地位相同的成分。
	从属连词	出现1次。 例：Some people think there are some advantages <u>if</u> students take part-time jobs. 分析：上例中的"if"连接了主句和从句，通过假设从而引出相对应的结果。
	关联连词	无
	连接副词	无
词汇连贯性手段	词汇重复	无
	同义词和近义词	无
	反义词	无
	"搭配"或"词语搭配"	无
	上下义词	无

分析：在深入分析上文后得到了一些关于其衔接手段使用情况的有趣发现。

首先，文本中最显著的特点是泛指手段的高频使用，共出现了14次。这种频繁的应用显著减少了句子中的冗余和重复，极大地帮助句子保持了简洁性和清晰度。通过指代先前提及的概念或信息，泛指手段有效地避免了不必要的重复表述，从而为读者提供了更加流畅和易于理解的阅读体验。

其次，尽管个人参照手段、并列连词手段、名词省略手段和从属连词手段在文本中的使用频率相对较低，但这并不减少它们在英语语篇中的重要性。这些衔接手段各自以独特的方式协助增强文本的连贯性、逻辑性和易读性。例如，个人参照手段通过直接指向特定的人或群体，增强了叙述的直接性和亲切感；并列连词手段通过连接两个或多个相等的语言元素，增强了文本的结构性；名词省略手段通过避免重复名词的使用，进一步提升了句子的简洁性；而从属连词手段则通过引入从句来提供额外的信息或建立逻辑关系，丰富了文本的内容和深度。

最后，分析指出文本中未使用的衔接手段，包括指示参照、比较参照、替代手段、动词省略、句子省略以及词汇连贯性手段。虽然这些手段在本篇语篇中未被运用，它们在其他文本或语境中的作用同样不容忽视。这些衔接手段能够在不同层面上辅助文本的连贯性和理解。例如，指示参照手段可以帮助明确指向文中的特定内容，比较参照手段有助于突出不同事物或概念之间的相似性或差异性，而替代手段则提供了变换表达方式的可能性，增加了文本的多样性和灵活性。动词省略和句子省略手段有助于减少不必要的重复，使文本更加紧凑，词汇连贯性手段则通过一致的或相关的词汇使用增强了文本的整体流畅性和一致性。

2. W_CHN_PTJ0_046_A2_0

类别	子类别	数量
参照手段	个人参照	出现2次。 例1：Nowadays, college students want to have a part-time job during <u>their</u> study periods. 例2：To have a part-time job or not, <u>it</u> all depends on your personal abilities. 分析：例1中的"their"属于形容词性物主代词，其指代的是大学生们的，通过代指能够避免重复。例2中的"it"属于人称代词，其指代的是一种选择即是否兼职，这取决于个人能力。
	指示参照	无
	比较参照	出现1次。 例：I think everything has two aspects <u>like</u> one coin has two sides. 分析：上例中的"like"意为"像……一样"，这句话表达的意思是任何事情具有两面性，就像一个硬币有两面一样。其使用了类比的手法，通过类比来引用文本中的内容，从而表达自己的观点。
	泛指	出现6次。 例：Nowadays, <u>college students</u> want to have a part-time job during their study periods. 分析：上例通过使用"college students"，泛指正在接受高等教育的学生这一群体。
替代手段	名词替代	无
	词组替代	无
	句子替代	无
省略手段	名词省略	无
	动词省略	无
	句子省略	无
连词手段	并列连词	出现1次。 例：From now on, college becomes more <u>and</u> more market focus <u>and</u> a college student must be provided with variety of skills. 分析：上例中使用了两次"and"，第一个"and"是比较级的使用，是一种固定搭配，故不符合连词衔接手段；第二个"and"连接的是前后两个语法地位相同的部分，符合连词衔接手段。

续表

类别	子类别	数量
连词手段	从属连词	出现 1 次。 例：There are other college students believe that college is a study place, so they consider that <u>if</u> we spend much time in doing a part-time job, we may delay our school works. 分析：上例中的"if"意为"如果"，其引导条件状语从句，表示在某个条件下会产生的结果。本句引导的前提条件是"如果我们花太多时间在兼职上"，从而产生的结果是"我们的学业会被拖后腿"。
	关联连词	无
	连接副词	无
词汇连贯性手段	词汇重复	无
	同义词和近义词	无
	反义词	无
	"搭配"或"词语搭配"	无
	上下义词	无

分析：在对上文进行仔细分析后，对其使用的衔接手段有了更加深入的理解。

首先，泛指手段在这篇文章中显得尤为突出，共出现了6次。这种手段通过引用或暗示文中先前提及的信息，有助于避免句子中的冗余和重复，从而使得句子结构更加简洁和清晰。这样的写作策略不仅提高了文章的信息传达效率，也优化了读者的阅读过程，使其更容易理解和跟随作者的思路。

其次，文中相对较少使用的衔接手段包括个人参照手段、比较参照手段、并列连词手段和从属连词手段。这些手段在构建英语文本的连贯性、逻辑性和整体表达效果方面扮演着重要角色。个人参照手段通过使用第一人称、第二人称或第三人称代词，帮助明确叙述的主体，增加文本的个性化和互动性；比较参照手段通过对比或相似性的说明，加深读者对于文中信息的理解和认识；并列连词手段如"and""but""or"等用于连接相同或不同的概念，增加了句子的复杂度和层次性；从属连词手段则通过引入因果、条件等关系，丰富了文本的逻辑结构。

最后，分析发现，文本中未采用的衔接手段包括指示参照手段、替代手段、省略手段、关联连词手段、连接副词手段和词汇连贯性手段。这些手段的缺席可能限制了文本在某些方面的表达能力和连贯性。例如，指示参照手段有助于更明确地指向文中的特定信息，强化了语篇的指向性和焦点；替代手段提供了表达相同信息的不同方式，增加了文本的变化性和丰富性；省略手段可以去除多余的信息，使句子更加精炼；关联连词手段和连接副词手段则有助于建立句子或段落间的逻辑联系，增强文本的流畅性和理解度；词汇连贯性手段通过保持词汇的一致性，增强了文本的整体协调性和易读性。

3. W_CHN_PTJ0_050_A2_0

类别	子类别	数量
参照手段	个人参照	出现2次。 例1：People usually believe that studying is the main task to students but not earning money. I really agree with it. 例2：It cannot be denied that one may succeed with a substantial income in the future. 分析：例1中的"it"是人称代词，其指代的是作者赞同前面出现的观点即"认为学生的主要任务应当是学习而不是赚钱"；例2中的"It"指向一个可以被否认的事实即"一个人可能会在未来获得可观的收入。"通过使用人称代词进行指代前面出现过的内容可以避免表达重复。
	指示参照	无
	比较参照	无
	泛指	出现6次。 例：Some people guess that doing a part-time job can acquire many benefits, such as income, living experiments, etc. 分析：上例中的"people"是一个泛指，表示"一些人"或"有些人"，而不是特指某一个具体的群体或个体。

续表

类别	子类别	数量
替代手段	名词替代	无
	词组替代	无
	句子替代	无
省略手段	名词省略	无
	动词省略	无
	句子省略	无
连词手段	并列连词	出现1次。 例：People usually believe that studying is the main task to students <u>but not</u> earning money. 分析：上例中的"but"是一个连词，表示对比或转折关系。它连接了两个相对立或对比的概念或情况。通过使用"but"这个词，句子表达了一个对比关系，即尽管学习是学生的主要任务，但赚钱并不是。
	从属连词	出现1次。 例：<u>Though</u> every coin has two sides, I believe that disadvantages of doing a part-time job outweigh its advantages. 分析：上例中的"Though"是一个从属连词，用于引导让步状语从句。这个从句的目的是表达一种让步或对比关系，即尽管某个情况或事实存在，但说话者仍然坚持另一种观点或看法。句中说话者认为兼职工作的缺点超过了其优点。
	关联连词	无
	连接副词	出现3次。 例1：<u>However</u>, it pays us a large quantity of time and energy for the jobs. 例2：<u>In addition</u>, colleges are the place where we learn knowledge. 例3：<u>Thus</u>, knowledge plays an important role in our life. 分析：例1中的"However"起到了连接和转折的作用，其表示句子中前后两部分之间的对比或转折关系。例2中的"In addition"表示额外的信息或进一步的说明，用于引出与前文相关或补充的内容即"除了之前提到的内容之外，大学还是我们学习知识的地方。"例3中的"Thus"用于连接前文的论述和结论，表示由于前文所提到的某些原因或条件，可以得出"知识在我们的生活中扮演着重要角色"这一结论。

续表

类别	子类别	数量
词汇连贯性手段	词汇重复	无
	同义词和近义词	无
	反义词	无
	"搭配"或"词语搭配"	无
	上下义词	无

分析：在对上文的衔接手段进行详细分析后可以明确看到几个关键的发现。

首先，泛指手段在这篇文章中得到了频繁的应用，总共使用了6次。通过泛化引用之前提到的概念或信息，这种手段显著减轻了语言表达的冗余和重复，从而帮助文章保持了高度的简洁性和清晰度。这种方法不仅提高了信息的传达效率，也使得阅读体验更加流畅和愉快。然而，分析也揭示了文中对某些衔接手段的较少使用，包括连接副词手段、个人参照手段、并列连词手段以及从属连词手段。这些衔接手段在构建英语文本的连贯性、逻辑性和整体表达效果方面扮演着不可或缺的角色。例如，连接副词（如"therefore""however"）有助于明确句子之间的逻辑关系，个人参照手段（使用"I""you""he/she/it"等代词）能够增加叙述的个性化和直接性，而并列连词和从属连词则分别用于连接并列结构和构建复杂的句子关系，丰富文本的内容和深度。

其次，分析还指出了文本中未涉及的几种衔接手段，包括指示参照手段、比较参照手段、替代手段、省略手段、关联连词手段和词汇连贯性手段。这些手段各自在提高文本的连贯性、增强逻辑性和优化阅读理解方面具有独特的价值。例如，指示参照手段通过清晰指向特定的内容或概念，有助于读者更好地追踪和理解文本；比较参照手段能够突出展示不同事物之间的相似性或差异性；替代手段提供了表达同一思想的不同方式，增加了文本的多样性；省略手段通过去除多余的信息，使句子更加紧凑；关联连词（如"moreover""furthermore"）则用于添加新信息，强化已有论点；词汇连贯性手段通过保持用词的一致性，增强了文本的整体连贯性。

4. W_CHN_PTJ0_058_A2_0

类别	子类别	数量
参照手段	个人参照	无
	指示参照	出现1次。 例：Finding work is good way to stop this from happening. 分析：上例中的"this"是指示代词，其代指前文提到的"many bad habits"（许多坏习惯）。通过使用代词"this"，句子避免了重复提到"many bad habits"，使得句子更加简洁明了。
	比较参照	无
	泛指	出现7次。 例：What's more, many people destroy their future for the lack of enough things to do. 分析：上例中的"people"是一个泛指，表示"一些人"或"有些人"，而不是特指某一个具体的群体或个体。
替代手段	名词替代	无
	词组替代	无
	句子替代	无
省略手段	名词省略	无
	动词省略	无
	句子省略	无
连词手段	并列连词	出现1次。 例：These people feel bored and don't know what to do after being set free suddenly. 分析：上例中的"and"是一个连词，用于连接两个并列的句子成分，表示它们之间的并列关系。"and"强调了这些人同时感到无聊和不知所措，从而更加清晰地传达了作者的观点。
	从属连词	出现1次。 例：Because this is the time you needn't worry about too much life problems and have many chances to obtain new things. 分析：上例中的"Because"是一个连词，用于引导原因状语从句，表示主句和从句之间的因果关系。"Because"的作用是明确指出从句是主句的原因，即由于现在是一个你不必过多担心生活问题的时刻，所以你有很多机会去获得新的东西。

续表

类别	子类别	数量
连词手段	关联连词	无
	连接副词	出现1次。 例：What's more, many people destroy their future for the lack of enough things to do. 分析：上例中的"What's more"用于引出另一个与前文相关的观点或情况，即许多人因为缺乏足够的事情去做而毁了自己的未来。这个额外的信息进一步支持或强调了前文提到的某种情况或观点。
词汇连贯性手段	词汇重复	无
	同义词和近义词	无
	反义词	无
	"搭配"或"词语搭配"	无
	上下义词	无

分析：在深入分析上文中的衔接手段使用情况后发现，该文本在确保句子简洁和清晰方面高度依赖泛指手段，其共被使用了7次。通过泛化地引用前文中的人物、概念或事件，泛指手段有效地减轻了语言表达的冗余和重复，为读者提供了一个更加流畅和易于理解的阅读体验。然而，相对于泛指手段的频繁使用，文本在其他几个关键衔接手段上的应用显得较为缺乏。特别是连接副词手段、指示参照手段、并列连词手段和从属连词手段，这些在英语文本中扮演着促进连贯性、增强逻辑性和改善表达效果的重要角色。

此外，未在上文中使用的衔接手段，包括个人参照手段、比较参照手段、替代手段、省略手段、关联连词手段和词汇连贯性手段，同样对于提高文本的连贯性和易读性具有不可忽视的价值。例如，个人参照手段可以使叙述更加生动和个性化；比较参照手段有助于明确展示两个或多个事物之间的相似性或差异性；替代手段为表达提供了灵活性，省略手段有助于避免不必要的重复，从而使文本更加精炼；关联连词如"moreover""furthermore"可以为论述增添额外信息，增强论点的力度；词汇连贯性手段通过维持用词的一致性，帮助保持了文本的主题焦点和流畅性。

5. W_CHN_PTJ0_117_A2_0

类别	子类别	数量
参照手段	个人参照	出现1次。 例：First of all, taking part-time jobs make young people more independent, which is important for their further development. 分析：上例中的"their"是形容词性物主代词，其指代的是年轻人，本句表达了兼职能够让年轻人更加独立从而更利于他们的长远发展。使用代词能够避免表达重复。
	指示参照	无
	比较参照	无
	泛指	出现7次。 例：Nowadays, more and more college students are taking part-time jobs. 分析：上例中的"college students"这一泛指表达，句子描绘了一个普遍现象，即越来越多的大学生正在做兼职工作。泛指避免了提及具体的大学或特定的学生群体。
替代手段	名词替代	无
	词组替代	无
	句子替代	无
省略手段	名词省略	无
	动词省略	无
	句子省略	无
连词手段	并列连词	出现1次。 例：we can meet more people from a part-time job and many of them can help us. 分析：上例中的"and"是一个连词，用于连接两个并列的句子成分，它表明，通过做兼职工作，我们不仅能够遇到更多的人，而且其中很多人还能帮助我们。
	从属连词	出现1次。 例：Because what we learned from the society is what we are going to face. 分析：上例中的"Because"是一个连词，用于引导原因状语从句，表明主句和从句之间的因果关系。它连接了从句"what we learned from the society"和主句"what we are going to face"，表示我们从社会上学到的东西正是我们将来要面对的。

续表

类别	子类别	数量
连词手段	关联连词	无
	连接副词	出现1次。 例：However, I do not mean that high school study is not important. 分析：上例中的"However"用于表示与前文所述内容相反或不同的观点或情况。尽管前文可能讨论了高中学习的重要性，但通过使用"However"，作者明确表示自己并不持有这一观点，而是有另一种看法或立场。
词汇连贯性手段	词汇重复	无
	同义词和近义词	无
	反义词	无
	"搭配"或"词语搭配"	无
	上下义词	无

分析：在对上文的衔接手段进行细致分析后发现，泛指手段的使用尤为频繁，共计出现了7次。这种手段通过引用或暗指文中先前提及的信息，有效地减少了句子中的冗余和重复，为句子结构的简洁性和明了性做出了重要贡献。泛指手段的高频使用不仅优化了信息的传递，也提高了文本的阅读效率，让读者能够更加顺畅地跟随作者的思路。然而，文本在运用其他衔接手段方面表现得较为保守。其中，连接副词手段、个人参照手段、并列连词手段和从属连词手段的使用相对较少。这些衔接手段在英语语篇中扮演着至关重要的角色，它们分别负责搭建句子之间的逻辑桥梁、明确指出讨论的主体、连接并列结构以及构建复杂的句子结构，从而在提升文本的连贯性、逻辑性和表达效果方面发挥着不可或缺的作用。

此外，文中未出现的衔接手段，包括指示参照手段、比较参照手段、替代手段、省略手段、关联连词手段和词汇连贯性手段，虽然在本文中未被显著利用，但在其他语境下它们对于增强文本的流畅性和可理解性具有重要意义。这些衔接手段各自具备独特的功能，如指示参照手段可以帮助读者更好地追踪文本中的特定信息或概念，比较参照手段能够突出不同元素之间的相似性或差异性，而替代手段和省略手段则分别提供了表达多样性和句子简洁性的可能性。关联连词手段通过引入附加信息或强调先前点述的内容，增强了论述的连贯性和深度，而词汇连贯性手段则通过使用一致的或相关的词汇来维护主题的一致性和文本的流畅性。

二、B1-1水平

1. W_CHN_PTJ0_073_B1_1

类别	子类别	数量
参照手段	个人参照	无
	指示参照	无
	比较参照	无
	泛指	出现7次。 例：Many people regard that college students should do some part time job because college students should come into contact with society. 分析：上例中的"people"是一个泛指，表示"一些人"或"有些人"，而不是特指某一个具体的群体或个体。
替代手段	名词替代	无
	词组替代	无
	句子替代	无
省略手段	名词省略	无
	动词省略	无
	句子省略	无

续表

类别	子类别	数量
连词手段	并列连词	出现2次。 例1：But I oppose college student only do some part time job but not do their theoretical knowledge well. 例2：College student have taken 12 years education in primary school and middle school and they have no chance to come into contact with society. 分析：例1中的"but"是一个连词，用于连接两个相对立或对比的概念或行为。在这个例子中，它对比了"college students only doing some part-time jobs"（大学生只做兼职工作）和"not doing their theoretical knowledge well"（没有做好理论知识的学习）。例2中的"and"连接了两个并列的短语或句子，即"College students have taken 12 years of education in primary school and middle school"和"they have no chance to come into contact with society"。这两个部分都是描述大学生的情况。
	从属连词	出现4次。 例1: Many people regard that college students should do some part time job because college students should come into contact with society. 例2：Many students don't want to do their college homework, so the part-time job became the best excuse of tier lazy. 例3：if we have more time and energy, we can do some part time job for earning some money, accumulating social experience and so on. 例4：if have some problem in our college study like studying or students' union, we should do our schoolwork first. 分析：例1中的"because"是一个连词，用于表示原因或理由，连接两个句子或句子成分，其解释为什么很多人认为大学生应该做兼职工作的原因。例2中的"so"用于表明两个句子之间的因果关系。它连接了"Many students don't want to do their college homework"（很多学生不想做大学作业）和"the part-time job became the best excuse for their laziness"（兼职工作成为了他们懒惰的最佳借口）两个句子，表示学生不想做作业导致了兼职工作成为懒惰的借口。例3中的"if"用于引入一个假设的条件，即"我们如果有更多的时间和精力"。这个条件状语从句说明了后面主句动作发生的前提条件。例4中的"if"用于引入一个假设的条件，即"如果我们在大学学习中遇到问题，无论是学习上的问题还是学生会的问题"。这个条件状语从句设定了一个前提条件，用于说明接下来主句中的行为或建议。
	关联连词	无
	连接副词	无

续表

类别	子类别	数量
词汇连贯性手段	词汇重复	无
	同义词和近义词	无
	反义词	无
	"搭配"或"词语搭配"	无
	上下义词	无

分析：在进一步探讨文本中衔接手段的应用时，我们发现，该篇语篇虽然有效运用了泛指手段，达到了6次之多，但却忽略了一系列其他重要的衔接技巧。泛指手段的高频使用凸显了其在避免语言冗余和重复方面的重要性。它通过泛化引用之前提及的人、地、事等信息，帮助句子保持了必要的简洁性和清晰度。这种方法不仅减少了重复性的描述，也使文本整体更加紧凑和流畅。尽管泛指手段的应用对于维持语篇的连贯性和清晰度发挥了积极作用，但文本中对并列连词和从属连词的使用较少，这在一定程度上限制了文本在表达复杂思想和构建复杂句式结构方面的潜力。并列连词（如"and""but""or"）用于连接具有相同语法地位的单词、短语或句子，帮助构建平行结构，增强了句子之间的联系和文本的流畅性。从属连词（如"because""although""if"）则引导从句，建立主从句之间的逻辑关系，增加了句子的复杂性和深度，对展示原因、对比、条件等关系至关重要。

此外，该文本中未使用的衔接手段还包括指示参照手段、连接副词手段、个人参照手段、比较参照手段、替代手段、省略手段、关联连词手段以及词汇连贯性手段。每一种手段都有其独特的功能和应用场景，能够在不同的上下文中提高文本的连贯性、逻辑性和表达效果。例如，指示参照手段通过指代文中先前提及的内容，增强了文本的聚焦性和连贯性；连接副词表达了句子之间的逻辑关系，如因果、转折或顺承，增加了文本的逻辑性；个人参照手段通过直接指代特定的人物，使叙述更加直接和个性化；而词汇连贯性手段则通过使用同义词或关联词汇，增强了文本主题或概念的一致性和连贯性。

2. W_CHN_PTJ0_079_B1_1

类别	子类别	数量
参照手段	个人参照	无
	指示参照	出现1次。 例：As it is known to all, college in China has offer students a circumstance with rather strict rules and schedule. That means, we will get more part-time and most of us will spent part time on playing. 分析：上例中的"that"是一个代词，用于指代前面提到的某个名词或句子，以避免重复。在这里，"that"代指前面提到的"college in China has offered students a circumstance with rather strict rules and a schedule"。
	比较参照	无
	泛指	出现6次。 例：As it is known to all, college in China has offer students a circumstance with rather strict rules and schedule. 分析：上例中的"college students"是一个泛指名词。这里的"college students"并不特指某一群特定的大学生，而是泛指所有正在接受高等教育的学生。
替代手段	名词替代	无
	词组替代	无
	句子替代	无
省略手段	名词省略	无
	动词省略	无
	句子省略	无
连词手段	并列连词	出现1次。 例：But compared to the benefits it brings, these disadvantages can be ignored. 分析：上例中的"but"用于连接两个相对立的观点或情况，强调它们之间的对比。在这个句子中，它连接了"这些缺点"和"与它所带来的好处相比"。

续表

类别	子类别	数量
连词手段	从属连词	出现1次。 例：While the disadvantages can certainly not be ignored, taking a part-time job sometimes would occupy our classes and rest time. 分析：上例中的"While"用于表示一种让步或对比关系，即尽管存在某些不利因素或缺点（即不能忽略的劣势），但后面提到的行为或情况（即做兼职工作）仍然会发生或存在。
	关联连词	出现1次。 例：Taking a part-time job graduates can not only easily integrate into our society but also more competitive to beat others to get offers to further study. 分析：上例中的"not only…but also"是一个并列结构，用于强调两个并列的动作或状态，并指出它们之间的平等或递进关系。它表明"容易融入社会"和"更具竞争力以击败他人获得深造机会"这两个结果是同样重要的。
	连接副词	出现2次。 例1：However, this opinion is now being questioned by more and more enterprises and experts, who complain that the graduates can barely do anything when they start to work. 例2：In addition, especially for those who want to have further study, those best commercial colleges in the world treasure working experience most. 分析：例1中的"however"用于表示与前文内容相反或相对的情况。在这个句子中，前文可能讨论了毕业生通过做兼职工作能够获得某些好处（如更容易融入社会、更具竞争力等），而"however"则引出了一个与前文相反的观点，即越来越多的企业和专家对这种看法提出质疑。例2中的"In addition"用于提供额外的信息或细节，以帮助读者或听者更全面地了解某个主题或观点。在这个句子中，它补充了关于世界顶尖商学院对工作经验的重视这一额外信息。
词汇连贯性手段	词汇重复	无
	同义词和近义词	无
	反义词	无
	"搭配"或"词语搭配"	无
	上下义词	无

分析：在分析上文时发现，泛指手段在其中被频繁使用，共出现了6次。这种手段的应用有助于提高句子的普遍性和概括性，能够使句子之间

的衔接显得更加自然和流畅。通过引入泛指元素，文本能够以更加高效和经济的方式传达信息，减少不必要的重复，从而使读者更容易抓住主旨。然而，该文本在使用其他衔接手段方面显示出了一定的局限性。例如，连接副词手段、指示参照手段、关联连词手段、并列连词手段和从属连词手段在文中出现较少。这些衔接手段对于建立句子与句子之间的逻辑关系、引导读者理解以及增强文章整体的连贯性和流畅性非常重要。连接副词如"therefore"和"however"可以帮助表明因果关系或对比关系，指示参照手段如"this"和"that"可以明确指出前文提及的内容，从而增强文本的指向性和连贯性。关联连词如"furthermore"和"moreover"有助于添加信息和强化论点，而并列连词和从属连词则分别用于连接相同或不同级别的思想和概念，从而构建更加复杂和细致的叙述结构。

此外，本篇语篇中未涉及的衔接手段，如比较参照手段、替代手段、个人参照手段、省略手段和词汇连贯性手段，在其他文本或上下文中可能非常关键。比较参照手段可以帮助建立不同事物或概念之间的相似性或差异性，替代手段提供了不同选项或视角，个人参照手段有助于增强文本的主观感和亲切感，省略手段可以避免过多的重复，增加文本的精炼度，而词汇连贯性手段则通过使用同义词或近义词增强了文本的一致性和流畅性。

3. W_CHN_PTJ0_111_B1_1

类别	子类别	数量
参照手段	个人参照	出现2次。 例1：It is important for college students to have a part-time job. 例2：Thirdly, during the experience, student's personal ability is strengthened. It covers a wide range of ability to do a part-time job well, such as speaking ability, writing ability, organizing ability and so on. 分析：例1中的"It"是一个形式主语，用于代替后面的真正主语"for college students to have a part-time job"。例2中的"it"指代的是学生在兼职工作中所得到强化的个人能力。通过使用"it"，句子避免了重复提到"personal ability"，使句子更加简洁明了。

续表

类别	子类别	数量
参照手段	指示参照	无
	比较参照	无
	泛指	出现 11 次。 例：For example, having a part-time job such as selling is a good chance to communicate with different kinds of people in the society. 分析：上例中的"people"是一个泛指，表示"一些人"或"有些人"，而不是特指某一个具体的群体或个体。
替代手段	名词替代	无
	词组替代	无
	句子替代	无
省略手段	名词省略	无
	动词省略	无
	句子省略	无
连词手段	并列连词	出现 1 次。 例：Most of the college students come from ordinary or poor families, but only a few students come from rich families. 分析：上例中的"or"表示选择关系，即大学生主要来自普通收入家庭或低收入家庭。它并不暗示这两个属性可以同时适用于同一个家庭，而是指大学生家庭背景的两个可能类别中的一个。
	从属连词	无
	关联连词	无
	连接副词	无
词汇连贯性手段	词汇重复	无
	同义词和近义词	无
	反义词	无
	"搭配"或"词语搭配"	无
	上下义词	无

分析：整体来看，以上文章通过对语言中不同参照手段的分析，突

出强调了如何通过个人参照、泛指以及并列连词等手段增强句子的表达效果。特别是个人参照的使用，提高了句子结构的流畅性和简洁性。在例子中，形式主语"It"的运用有效避免了冗长的表达，使得句子更为紧凑。通过这种方式，作者能够将重点放在重要的信息上，而不必因重复而使句子显得繁琐。此外，个人参照能够使读者在阅读时更容易把握句子的主旨，从而提升了阅读体验。另一方面，泛指的使用使得表达更具包容性。在相关例子中，提到的"people"并未限定特定的个体，而是指代了社会中不同类型的人。这种表达方式使得论述更加广泛，能够涵盖更大的范围，从而增强了论点的适用性和普遍性。这种包容性不仅使得论述更为全面，也能够引起更广泛的共鸣，帮助读者在更广泛的社会背景下理解所讨论的问题。此外，并列连词的用法有效地呈现了不同家庭背景之间的对比关系。这种对比通过并列连词"but"的使用，清晰地展示了大学生家庭背景的多样性，使信息的对照性得以增强。对比的手法不仅有助于突出不同群体的特点，同时也引导读者思考这些背景对学生生活和发展的影响。

文本中未出现的其他衔接手段，包括连接副词手段、指示参照手段、从属连词手段、比较参照手段、替代手段、省略手段、关联连词手段和词汇连贯性手段，每一种都在特定的语境下承担着独特的角色。

总体而言，虽然上文中泛指手段的使用帮助保持了句子的简洁和清晰，但其他衔接手段的较少使用可能限制了文本连贯性、逻辑性和表达效果的最大化。在其他文本或上下文中，广泛利用这些衔接手段不仅可以提高语篇的连贯性和理解度，还可以丰富表达方式，使文章更加生动、有力和影响深远。因此，合理运用多样的衔接手段是提升写作质量的关键。

4. W_CHN_PTJ0_174_B1_1

类别	子类别	数量
参照手段	个人参照	出现1次。 例：First, students who do a part-time job can earn themselves sums of money which helps to release the financial burden on their family. 分析：上例中的"their"是一个所有格代词，用于表示名词"family"的所有关系。"their"清楚地表明"financial burden"是属于"family"的，即这个经济负担是家庭所承担的。
	指示参照	无
	比较参照	无
	泛指	出现9次。 例：Nowadays more and more college students are crazy about taking part-time jobs. 分析：上例中的"college students"是一个泛指名词，指的是所有正在接受高等教育的学生。
替代手段	名词替代	无
	词组替代	无
	句子替代	无
省略手段	名词省略	无
	动词省略	无
	句子省略	无
连词手段	并列连词	无
	从属连词	出现1次。 例：Thirdly, some students may be cheated or hurt by their employers when they enter into the society, because they don't know how to protect themselves. 分析：上例中的"because"引导了一个原因状语从句，解释了为什么"some students may be cheated or hurt by their employers"。这个原因是"they don't know how to protect themselves"，即学生们不知道如何保护自己。
	关联连词	无

续表

类别	子类别	数量
连词手段	连接副词	出现3次。 例1：In addition, they can also get financial reward and working experience as well, such as teaching or selling practice, which is helpful to their growth. 例2：What's more, they can put what they have learned into practice so that they can improve their studies and personalities, which are beneficial in their later lives. 例3：However, problems may also arise. 分析：例1中的"In addition"强调了除了之前提到的收益外，学生们还能通过兼职工作获得实践经验，这对他们的成长非常有帮助。例2中的"What's more"用于向读者或听者提供额外的信息或细节，以进一步阐述或支持前面的观点。在例2中，"What's more"引入了学生可以通过实践应用所学知识这一额外的好处。例3中的"however"表示与前文内容的对比或转折，提醒读者接下来要讨论的内容与前文有所不同或存在某种对比关系。在这个例子中，前文可能讨论了一些积极或正面的方面，而"however"则用于引入一个可能的问题或负面情况。
词汇连贯性手段	词汇重复	无
	同义词和近义词	无
	反义词	无
	"搭配"或"词语搭配"	无
	上下义词	无

分析：在细致分析上文时发现，泛指手段的应用特别频繁，达到了9次之多。这种手段通过避免不必要的重复和细节堆砌，显著提升了文本的简洁性和明了性。泛指手段通过指代之前文中提及的人、事、物等，避免了对同一概念的重复表述，从而在不牺牲信息内容的前提下，提高了语句的效率和阅读的流畅性。尽管泛指手段的频繁使用对于保持文本的简洁性和清晰度极为有益，但我们也注意到，文档中对其他一些重要的衔接手段的使用较少，例如连接副词手段、个人参照手段和从属连词手段。连接副词（例如"however""therefore"）在文本中起到了转折和因果逻辑的明确指示作用，有助于引导读者理解句子或段落之间的关系。个人参照手段

（如使用"he""she""they"等代词）能够增加文本的连贯性，使叙述更加生动和具有吸引力。而从属连词（如"because""although"）则在构建复杂句子和展示逻辑关系方面发挥着关键作用，它们帮助构建更加复杂细致的论证和描述，增强了文本的深度和丰富性。

此外，有几种衔接手段在该文档中并未出现，包括指示参照手段、并列连词手段、比较参照手段、替代手段、省略手段、关联连词手段以及词汇连贯性手段。这些手段各自承担着不同的功能，能够在不同的情境下极大地增强文本的连贯性、逻辑性和易读性。例如，指示参照手段（如"this""these"）可以帮助明确指出特定的人或物，增强文本的指向性。并列连词（如"and""but"）则用于连接句子或短语，表达列举、对比等关系。比较参照手段（如"similarly""likewise"）有助于在不同部分之间建立联系，突出它们之间的相似性或差异。替代手段、省略手段以及关联连词（如"moreover""furthermore"）和词汇连贯性手段（通过使用同义词或相关词汇）都在不同程度上贡献于文本的流畅性和理解度。

总的来说，尽管上文文档中泛指手段的使用对于提高文本简洁性和清晰度非常有效，但其他未充分利用的衔接手段同样重要。它们在不同情境下对于确保文本的连贯性、逻辑性以及整体表达效果的提升是不可或缺的。在未来的写作和编辑中，平衡和融合这些不同的衔接手段，将有助于创作出更加丰富、连贯且易于理解的文本。

5. W_CHN_PTJ0_201_B1_1

类别	子类别	数量
参照手段	个人参照	无
	指示参照	无
	比较参照	无
	泛指	出现3次。 例：Different people hold different views on part-time jobs for college students. 分析：上例中的"people"是一个泛指，表示"一些人"或"有些人"，而不是特指某一个具体的群体或个体。而"college students"也同样是一个泛指名词，指的是所有正在接受高等教育的学生。

续表

类别	子类别	数量
替代手段	名词替代	无
	词组替代	无
	句子替代	无
省略手段	名词省略	无
	动词省略	无
	句子省略	无
连词手段	并列连词	出现 1 次。 例：What the most important is that we would better keep busy every minute to make each day count in order to fulfill our dream and contribute to our society better. 分析：上例中的"and"用于连接两个并列的动词短语"fulfill our dream"和"contribute to our society better"，表示这两个动作或目标是并列的，都是重要的或需要同时实现的。
	从属连词	出现 1 次。 例：Although more and more people focus their attention on part-time jobs, I don't think we should do part-time jobs in college. 分析：上例中的"Although"用于表示前半部分句子中的情况或观点与后半部分句子中的观点存在对比或让步关系。在上例中，尽管"more and more people focus their attention on part-time jobs"（越来越多的人关注兼职工作），但说话者仍然持有与之相反的观点，即"I don't think we should do part-time jobs in college"（我认为我们在大学期间不应该做兼职工作）。
	关联连词	无
	连接副词	出现 2 次。 例 1：We feel happy and proud that we go to the colleges we have long been dreaming for after great efforts. However we are faced with more challenges. 例 2：Moreover, there are quite a lot of books lying in the library we need to go though. 分析：例 1 中的"However"用于表示句子之间的转折关系，即后文与前文的内容存在对比或不同。在例 1 中，前文表达了作者因为经过努力进入梦寐以求的大学而感到高兴和自豪，而"However"则用于引入一个与前文相反的情况，即他们面临更多的挑战。例 2 中的"Moreover"用于补充或增加之前提到的信息。在这个例子中，它可能用于进一步说明图书馆中书籍的数量或种类，或者强调除了之前提到的书籍之外，还有更多的书籍需要浏览或研究。

续表

类别	子类别	数量
词汇连贯性手段	词汇重复	无
	同义词和近义词	无
	反义词	无
	"搭配"或"词语搭配"	无
	上下义词	无

分析：在本文中，作者精心挑选了多种衔接手段，旨在提升文章的流畅性和易于理解性。具体而言，文中显著采用了如下几种衔接技巧：泛指、连接副词、并列连词，以及从属连词。这些技巧在英语写作中具有独特而关键的作用，它们共同促进了段落间的流畅过渡，加强了文章的逻辑框架，并提高了信息传达的清晰度。

泛指：通过引用文中已提到的概念或信息，帮助避免重复，使文章更加紧凑和连贯。连接副词：如"therefore""however"等，它们建立句子之间的逻辑联系，明确表示因果、转折或对比关系，增强了文章的结构性和说服力。并列连词：如"and""but""or"，用于连接两个或多个相同语法结构的元素，提升了句子的协调性和整体的一致性。从属连词：如"because""although""if"，引导从句，为主句提供额外的背景、原因、条件或对比，丰富了内容的深度和复杂性。尽管如此，文章并没有充分利用其他一些重要的衔接策略，这些策略包括但不限于：个人参照，使用代词如"I""you""he""she"等指代具体的人物，可以增加文本的互动性和个性化表达；指示参照，利用"this""that"等词汇指代文中的特定内容或情境，帮助读者更好地理解和跟踪文章的讨论焦点；比较参照，通过展示事物之间的相似性或差异性，增强了论述的对比度和强调效果；替代，使用同义词或近义词以避免重复，丰富了语言的表达，避免了内容的单调；省略，有意识地删去文中的某些成分，特别是那些可能造成冗余的部分，使文章更加精练；关联连词，如"because""since"等，它们能够明确展示句子或段落之间的因果关系,增强逻辑性;词汇连贯性,通过一致的词汇选择维持文本主题或语气的统一性,增强文章的整体协调感。

三、B1-2水平

1. W_CHN_PTJ0_009_B1_2

类别	子类别	数量
参照手段	个人参照	无
	指示参照	无
	比较参照	无
	泛指	出现8次。 例:Nowadays, quite a number of college students are taking part-time jobs. 分析:例中的"college students"是一个泛指的表达,用于指代一类人群,即正在接受大学教育的学生。
替代手段	名词替代	无
	词组替代	无
	句子替代	无
省略手段	名词省略	无
	动词省略	无
	句子省略	无

续表

类别	子类别	数量
连词手段	并列连词	出现2次。 例1：In the process, the students learn how to communicate with different kinds of people and how to deal with challenging situations. 例2：It can be concluded that taking a part-time job is rewarding and eye-opening for those who have good self-regulation but it may have some side effects if the student doesn't have a good plan. 分析：例1中的"and"是一个并列连词，用于连接两个并列的宾语从句，即"how to communicate with different kinds of people"和"how to deal with challenging situations"。例2中的"and"连接了两个并列的形容词短语"rewarding"和"eye-opening"，共同描述了兼职工作对于具有良好自我调节能力的人的好处。"but"在这里引入了一个与前文相反的观点或情况，即兼职工作可能有一些副作用。
连词手段	从属连词	无
连词手段	关联连词	无
连词手段	连接副词	出现2次。 例1：However, it can't be ignored that some students fail more important things in order to take part-time jobs. 例2：They spend time which should be for learning to work, thus leading to decline of grades. But the fact is that the first thing for students is still study. 分析：例1中的"However"的使用强调了后文所提到的内容，即有些学生为了兼职工作而牺牲了更加重要的事情。例2中的"thus"用于指出前面提到的行为或情况（花费本应该用来学习的时间去工作）导致了后面的结果或影响（成绩下降）。它清晰地表明了两者之间的因果关系。
词汇连贯性手段	词汇重复	无
词汇连贯性手段	同义词和近义词	无
词汇连贯性手段	反义词	无
词汇连贯性手段	"搭配"或"词语搭配"	无
词汇连贯性手段	上下义词	无

分析：上文提及的泛指手段，如代词的使用，能有效减少重复和杂乱，使得文本更为精练和清晰。这种手段通过简洁地替代前文提及的名词或概念，既保持了文本的流畅性，也避免了过度的重复，这对于读者的理

解尤为关键。然而，尽管泛指手段的频繁使用带来了诸多好处，文本的连贯性和逻辑结构还依赖于其他多样的衔接手段。例如，连接副词（如however、therefore）和并列连词（如and、but）虽在本文中使用较少，但它们在链接句子、引导读者理解文本逻辑方面发挥着不可替代的作用。连接副词能够表明句子之间的逻辑关系，如因果、转折或顺序，而并列连词则用于连接相似或对等的元素，增强句子或段落之间的协调性和一致性。

此外，未在文中采用的衔接手段，包括指示参照（如this、these）、个人参照（如he、she、they）、从属连词（如because、although）、比较参照（如similarly、likewise）、替代（如or、alternatively）、省略（遗漏已被明确表达的信息以避免重复）、关联连词（如moreover、furthermore）及词汇连贯性手段（使用同义词或相关词汇以保持主题一致性），每一种都有其独特的功能，能够在不同的上下文中增强文本的连贯性和易读性。

2. W_CHN_PTJ0_030_B1_2

类别	子类别	数量
参照手段	个人参照	无
	指示参照	无
	比较参照	无
参照手段	泛指	出现2次。 例：Some people think that it is very important for college students to have a part-time job. 分析：例中的"people"是一个泛指，表示"一些人"或"有些人"，而不是特指某一个具体的群体或个体。"college students"是一个泛指的表达，用于指代一类人群，即正在接受大学教育的学生。
替代手段	名词替代	无
	词组替代	无
	句子替代	无
省略手段	名词省略	无
	动词省略	无
	句子省略	无

续表

类别	子类别	数量
连词手段	并列连词	出现 4 次。 例 1：First, it can prevent one from wasting time <u>and</u> can help him get some pocket money. 例 2：We can choose whether to do it or not depending on our own conditions. <u>But</u> part-time job is definitely a good chance to challenge ourselves and earn some pocket money. 分析：例 1 中的 "and" 是一个并列连词，用于连接两个并列的动词短语，即 "prevent one from wasting time" 和 "help him get some pocket money"。例 2 中的 "but" 用于表达一种与前文内容相对立或不同的观点或事实。在这里，前文提到了 "我们可以根据自己的情况选择是否做兼职工作"，而 "but" 之后的部分则强调了兼职工作本身是一个好的机会，与前文的选择性形成了对比。"and" 连接了两个并列的动词短语，即 "challenge ourselves" 和 "earn some pocket money"。这两个短语共同描述了兼职工作所能带来的好处。
	从属连词	出现 2 次。 例 1：Some people think that it is very important for college students to have a part-time job. While others don't agree with it <u>because</u> they think part-time job takes too much time. 例 2：<u>If</u> you can keep the balance between study and part-time job, you can have a try. 分析：例 1 中的 "because" 用于解释为什么有些人不同意大学生拥有兼职工作很重要的观点。它连接了前文的观点和后文的理由，使得读者能够更清楚地理解反对者的立场和背后的原因。例 2 中的 "if" 是一个条件连词，用于引入一个条件状语从句，即 "你能保持学习和兼职工作之间的平衡"。
连词手段	关联连词	无
	连接副词	出现 1 次。 例：<u>However</u>, part-time job is only part-time job. 分析：上例中的 "However" 的使用强调了后文所提到的内容，即尽管兼职工作可能有一些好处，但它仍然 "只是兼职工作"，有其局限性和不同于全职工作的特点。

续表

类别	子类别	数量
词汇连贯性手段	词汇重复	无
	同义词和近义词	无
	反义词	无
	"搭配"或"词语搭配"	无
	上下义词	无

分析：在上篇语篇的分析中，我们注意到作者主要依赖于四种衔接手段来增强文章的连贯性和可读性：泛指手段、连接副词手段、并列连词手段和从属连词手段。这些衔接手段各自承担着不可或缺的角色，协同工作以提升文本的流畅度和整体质量。泛指手段通过引用先前提到的概念或信息，避免了不必要的重复，使文章更加紧凑。连接副词手段（例如，"因此""然而"）建立了句子之间的逻辑关系，帮助读者理解不同部分之间的因果或对比关系。并列连词手段（如"和""或""但是"）连接具有相同语法重要性的单词、短语或句子，增强了文本的一致性。

从属连词手段引导从句，为主要论点提供支持或背景信息，丰富了文章的内容和深度。然而，尽管上述手段在文本中得到了有效应用，但还有几种重要的衔接手段未被利用，这些包括：指示参照手段，通过"这个""那个"等词汇指向特定的信息或对象，可以帮助明确上下文中的指代对象，增强文本的指向性和连贯性。

个人参照手段，使用第一人称、第二人称或第三人称代词明确指出讨论的主体或对象，使文章更加直接和个性化。比较参照手段，通过展示概念或情境之间的相似性或差异，加深理解和增加文章的吸引力。替代手段，使用同义词或相关表达避免重复，提高语言的丰富性和表达的多样性。省略手段，删去不必要的信息或细节，使文章更加精练和集中于主题。关联连词手段，如"因为""既然"等，明确展示因果关系，加强句子或段落间的逻辑联系。词汇连贯性手段，通过一致的词汇使用增强文章的主题一致性和整体感。尽管这些衔接手段在本文中未被使用，但它们在提高文本连贯性、增强表达效果以及促进信息的顺畅传递和理解方面发挥着关键作用。在不同文本和语境下，合理运用这些衔接手段可以显著提升文章的质量，使其更加易于阅读和理解。因此，作者在进行写作时，应考虑根据文章的需要灵活运用各种衔接手段，以达到最佳的写作效果。

3. W_CHN_PTJ0_258_B1_2

类别	子类别	数量
参照手段	个人参照	无
	指示参照	无
	比较参照	无
	泛指	出现12次。 例：So as far as I'm concerned, it is of great importance for college students to have a part-time job. 分析：上例中的"college students"是一个泛指的表达，用于指代一类人群，即正在接受大学教育的学生。
替代手段	名词替代	无
	词组替代	无
	句子替代	无
省略手段	名词省略	无
	动词省略	无
	句子省略	无

续表

类别	子类别	数量
连词手段	并列连词	出现6次 例1：For instance, we'll see our supervisors work and get to know how they handle their projects <u>and</u> how they deal with people, and that's what we are never supposed to grasp from lectures or seminars in colleges. 例2：College students tend to have fewer classes <u>and</u> more free time than high school students. 分析：例1中的"and"是一个并列连词，用于连接两个并列的宾语从句，即"how they handle their projects"和"how they deal with people"。例2中的"and"是一个并列连词，用于连接两个并列的形容词短语："fewer classes"和"more free time"。
	从属连词	出现1次 例：As a number of employers from companies point out, hardly do college graduates know how to work efficiently, simply <u>because</u> what they learn from universities cannot be applied to their career. 分析：上例中的"because"用于解释为什么大学毕业生不知道如何高效工作。它提供了对前文观点的详细解释或理由，使得读者能够更清楚地理解为什么会出现这种情况。
	关联连词	无
	连接副词	出现2次。 例1：First and foremost, every college student will start a career in the foreseeable future, <u>thus</u> taking an early step in the job fields can help them adjust to a reserve life that is totally different from school days. 例2：<u>However</u>, it has been a common phenomenon that the precious free time is wasted on chatting or playing meaningless video games. 分析：例1中的"thus"是一个副词，用于表示结果或推论，连接了前文提到的"每一个大学生在可预见的未来都会开始职业生涯"和后文的结果或推论"因此，尽早进入职场可以帮助他们适应与学校生活完全不同的储备生活"。例2中的"However"的使用强调了后文所提到的现象，即尽管空闲时间应该被用来进行有意义的活动，但实际上却被浪费在了聊天或玩无意义的游戏上。这种强调使得读者更加关注这个问题，并可能引发进一步的讨论或思考。
词汇连贯性手段	词汇重复	无
	同义词和近义词	无

续表

类别	子类别	数量
词汇连贯性手段	反义词	无
	"搭配"或"词语搭配"	无
	上下义词	无

分析：在上篇语篇的衔接手段分析中，我们发现泛指手段的使用频率最高，共计12次。这种手段通过概括引用先前提及的概念或信息，有效避免了内容上的重复和冗余，极大地帮助句子保持了简洁性和清晰度。此外，通过频繁利用泛指，作者能够更加流畅地引导读者穿越文本，保持信息的连贯性和整体的紧凑性。并列连词手段的使用也相对较多，它通过连接两个或多个相同语法结构的元素（如单词、短语或句子），在文本中起到了重要的桥梁作用。这种手段不仅有助于展示列举信息、添加附加信息、表达对比或选择等，也是指导读者或听者理解文中不同部分之间关系的关键工具，增强了文章的流畅度和阅读的顺畅性。

相比之下，连接副词手段和从属连词手段的使用较少。尽管它们在本文中不那么显著，但这两种手段在英语写作中仍然扮演着至关重要的角色。连接副词通过表明句子间的逻辑关系（如因果、转折、递进等），增强了文本的逻辑性和说服力。从属连词则通过引入从句，提供了额外的信息或背景，丰富了主句的内容，增加了句子的复杂性和深度。

此次分析中，未观察到指示参照手段、个人参照手段、比较参照手段、替代手段、省略手段、关联连词手段以及词汇连贯性手段的使用。这些衔接手段在加强文本连贯性、提升表达效果以及构建易于理解的叙述方面具有不可替代的作用。例如，指示参照手段能够清晰地指向特定的事物或概念，帮助读者更好地追踪和理解文本内容；个人参照手段通过使用代词，增加了叙述的直接性和亲切感；比较参照手段通过比较和对照，加深了信息的理解；替代手段和省略手段分别通过提供信息的多样化表达和去除不必要的细节，使文本更加丰富和精练；关联连词通过明确展示因果或条件关系，增强了句子或段落间的联系；词汇连贯性手段则通过一致的词汇使用，维持了文本的主题一致性和整体的协调性。

4. W_CHN_PTJ0_273_B1_2

类别	子类别	数量
参照手段	个人参照	无
	指示参照	无
	比较参照	无
	泛指	出现8次。 例：Nowadays more and more students choose to take up a part time job as a warm exercise before stepping into their long-time career. 分析：上例中的"students"作为一个泛指名词，指的是所有正在接受教育的学生，无论年龄、性别、国籍或教育阶段。
替代手段	名词替代	无
	词组替代	无
	句子替代	无
省略手段	名词省略	无
	动词省略	无
	句子省略	无
连词手段	并列连词	出现4次。 例1：Challenging it might be, it brings about a lot of advantages and experiences that can help a student grow mature. 例2：Troubles and problems often appear in practice and students can catch the opportunity to learn how to deal with the real matter and go beyond what has been taught in class because the skill they gained from part time job never existed in books. 分析：例1中的"and"是一个并列连词，用于连接两个并列的名词短语："a lot of advantages"和"experiences"。例2中的"and"连接了两个并列的动作："catch the opportunity to learn how to deal with the real matter"和"go beyond what has been taught in class"。这两个动作都是学生面对实践中的麻烦和问题时可以采取的行动。
	从属连词	无
	关联连词	无

续表

类别	子类别	数量
连词手段	连接副词	出现1次。 例：Students can have a better understanding of what they learned from books through the real work if the job is related to their major. 分析：上例中的"if"用于引入一个条件或假设，即"工作与他们的专业相关"。这个条件设定了后续动作或结果发生的前提。
词汇连贯性手段	词汇重复	无
	同义词和近义词	无
	反义词	无
	"搭配"或"词语搭配"	无
	上下义词	无

分析：在审视上一篇文章时，我们注意到泛指技巧被频繁采用，达到了8次之多。这种泛指的使用有助于减轻文章中的语言重复和冗余，使得表述更加简洁明了。它通过提供广义的术语来带领读者理解特定的概念或对象，从而在不牺牲清晰度的前提下，保持内容的紧凑性。对比之下，连接副词和并列连词的使用相对较少，但即便数量不多，它们在文章中的作用却不容忽视。连接副词有助于指示句子或段落之间的关系，导引读者理解作者的逻辑流动。并列连词，则在列举、对比或选择时提供了必要的连贯性，并且有助于构建更加复杂的句子结构，从而增强了文本的表达力和逻辑性。

然而，值得注意的是，有几种衔接技巧并未出现在上篇文章中。这包括指示参照，它通常通过"this""that"等词语指代特定内容，以避免重复；个人参照，如直接使用代词指向文章中的人物；从属连词，它们创建从属关系，引导次要信息与主要信息的关联；比较参照，通过展示不同元素之间的相似性或差异性来连接信息；替代，用于通过同义词或者概念上的等价词减少重复；省略，即刻意省略已被充分表达或可从上下文推知的信息；关联连词，比如"because""since"，明确句子间的因果关联；以及词汇连贯性,确保通过一致的语言风格和词汇选择来维持文本的整体一致性。尽管这些技巧在本文中没有得到运用,但它们在其他文本中可能至关重要,对于确保文章的清晰度、连贯性以及整体的沟通效果发挥着不可或缺的作用。每一种衔接手段都有其独特的价值和适用场合,作为作者,了解并恰当地运用这些多样的衔接技巧,可以极大地提升写作的质量和效果。

5. W_CHN_PTJ0_278_B1_2

类别	子类别	数量
参照手段	个人参照	出现1次。 例:First, students can promote their study through part-time jobs. 分析:上例中的"their"用于指明"study"是"students"的,即这个学习是属于学生们的。这样,我们就清楚这里的"study"指的是学生们的学习,而不是其他人或其他事物的学习。
	指示参照	无
	比较参照	无
	泛指	出现13次。 例:Second, students can also accumulate work experience through part-time jobs, which will benefit their future job-hunting. 分析:上例中的"students"作为一个泛指名词,指的是所有正在接受教育的学生,无论年龄、性别、国籍或教育阶段。
替代手段	名词替代	无
	词组替代	无
	句子替代	无
省略手段	名词省略	无
	动词省略	无
	句子省略	出现1次。 例:Some people think there are more advantages for college students to taking part-time jobs than disadvantages, others don't think so. 分析:上例中的"so"代替的是前面提到的"there are more advantages for college students to take part-time jobs than disadvantages"这一完整的观点或陈述。通过使用"so",说话者避免了重复这一长句,使句子更加简洁。

续表

类别	子类别	数量
连词手段	并列连词	出现1次。 例：Actually, part-time jobs act as warm-up exercises for students to take full-time jobs after they graduate, and help them prepare for their future careers. 分析：上例中的"and"是一个并列连词，用于连接两个并列的谓语，即"act as warm-up exercises"和"help them prepare for their future careers"。
	从属连词	出现1次。 例：A serious problem has arisen in recent several years that more and more college students abandon studing because of their part-time jobs, so quite a few people are opposed to part-time jobs. 分析：上例中的"so"连接了两个句子，表明前一个句子（越来越多的大学生因为做兼职而放弃学业）是后一个句子（因此，很多人反对兼职工作）的原因。
	关联连词	无
	连接副词	出现4次。 例：However, taking part-time jobs has at least three benefits for college students in my eyes. 分析：上例通过使用"However"，作者明确地表明接下来要提到的观点或陈述与前文存在对比或相对立的关系。这有助于读者或听者理解作者接下来要阐述的观点与前文之间的差异或对立。
词汇连贯性手段	词汇重复	无
	同义词和近义词	无
	反义词	无
	"搭配"或"词语搭配"	无
	上下义词	无

分析：在对上篇语篇的细致分析中，我们注意到泛指手段被极其频繁地应用，共计13次。这种衔接手段通过引用或暗示文中先前提及的信息或概念，有效避免了内容的重复和冗余，极大地提升了句子的简洁性和清晰度。这一策略不仅增强了文本的流畅性，也提高了读者的阅读体验，使他们能够

更加轻松地跟随作者的思路。

尽管泛指手段的使用最为频繁，其他几种衔接手段——连接副词手段、个人参照手段、句子省略手段、并列连词手段以及从属连词手段——的应用虽然较少，但同样在文本中扮演着重要角色。这些手段各自以不同的方式增强了文章的连贯性、逻辑性和整体表达质量。连接副词手段，如"因此""然而"，建立了句子间的逻辑联系，帮助表达原因、对比或转折等关系。个人参照手段，通过使用第一人称、第二人称或第三人称代词，增加了文本的互动性和个性化表达。句子省略手段，通过省略已经明确或可以从上下文推断的信息，使句子更加精练，避免了不必要的重复。并列连词手段，通过"和""或""但是"等词汇，连接具有相同重要性的项目或信息，增强了文本的结构性。从属连词手段，引导从句，为主要论点提供支持或背景，增加了文本的深度和复杂性。

此外，上篇语篇中未出现的衔接手段包括指示参照手段、比较参照手段、替代手段、名词省略手段、动词省略手段、关联连词手段以及词汇连贯性手段。这些衔接手段虽然在本文中未被采用，但在其他文本构建中，它们可能是实现清晰、连贯叙述的关键元素：指示参照手段，利用"这""那"等指示代词明确指向特定的人、物或概念，有助于增强文本的指向性和连贯性。比较参照手段，通过展示两个或多个事物之间的相似性或差异性，加深读者的理解和记忆。替代手段，使用同义词或相关表达以避免重复，丰富了语言的表达和文本的多样性。名词省略和动词省略手段，分别通过省略文中的名词或动词，进一步精简文本，提高句子的效率。关联连词手段，如"因为""由于"，明确说明句子或段落间的因果关系，强化了逻辑性。词汇连贯性手段，通过使用一致的词汇或概念，维护了文本的主题统一性和风格一致性。这些未被使用的衔接手段，在不同情境下的恰当运用，能显著提升文本的连贯性、清晰度和表达效果，帮助作者更有效地传达信息，同时增强读者的理解和接受度。因此，对这些衔接手段的认识和应用，是提高写作技巧和文章质量的重要方面。

四、B2水平

1. W_CHN_PTJ0_028_B2_0

类别	子类别	数量
参照手段	个人参照	出现了2次。 例1：Some people think that it is very important for college students to have a part-time job. To me, it is not a good idea. 例2：In a word, the disadvantages of having a part-time job for a college student outweigh the advantages of it. 分析：例1中的"me"在这里起到了连接前后两个句子、表达不同观点的作用，同时也强调了说话者个人的立场和感受。例2中的"it"连接了"the disadvantages"和"the advantages"这两个部分，使它们成为一个整体，共同指代"having a part-time job for a college student"这一行为或情况。
	指示参照	出现了1次。 例：Having a part-time job means that you don't have enough time to study. As a result of this, the quality of education will decline and many students cannot process enough professional knowledge suitable for future work. 分析：上例中的"this"指的是前面提到的"you don't have enough time to study"这个情况。它连接了前面的情况（没有足够的时间学习）和后面的结果（教育质量下降，学生无法获得足够的专业知识）。
	比较参照	无
	泛指	出现了9次。 例：Nowadays, there are many college students who take part in the part-time jobs. 分析：上例中的"college students"是一个泛指的表达，用于指代一类人群，即正在接受大学教育的学生。
替代手段	名词替代	无
	词组替代	无
	句子替代	无
省略手段	名词省略	无
	动词省略	无
	句子省略	无

续表

类别	子类别	数量
连词手段	并列连词	出现了1次。 例：As a result of this, the quality of education will decline <u>and</u> many students cannot process enough professional knowledge suitable for future work. 分析：上例中的"and"连接了两个并列的结果或后果，即"the quality of education will decline"和"many students cannot process enough professional knowledge suitable for future work"。
	从属连词	无
	关联连词	无
	连接副词	出现了2次。 例1：As a result of this, the quality of education will decline and many students cannot process enough professional knowledge suitable for future work. <u>Meanwhile</u>, many students can earn extra money from their part-time job. 例2：Meanwhile, many students can earn extra money from their part-time job. <u>Therefore</u>, they have gotten into a habit spending their money unreasonably. 分析：例1中的"Meanwhile"作用在于它将两个不同的句子或情况连接起来，使它们在一个句子中共存。它表达了一种同时性的概念，即虽然教育质量可能会下降，学生可能无法获得足够的专业知识，但同时也有很多学生能够通过兼职工作赚取额外的收入。例2中的"Therefore"衔接了前面提到的关于学生兼职工作赚取额外收入的情况，并指出这是他们养成不合理花钱习惯的原因。
词汇连贯性手段	词汇重复	无
	同义词和近义词	无
	反义词	无
	"搭配"或"词语搭配"	无
	上下义词	无

分析：在上篇语篇的分析中，我们可以看到泛指手段的显著运用，总计出现了9次。通过泛指先前提到的信息或概念，作者有效地避免了不必要的重复，这不仅使文本变得更加简洁流畅，而且保持了句子的简洁性和清晰度。这种衔接手段的运用，特别强调了对已提信息的重复利用，从而提高了文章的整体连贯性和读者的理解效率。

相比之下，连接副词手段、个人参照手段、并列连词手段以及指示参照手段在文中的使用较为有限。尽管这些衔接手段的出现频率不高，但它们在英语写作中各自发挥着不可忽视的作用。连接副词手段，例如"因此""然而"，能够明确地指出句子之间的逻辑关系，增强文章的连贯性和逻辑性。个人参照手段，通过使用第一人称、第二人称或第三人称代词，创建了更为直接和个性化的沟通方式，使文本更具有吸引力和亲切感。并列连词手段，如"和""或""但是"，用于连接具有相同语法重要性的单词、短语或句子，强化了文本的结构和一致性。指示参照手段，通过"这个""那个"等指代具体的事物或概念，帮助读者更好地追踪和理解文章的内容，增强了文本的指向性和清晰度。

此外，未在上篇语篇中采用的衔接手段，包括从属连词手段、比较参照手段、替代手段、省略手段、关联连词手段和词汇连贯性手段，这些手段虽然在本文中缺席，但它们在其他文本中可贡献于构建更为紧密、有逻辑性的叙述。从属连词手段，引入从句来提供原因、条件、对比等，增加句子的复杂度和深度。比较参照手段，通过比较或对比，加深读者对于信息的理解和记忆。替代手段，使用同义词或相关表达避免重复，提高了文本的丰富性和可读性。省略手段，通过删去不必要的信息或细节，使文章更加精练，聚焦主要信息。关联连词手段，如"因为""由于"，明确指出原因和结果，增强句子间的逻辑联系。词汇连贯性手段，通过一致的词汇使用，维持文章的主题统一性和风格协调性。

2. W_CHN_PTJ0_160_B2_0

类别	子类别	数量
参照手段	个人参照	无
	指示参照	无
	比较参照	无
	泛指	出现 6 次。 例：Whether college students should take part-time jobs has aroused great public concern. 分析：上例中的"college students"是一个泛指的表达，用于指代一类人群，即正在接受大学教育的学生。

续表

类别	子类别	数量
替代手段	名词替代	无
	词组替代	无
	句子替代	无
省略手段	名词省略	无
	动词省略	无
	句子省略	无
连词手段	并列连词	出现2次。 例1：As far as I'm concerned, part-time job plays an increasing important role in college life and I'm for the idea. 例2：Regardless of other people's ideas, I support my own opinion and I think it is essential for college students to take part-time job. 分析：例1中的"and"的作用在于将这两个并列的句子连接起来，形成一个连贯的整体。它表示了说话者既认为兼职工作在大学生活中很重要，又支持这种观点。例2中的"and"连接了"I support my own opinion"和"I think it is essential for college students to take part-time job"这两个句子。
	从属连词	出现1次。 例：If you do some more work in your free time, you will find life is not so dull and you can do something meaningful to enjoy your college life. 分析：上例中的 if 连接了一个条件状语从句（if you do some more work in your free time）和一个主句（you will find life is not so dull and you can do something meaningful to enjoy your college life）。这两个句子通过 if 相互关联，形成了一个完整的句子结构。
	关联连词	无
	连接副词	出现2次。 例1：Nevertheless, several people argue that it is a waste of time to take a part-time job and obviously, college students ought to put more emphasis on their study. 例2：In addition, part-time job not only takes up much of their free time but also means little to them. 分析：例1中的"Nevertheless"通常用于表示与前文所述内容相反或相矛盾的观点或情况。通过"Nevertheless"转折，引出了与前文相反的观点，即有些人认为兼职工作是浪费时间，并且大学生应该更加专注于学习。例2中的"In addition"表明接下来的内容是对之前信息的进一步补充或加强。在例1中，它可能是在回应或反驳某种观点，即尽管有人可能认为兼职工作对学生有益，但这里补充说，兼职工作不仅占据了他们的大部分空闲时间，而且对他们来说意义不大。

续表

类别	子类别	数量
词汇连贯性手段	词汇重复	无
	同义词和近义词	无
	反义词	无
	"搭配"或"词语搭配"	无
	上下义词	无

分析：在上篇语篇的衔接手段分析中，泛指手段以6次的使用频率高居榜首。这种策略通过避免直接重复先前提到的信息或概念，有效减少了文本中的冗余和重复，极大地促进了句子的简洁性和清晰度。泛指手段的精妙运用不仅提升了文章的阅读流畅性，也加强了信息的紧凑传达，使读者能够更加集中注意力于文章的主要论点和新信息上。与此同时，虽然使用频率较低，连接副词手段、并列连词手段和从属连词手段在文本中的应用也不容忽视。这些衔接手段各有其独特的作用，共同增强了文本的连贯性、逻辑性和整体的表达效果。

此外，上篇语篇中未出现的衔接手段，包括指示参照手段、比较参照手段、替代手段、省略手段、个人参照手段、关联连词手段和词汇连贯性手段，虽然在本文中没有应用，但在其他语境下，这些衔接手段对于确保语篇的清晰度和连贯性极为重要：这些未被使用的衔接手段在不同的写作场合和文体中发挥着关键作用，它们能够在不同层面上增强文本的连贯性、表达效果和易读性。因此，对于提升写作技巧和文章质量而言，了解和灵活运用这些多样的衔接手段是至关重要的。

3. W_CHN_PTJ0_163_B2_0

类别	子类别	数量
参照手段	个人参照	出现1次。 例：With people's more and more awareness of the benefits of having a part-time job, they all support their children to have one in their universities. 分析：上例中的"they"在这里是一个复数代词，用于指代前文提到的"people"。第一个"their"是一个所有格代词，用于修饰"children"。它指明了"children"的归属关系，即这些孩子是属于"they"（即前文提到的持有兼职工作好处意识的人群）的。第二个"their"同样是一个所有格代词，但它是用来修饰"universities"的。这表示"universities"是属于"children"的，即这些大学是孩子们所在的地方。
	指示参照	无
	比较参照	无
	泛指	出现7次。 例：The previous arguments always focus on the necessity of <u>college students</u> having a part-time job. 分析：上例中的"college students"是一个泛指的表达，用于指代一类人群，即正在接受大学教育的学生。
替代手段	名词替代	无
	词组替代	无
	句子替代	无
省略手段	名词省略	无
	动词省略	无
	句子省略	无
连词手段	并列连词	无
	从属连词	无
	关联连词	出现1次。 例：A part-time job <u>not only</u> enables students to promote their abilities, <u>but also</u> help them apply their knowledge to practice. 分析：上例中的"not only…but also"强调了兼职工作不仅有助于提升学生的能力，同样也有助于将知识应用于实践。

续表

类别	子类别	数量
连词手段	连接副词	出现2次。 例1：In today's society, <u>however</u>, a part-time job is becoming necessary in a college school student's life. 例2：<u>Furthermore</u>, students who have part-time jobs can relieve that the economic burdens of their parents. 分析：例1中的"however"的作用是转折和对比，它引入了一个与前文不同的观点或情况，强调了现代社会中兼职工作对大学生生活的必要性，并引导读者或听者关注这一变化。例2中的"Furthermore"用于连接两个相关的观点或论据，表明它们之间存在逻辑上的联系。在例1中，它连接了前文可能提到的学生做兼职工作的好处（如提升能力、应用知识等）和这里提到的另一个好处，即减轻父母的经济负担。
词汇连贯性手段	词汇重复	无
	同义词和近义词	无
	反义词	无
	"搭配"或"词语搭配"	无
	上下义词	无

分析：在对上文进行总结时，显著的发现是泛指手段的频繁运用，其中记录到了7次的应用。泛指手段通过使用一般性词汇替代具体的名词或短语，有效地减少了文本中不必要的重复，从而使得句子结构更加紧凑，表达更为清晰。这种省略详细信息的策略，不仅避免了信息的冗杂，而且有助于读者抓住主要观点，提高了文章的可读性。

然而，其他重要的衔接手段则在本文中出现得较为稀少。例如，连接副词，如"therefore""meanwhile"等，虽然用量不多，但这些词汇是构建文章逻辑框架的关键，它们能够明确展示句子或段落之间的关系。个人参照的使用，通过代词如"he""she""they"等引入人物，为叙述增添了个性化元素。关联连词，包括"because""thus"等，帮助阐释因果关系，对文章逻辑的发展起到了推进作用。

本文未出现的衔接手段同样重要，它们包括：指示参照手段，通过代词如"this""that"直接指向文中的前述内容；比较参照手段，通过展示事物间的比较关系来连接信息；替代手段，即使用同义或相关词汇来避免重复；省略手段，有意识地略去已经明确或容易推断的信息，以增强语言的经济性；并列连词如"and""or""but"等，它们在列举、选择或对比时起到连接作用；从属连词，如"although""since"等，它们引导从句，建立主次信息间的层级关系；以及词汇连贯性手段，通过一致的词汇使用保持文章风格和主题的统一。

4. W_CHN_PTJ0_172_B2_0

类别	子类别	数量
参照手段	个人参照	无
	指示参照	无
	比较参照	无
	泛指	出现1次。 例：Today an increasing number of college students take part-time jobs. 分析：上例中的"college students"是一个泛指的表达，用于指代一类人群，即正在接受大学教育的学生。
替代手段	名词替代	无
	词组替代	无
	句子替代	无
省略手段	名词省略	无
	动词省略	无
	句子省略	无
连词手段	并列连词	无
	从属连词	出现1次。 例：Although, part-time jobs can open us a window to know about the society, we must keep a balance between the job and the study! 分析：上例中的"Although"是一个连词，表示让步或转折关系。它用于连接两个句子或从句，并强调尽管存在第一个情况或事实（即"兼职工作可以为我们打开一个了解社会的窗口"），但第二个情况或事实（即"我们必须保持工作和学习之间的平衡"）仍然成立或更为重要。

续表

类别	子类别	数量
连词手段	关联连词	无
	连接副词	出现 3 次。 例 1：What's more, we can make money to pay for everything we want. 例 2：However, there also are many disadvantages. 例 3：However, I think I should pay more attention to school study. 分析：例 1 中的"What's more"强调了除了前面提到的理由或好处（可能是关于兼职工作的其他好处）之外，还有一个额外的理由或好处，即"我们可以赚钱来支付我们想要的一切"。例 2 中的"However"是一个连接副词，具有转折或对比的衔接作用。它用于连接前后两个句子或句子中的两个部分，表示尽管前一个句子或观点可能是积极的或中性的，但后一个句子或观点与前一个存在对比或转折关系。例 3 中的"However"是一个副词，具有转折衔接的作用。它用于表示与前文提到的内容或观点存在对比或转折关系。前文可能提到了一些关于兼职工作的好处，如赚取额外收入、增加社会经验等。但是，使用"However"之后，作者表达了一个与前文不同的观点或看法，即他认为自己应该更加关注学校的学习。
词汇连贯性手段	词汇重复	无
	同义词和近义词	无
	反义词	无
	"搭配"或"词语搭配"	无
	上下义词	无

分析：上文中作者广泛采用了泛指手段、连接副词和从属连词等衔接技巧，以增强文本的整体连贯性和流畅度。连接副词如"however""therefore"和"additionally"等在句与句、段与段之间建立了明显的逻辑关系，引导读者理解作者的推理过程。从属连词包括"although""while"和"as"等，它们引入次要或条件性的信息，为主要观点提供背景支持或对比展现，从而增强了句子结构的复杂性和深度。尽管这些衔接手段的使用提升了文章的质量，但有一些其他的衔接技巧在本篇文章中并未被利用到。例如，指示参照手段，能够帮助读者

回指文中已提及的信息，增强语篇的紧密性。个人参照手段通过代词"he""she""they"等引入或提及人物，使得叙述更加具体和生动。并列连词如"and""but"和"or"在列举、对比或加入选择时提供必要的连贯性。比较参照手段通过展现事物间的相似性或差异性来丰富内容和视角。替代手段用于通过同义词或概念上的等价词减少重复性。省略手段通过删减已明确或可推断的信息来提高语言效率。关联连词比如"because""since"，帮助说明因果关系。词汇连贯性手段则是通过一致的词汇使用，维持文章的风格和主题一致性。

5. W_CHN_PTJ0_182_B2_0

类别	子类别	数量
参照手段	个人参照	出现1次。 例：Some people are afraid that taking a part-time job will spend their too much time. 分析：上例中的"their"是一个所有格代词，其指的是"人们的"，它连接了"time"和"people"这两个名词，表明"time"是属于"people"的。
	指示参照	无
	比较参照	无
	泛指	出现7次。 例：People wonder whether it is good for students to do so. 分析：上例中的"people"是一个泛指，表示"一些人"或"有些人"，而不是特指某一个具体的群体或个体。
替代手段	名词替代	无
	词组替代	无
	句子替代	无
省略手段	名词省略	无
	动词省略	无
	句子省略	无

续表

类别	子类别	数量
连词手段	并列连词	出现1次。 例：Last but not least, a part-time job can train our ability of working, cooperation <u>and</u> getting along with others. 分析：上例中的"and"是一个连词，用于连接三个并列的名词短语："working""cooperation""getting along with others"。这些短语共同描述了兼职工作所能提供的训练或提升的能力。
	从属连词	无
	关联连词	出现1次。 例：In the word, getting a part-time job is <u>not only</u> good for earaing money <u>but also</u> in study and ability! 分析：上例中的"not only...but also"表明兼职工作不仅有利于赚钱，同样也有利于学习和提升能力。这两个方面都被视为同等重要，没有主次之分。
	连接副词	无
词汇连贯性手段	词汇重复	无
	同义词和近义词	无
	反义词	无
	"搭配"或"词语搭配"	无
	上下义词	无

分析：在分析了上篇语篇后我们可以看出，作者在构建句子时优先选择了泛指手段，其出现的次数高达7次。泛指手段的频繁使用是为了避免在文章中不必要的细节描述和重复的信息，有效地保持了语言的简洁和文章的清晰度。这种手段对于文章而言极为重要，尤其是在需要把握大量信息而又不希望读者迷失于细节的情况下。

相对而言，本篇文章中较少使用的衔接手段包括个人参照手段、并列连词手段以及关联连词手段。个人参照手段通常通过代词如"he""she"或"they"等来提及特定的人物，增强叙述的连贯性和个性化。并列连词如"and""or"和"but"在列举、选择或对比信息时提供衔接，而关联连词如"because""thus"等则是用来明确阐述因果关系或逻辑推理，这些都是增强文章逻辑性和连贯性的重要手段。

然而，文章中未采用的衔接手段如指示参照手段、比较参照手段、替代手段、省略手段、连接副词手段、从属连词手段以及词汇连贯性手段，也各自具有独特的价值和功能。指示参照手段通过"this""that"等词的使用帮助读者追踪前文提到的内容或概念；比较参照手段通过比较和对照不同实体来展现它们之间的相互关系；替代手段用同义词或相关词汇来避免重复，并增加文本的多样性；省略手段则是在不损失信息的前提下删减文本，使句子更加精练；连接副词如"moreover""however"等提供了句子或段落间过渡，强化逻辑性；从属连词如"although""since"等构建主从句关系，增加语句的复杂性；词汇连贯性手段则通过一致的词汇使用来保持文章的一致性和主题的聚焦。

附录2

英语母语者衔接案例分析[①]

1. W_ENS_PTJ0_001_XX_1

类别	子类别	数量
参照手段	个人参照	无
	指示参照	无
	比较参照	无
	泛指	出现6次。 例：Students have far too much to worry about just trying to pass their exams let alone also trying to hold down a job while they study. 分析：上例中的"Students"作为一个泛指名词，指的是所有正在接受教育的学生，无论年龄、性别、国籍或教育阶段。
替代手段	名词替代	无
	词组替代	无
	句子替代	无
省略手段	名词省略	无
	动词省略	无
	句子省略	无

---

① 由于篇幅所限，这里只举例5篇。

续表

类别	子类别	数量
连词手段	并列连词	出现3次。 例1：Some folks may disagree I know, <u>but</u> the fact still remains that in today's society, students are being taught to perform at high levels from primary school to university and/or college and quite frankly, it is a big ask. 例2：I know that several of my fellow students are in the same boat <u>and</u> feel the same way that I do. 分析：例1中的"but"是一个转折连词，用于连接两个对比或相反的观点或情况即尽管有些人可能不同意，但现实中学生们从小学到大学或学院都被要求表现出高水平的表现，并且这确实是一个很大的要求。例2中的"and"是一个并列连词，用于连接两个并列的谓语，即"are in the same boat"和"feel the same way that I do"。
	从属连词	出现1次。 例：On that basis, I don't believe that it is important for students to have a part-time job <u>because</u> I believe, for me anyway, that it is more important to focus on studies and let the jobs come later. 分析：上例中的"because"是一个因果连词，用于解释前面提到的观点或态度的原因，即作者认为，至少对于他自己来说，专注于学习是更加重要的，而工作可以等到以后再来考虑。
	关联连词	无
	连接副词	无
词汇连贯性手段	词汇重复	无
	同义词和近义词	无
	反义词	无
	"搭配"或"词语搭配"	无
	上下义词	无

分析：通过上文我们发现作者在文中多次使用了泛指手段，共计6次。这种策略有助于文章保持高度的概括性，同时也使句子结构更加紧凑，有效地提高了语言的可读性和文章的整体流畅度。与此同时，该文较少使用并列连词和从属连词。并列连词如"and""or""but"等用于连接两个相等的语句成分，增加信息的并列性和选择性。从属连词如

"because""although""if"等则是用于构建复杂句子，明确主从句之间的逻辑关系，增强句子的复杂性和深度。尽管这些连词使用较少，但它们对于文本构建仍然至关重要，因为它们有助于读者理解不同思想之间的关系，增强文章的逻辑连贯性和表达效果。

本篇文章中未涉及的衔接手段同样重要，它们包括连接副词手段、个人参照手段、指示参照手段、比较参照手段、替代手段、省略手段、关联连词手段以及词汇连贯性手段。连接副词如"furthermore""however"等，可以提供额外的逻辑连接，使文章段落间的过渡更加自然。个人参照手段通过代词如"I""you""he"来直接指向特定的人物，使得叙述更加直接和个性化。指示参照手段通过"this""that"等词汇帮助读者指向特定的内容，增强叙述的精确度。比较参照手段通过展现事物间的相似性或差异性来增强对比效果。替代手段使用同义词或相关词汇来避免重复，增加文本的语言多样性。省略手段通过删除一些可推断的信息来使句子更加简洁。关联连词如"therefore""since"等表明句子或段落之间的因果关系。词汇连贯性手段通过一致性的词汇选择来维持主题的集中和文章的整体一致性。

2. W_ENS_PTJ0_004_XX_1

类别	子类别	数量
参照手段	个人参照	无
	指示参照	无
	比较参照	无
	泛指	出现1次。 例：I think that it is important for college students to work part-time. 分析：上例中的"college students"是一个泛指的表达，用于指代一类人群，即正在接受大学教育的学生。
替代手段	名词替代	无
	词组替代	无
	句子替代	无

续表

类别	子类别	数量
省略手段	名词省略	无
	动词省略	无
	句子省略	无
连词手段	并列连词	出现 7 次。 例 1：At first, I had the same plan as they did but as time went on I found that I was losing interest in studying and always tired. 例 2：So instead of just working to study, I decided to save some of the money for travel, take a short break and then return to my studies feeling refreshed and like I had done something for myself. 分析：例 1 中的"but"的作用是连接并强调前后两个句子之间的转折关系，突出了作者从最初与他人有相同计划到后来情况发生变化的过程。例 2 中的"and"在这里连接了"take a short break"和"then return to my studies feeling refreshed and like I had done something for myself"两个动作。这两个动作是作者决定采取的连续行动的一部分，构成了作者的学习和生活规划。
	从属连词	出现 3 次。 例 1：It was important for me because it allowed me to take time off and travel to Japan. 例 2：I know that some of my friends work because they wanted the money for student fees and books etc. 分析：例 1 中的"because"引导了句子的后半部分，即"it allowed me to take time off and travel to Japan"。这部分解释了为什么前述的事情对作者来说很重要。具体来说，它允许作者有时间休息并去日本旅行。例 2 句子的前半部分"I know that some of my friends work"表明了一个事实，即作者知道他的一些朋友在工作。接着，"because"引导了句子的后半部分，即"they wanted the money for student fees and books etc."，这部分解释了为什么这些朋友选择工作。
	关联连词	无
	连接副词	无

续表

类别	子类别	数量
词汇连贯性手段	词汇重复	无
	同义词和近义词	无
	反义词	无
	"搭配"或"词语搭配"	无
	上下义词	无

分析：在对上文分析中发现，作者在文章中频繁使用了并列连词，总计7次。并列连词包括"and""or""but""yet""for"和"nor"等，它们是英语中构建句子和段落基础的一部分。这些连词不仅可以连接单词、短语或从句，还可以在陈述中引入新的概念或选项，表达对立或转折，以及增加语句的连贯性。它们的使用有助于作者在句子层面上构建复杂而多样的结构，清晰地呈现出各个观点或事件之间的平行关系，使得读者可以明了文章的逻辑框架以及作者的思考路径。

相比之下，本篇文章中较少使用泛指手段和从属连词。泛指手段通常通过不具体指明的词语，如"things""stuff""situation"等，来避免重复并增加句子的概括性。这种手段虽然能在一定程度上提高语言的简洁性，但过少的使用可能会使得文章缺乏具体详细的信息，从而影响读者对文章内容的深入理解。从属连词，如"because""although""since""while"等，帮助构建复杂的句子结构，明确主要和次要信息之间的关系。它们对于展示因果、对比、条件等逻辑关系至关重要，但在本篇文章中并未广泛应用，可能是因为作者在表达时更倾向于直接并行的叙述方式。

此外，本篇文章未使用的衔接手段，包括指示参照手段、连接副词手段、个人参照手段、比较参照手段、替代手段、省略手段、关联连词手段以及词汇连贯性手段，这些都是增强文章连贯性和表达效果的重要工具。指示参照手段使用"this""that""these""those"

等词汇，有助于清晰指向特定的人、事、物或观点。连接副词如"therefore""however""moreover"等，能够提供句子之间的逻辑连接，使文章的结构更加紧凑。个人参照手段利用第一人称、第二人称或第三人称代词，在文中建立与特定角色或集体的联系。比较参照手段通过对比和类比来突出不同事物之间的关系。替代手段和省略手段能有效避免重复，使文章更加简洁。关联连词标明句子或段落间的逻辑关系，比如因果或转折。词汇连贯性手段通过一致的词汇使用，维护文章的主题一致性。

综合来看，每种衔接手段都有独特的功能和作用，而一个高效的文章应合理运用这些不同的手段。虽然在上文中并列连词是主要的衔接手段，但其他未使用的衔接手段也不可忽视，它们能够在不同的语境中发挥作用，提升文章的清晰度、连贯性和说服力。因此，作者在进行写作时，应根据文本的具体需求和目标，灵活选择和运用各种衔接技巧。

3. W_ENS_PTJ0_005_XX_1

类别	子类别	数量
参照手段	个人参照	无
	指示参照	出现 1 次。 例：It is working out for me and provided that I stick to the new strategies and processes that I have learned, I believe that I won't run into to many major problems. This might not be the ideal thing for everyone else, but I can only say that it is working for me. 分析：上例中的"this"是一个代词，用于指代前面提到的某个名词或概念，以避免重复。"this"指的是"采用新的策略和流程，并坚持执行"。
	比较参照	无
	泛指	无
替代手段	名词替代	无
	词组替代	无
	句子替代	无

续表

类别	子类别	数量
省略手段	名词省略	无
	动词省略	无
	句子省略	无
连词手段	并列连词	出现 7 次。 例 1：It has worked out for me and I have also learned a lot from my two bosses. 例 2：I wouldn't say that it has been a lot of fun every day, but it hasn't been as bad as I thought and if I approach it in a methodical way, most things seem to fall into place fairly easily. 分析：例 1 中的"and"连接了两个独立的子句："It has worked out for me"和"I have also learned a lot from my two bosses"。这两个子句各自表达了完整的思想，但它们通过"and"连接在一起，形成了一个并列句，共同构成了整个句子的意义。例 2 中的"but"和"and"在这句话中分别起到了转折和并列的作用，使得整个句子在表达上更加丰富、多样和连贯。它们帮助读者理解作者对日常生活的感受是一个复杂而多面的问题，并展示了作者对于处理这种情况的积极态度和策略。
	从属连词	出现 1 次。 例：I thought that my studies would suffer but they haven't because I found that if I just stick to my time schedules, I seem to get everything done OK. 分析：上例中的，"because"引导了一个因果关系的从句，解释了为什么学习没有受到影响。"because"之后的部分"I found that if I just stick to my time schedules, I seem to get everything done OK"说明了原因：作者发现只要坚持自己的时间安排，就能顺利完成各项任务。
	关联连词	无
	连接副词	无
词汇连贯性手段	词汇重复	无
	同义词和近义词	无
	反义词	无
	"搭配"或"词语搭配"	无
	上下义词	无

分析：在分析上文时显而易见的是，并列连词的使用频率非常高，共出现了7次。这些并列连词，如"and""or""but""nor""for""yet"和"so"，扮演着构造句子和段落的基础角色。它们不仅能够连接词语和短语，还能够表达复杂的关系，如对比、选择、因果和转折。这些简单但强大的连接词极大地丰富了句子结构，为作者提供了一种高效的方式来组织内容，使得句子之间的逻辑关系、时间顺序和语气强调得到明显的标示。因此，读者或听众可以更加流畅地理解文章的内容，跟随作者的思路。

与此同时，泛指手段和从属连词在本篇文章中的应用相对较少。泛指手段通常使用不太具体的词汇，如"something""everything"和"everyone"，来指代一个广泛的概念或事物，有助于避免不必要的重复，并让文章显得更加自然和流畅。从属连词，如"although""because""if"和"since"，则是用来构建从属关系的，它们将一个次要的信息或条件链接到主要信息上，有助于建立复杂的句子结构和清晰的逻辑关系。

此外，上文中未使用的衔接手段，包括指示参照手段、连接副词手段、个人参照手段、比较参照手段、替代手段、省略手段、关联连词手段以及词汇连贯性手段，也都是文本连贯性和表达效果的重要组成部分。指示参照手段通过指示代词如"this""that""these""those"来引导读者的注意力，帮助他们理解句子或段落的指向。连接副词，比如"therefore""however""furthermore"等，用于指出句与句之间的逻辑关系，增强论证的连贯性。个人参照手段通过使用第一、第二或第三人称代词来涉及不同的观点和主体。比较参照手段则是用来进行对比和类比，突出不同事物之间的相似或差异。替代手段通过同义词或近义词来避免重复，而省略手段则是省去已经提过的信息，使句子更加简洁。关联连词（如"nevertheless""consequently"等）指出段落之间的关系，有助于文章整体的流动性和逻辑性。词汇连贯性手段则依赖于一致性和词汇的重复，以加强主题和观点。

每种衔接手段都有其独特的作用，能够在不同的语境和文章类型中发挥不同的效果。尽管上文中主要使用了并列连词，但其他衔接手段的有意选择和避免也对文章的风格和效果有着重要的影响。理想的情况下，作者在撰写时应根据文章的目的和读者的需求，灵活运用各种语言资源，以实现最佳的沟通效果。

4. W_ENS_PTJ0_006_XX_1

类别	子类别	数量
参照手段	个人参照	出现3次。 例：First, in many large ways students already have a job. Their job is to be students. 分析：上例中的"their"的作用是明确表明"job"是属于"students"的，即这个工作是学生们的。
	指示参照	无
参照手段	比较参照	无
	泛指	出现4次。 例：I simply do not think it is that important for college students to have a job. 分析：上例中的"college students"是一个泛指的表达，用于指代一类人群，即正在接受大学教育的学生。
替代手段	名词替代	无
	词组替代	无
	句子替代	无
省略手段	名词省略	无
	动词省略	无
	句子省略	无

续表

类别	子类别	数量
连词手段	并列连词	出现 4 次。 例1：While a great many of my friends <u>and</u> family think that it is important for college students to have a part-time job or seek some form of supplementary income. 例2：They should not be required to work as a kid easily lead a distraction from their studies <u>and</u> have a negative impact on their performance in classes. 分析：例 1 中的"and"连接了两个并列的动词短语："have a part-time job"和"seek some form of supplementary income"。这两个短语都描述了大学生可以做的两种事情，而且它们在逻辑上是并列的，表示这两种行为都是被认为重要的。例 2 中的"and"连接了两个结果或影响："easily lead a distraction from their studies"和"have a negative impact on their performance in classes"。这两个结果都是由于"They should not be required to work as a kid"这一前提或条件引发的。
连词手段	从属连词	无
连词手段	关联连词	无
连词手段	连接副词	无
词汇连贯性手段	词汇重复	无
词汇连贯性手段	同义词和近义词	无
词汇连贯性手段	反义词	无
词汇连贯性手段	"搭配"或"词语搭配"	无
词汇连贯性手段	上下义词	无

分析：在分析上文时发现，泛指手段、个人参照手段和并列连词手段被频繁使用。这些衔接手段对于确保文章的流畅性和表达的清晰性至关重要。泛指手段通过使用泛泛的词语来引用先前提到的概念或事情，有助于避免不必要的重复，并能使文章更加简洁和易于阅读。个人参照手段则通过"he""she""they""we"等代词，让作者能够直接引用文章中的人物，或者让作者与读者之间建立一种更直接的联系。通过这种方式，作者可以有效地将读者带入讨论，从而增加文章的吸引力和说服力。并列连词手段，如"and""or""but"等，用于连接句子中的同等成分，无论是词、短语还是完整的句子。它们有助于构建平行结构，使得信息的呈现更

加有序和清晰。并列连词还能够增强句子的节奏感,使读者更容易跟随作者的思路。

然而,本篇语篇并未使用一些其他的衔接手段,包括指示参照手段、比较参照手段、连接副词手段、从属连词手段、替代手段、省略手段、关联连词手段以及词汇连贯性手段。这些未被运用的衔接手段同样重要,它们在其他语境中可能是增强文章连贯性和逻辑性的关键。指示参照手段通常通过"this""that""these""those"等词汇来指代特定的人或事物,帮助明确句子或段落之间的联系。比较参照手段则通过"similarly""likewise""in contrast"等词汇来展示不同概念或实体之间的比较关系。连接副词如"therefore""however""moreover"等,用于展现句子或段落之间的逻辑关系,有助于强化文章的论点。从属连词包括"although""since""unless"等,它们用于构建句子中的主从关系,为文章增添复杂性和深度。替代手段通过同义词或短语来避免重复,使文章更多样化和有趣。省略手段则通过删除已经明确或不必要的信息来使文本更紧凑。关联连词如"nevertheless""therefore""hence"等,展示了文章中不同部分之间的内在联系。词汇连贯性手段则依赖于一系列相关词汇来增强主题的一致性和连续性。

每一种衔接手段都有其独特的功能,在撰写过程中,作者应根据文章的目的和结构,精心选择最合适的衔接手段,以确保文章达到预期的效果并对读者产生影响。

5. W_ENS_PTJ0_007_XX_1

类别	子类别	数量
参照手段	个人参照	无
	指示参照	无
	比较参照	无
	泛指	出现 5 次。 例:I think it is very important for college students to have a part-time job. 分析:上例中的"college students"是一个泛指的表达,用于指代一类人群,即正在接受大学教育的学生。

续表

类别	子类别	数量
替代手段	名词替代	无
	词组替代	无
	句子替代	无
省略手段	名词省略	无
	动词省略	无
	句子省略	无
连词手段	并列连词	出现1次。 例：I've held internships in both of my summers here at university, and I think that I am a much stronger job candidate than my classmates who do not have such experience. 分析：上例中的"and"在这里连接了两个独立的句子："I've held internships in both of my summers here at university"和"I think that I am a much stronger job candidate than my classmates who do not have such experience"。
	从属连词	出现1次。 例：What many students don't realize is that because the economy is so bad right now, good grades and academic achievement are not enough to ensure employment after graduation, especially in technical fields like engineering or physiology. 分析：上例中的"because"在这句话中起到了连接原因和结果的作用，明确指出了当前经济形势不佳是导致学生毕业后难以就业的原因，并强调了经济形势对就业市场的负面影响。
	关联连词	无
	连接副词	出现1次。 例：Furthermore, I had earned enough money just in the summers as an intern so that I would not have to work during the regular semester. 分析：上例中的"Furthermore"连接了前文提到的内容（可能是关于作者的学习或工作经历）和接下来要说明的情况，即作者在暑假期间作为实习生赚够了钱，因此不需要在常规学期期间工作。

续表

类别	子类别	数量
词汇连贯性手段	词汇重复	无
	同义词和近义词	无
	反义词	无
	"搭配"或"词语搭配"	无
	上下义词	无

分析：在文本分析中发现，泛指手段被频繁使用，总共出现了5次。通过这种手段，作者能够以一种广泛的方式提及事物或概念，避免了具体名称的重复使用，从而有效地减少了文章中的冗余和重复性，保持了句子的简洁性和文章的清晰度。尽管泛指手段被广泛应用，但连接副词手段、并列连词手段以及从属连词手段的使用却相对较少。这些衔接手段在英语写作中占据着重要位置，因为它们能够有效地增强句子之间的连接，促进文本的连贯性和逻辑性。连接副词如"therefore""however""meanwhile"等，有助于展示句子或段落之间的关系，指导读者理解作者的论点发展。并列连词如"and""or""but"等，用于列举、添加或对比信息，增加句子的多样性。从属连词，包括"because""although""if"等，则用于构建复杂的句子结构，表明主从句之间的逻辑关系。

此外，本文未涉及其他一些关键的衔接手段，包括指示参照手段、个人参照手段、比较参照手段、替代手段、省略手段、关联连词手段以及词汇连贯性手段。这些衔接手段各具特色，对于增强文本的连贯性、丰富语言表达和提高信息传递的清晰度都有着不可或缺的作用。指示参照手段通过"this""that"等词的使用，帮助明确指向先前提及的内容，而个人参照手段利用第一、第二或第三人称代词来增加叙述的主观性或客观性。比较参照手段通过展示事物之间的相似或不同，为文章增添对比和深度。替代手段和省略手段有助于避免内容的重复和过度赘述,使文章更加简洁有力。关联连词如"because of""as a result""therefore"等,清晰地表明因果或转折关系。词汇连贯性手段通过一致的词汇使用,维护了文章的主题一致性和风格统一。

附录3

中国英语学习者连贯的案例分析[①]

一、A2水平

1. W_CHN_PTJ0_038_A2_0

关系类型	子类型	是否存在
相似性关系	相似关系	否
	对比关系	出现1次。 例：If they are from very poor family, they can reduce their family burden. But after-school work has brought a lot of problems. （but 体现对比关系。前文列举三点兼职的好处，but 转折表示话语态度的转变，引出兼职带来的问题。）
	阐述关系	否
	例证关系	出现1次。 例：For example, some students all the time think of their part-time jobs and cannot decide study is more important now. （For example 体现例证关系，举例说明兼职的弊端。）
	概括关系	否
	例外关系：概括在先	否
	例外关系：例外在先	否

[①] 由于篇幅的制约，这里只举例20篇，每个水平各5篇。

续表

关系类型	子类型	是否存在
时空连续性关系	顺序关系（前后）	出现1次。 例：For example, some students all the time think of their part-time jobs and cannot decide study is more important now. （and体现前后顺序关系。"一些学生整日想着兼职工作"顺序在前，and "不能意识到学习目前更重要"时间顺序在后。）
	顺序关系（后前）	无
因果关系	先因后果	出现1次。 例：For example, some students all the time think of their part-time jobs and cannot decide study is more important now. （and体现先因后果关系，先说明原因——一些学生整日想着兼职工作，后说明如此做法的结果——不能意识到学习目前更重要。）
	先果后因	否
	妨碍期待	否
	妨碍不成	否

分析：在这篇文章中，通过细致地运用对比关系、例证关系、时间顺序关系和因果关系四种逻辑关系，作者成功地增加了内容的丰富性和深度。每种逻辑关系都通过特定的连接词或短语得到体现，这不仅帮助读者更好地理解文章的结构，也使得论述更加有说服力和吸引力。对比关系是通过使用"but"来展示的，这个词通常用于引入一个与前文不同或相反的观点或情况，帮助突出不同之处，增强文章的论证和观点的多样性。通过对比关系的展现，作者能够让读者看到不同角度或观点，从而使论述更加全面。例证关系则通过"for example"这个短语来体现，它常用于引入具体的例子或证据，以支持或说明前述的论点。这种方法能够使抽象的观点具体化，加强读者的理解和认同，同时也为文章的论点提供了实际的支撑。有趣的是，"and"这个简单的连词在文章中具有双重功能。它不仅表达了事件或行为之间的时间顺序关系，即一件事情发生在另一件事情之后，还用于展示因果关系，即一件事情是因为另一件事情而发生。这种灵

活的使用展现了"and"在连接不同逻辑关系时的多功能性,同时也指出了事件之间的内在联系,使文章的逻辑结构更加紧密和连贯。

通过这四种逻辑关系的巧妙运用,文章不仅展现了内容的丰富性和复杂性,而且通过对比、例证、时间顺序和因果关系的有机结合,增强了文章的说服力和阅读体验。这种多元逻辑关系的应用,不仅有助于构建一个结构严谨、论证充分的文章,也促进了读者的思考和理解,使他们能够更全面地把握文章的主旨和深层意义。

2. W_CHN_PTJ0_046_A2_0

关系类型	子类型	是否存在
相似性关系	相似关系	否
	对比关系	出现2次。 例如:On the one hand, if you want to gain more experiences in society, to have a part-time job is a good way, but on the other hand, in case you pay more attention on your part-time job that you don't have enough times on your study lessons, for a college student, study is most important for a student. (前文肯定兼职是获取社会经验的好方式,but 与 on the other hand 在此处都体现对比关系,强调如果花太多精力在兼职上会耽误学习。)
	阐述关系	否
	例证关系:概括在先	否
	概括关系:例外在先	否
	例外关系	否
时空连续性关系	顺序关系(前后)	出现1次。 例如:From now on, college becomes more and more market focus and a college student must be provided with variety of skills. (and 体现前后的顺序关系,"大学变得越来越关注市场"时间顺序在前,"大学生必须接受各种各样的技能教育"时间顺序在后。)
	顺序关系(后前)	否

续表

关系类型	子类型	是否存在
因果关系	先因后果	出现3次。 例1：From now on, college becomes more <u>and</u> more market focus and a college student must be provided with variety of skills. （and 体现先因后果关系，因为学校现在越来越关注市场，所以大学生必须接受各种各样的技能教育。） 例2：Most college students believe a part-time job can support their more job chances in the future, and it also can improve a person's confidence and responsibility. So in this way, to find a part-time job is a practical idea. （so 连接的两部分呈现先因后果关系。前文提及大多数大学生认为兼职能为未来工作提供更多的机会、提升个人自信心和责任感，是原因；下文总结从这方面来看兼职是实用的，是结果。） 例3:There are other college students believe that college is a study place, <u>so</u> they consider that if we spend much time in doing a part-time job, we may delay our school works, in this aspect, concentrating our attention on studying is more important than having a part-time job in society. （so 连接的两部分体现先因后果关系。因为其他的大学生认为大学是一个学习的地方，所以他们认为如果花太多时间做兼职会影响学业。）
	先果后因	否
	妨碍期待	否
	妨碍不成	否

分析：在这篇文章中，通过精心构建的对比关系、时间顺序关系和因果关系，文章的逻辑框架被巧妙地搭建起来。这三种逻辑关系的有效运用不仅丰富了文章的内容，还增加了论述的深度和说服力，使读者能够清晰地跟随作者的思路。对比关系在文章中通过两个代表性的连接词展示，这两个词在同一个例句中共同使用，突出了不同观点或事物之间的差异或对立。这种使用方式非常有效，因为它能在一个紧凑的语境中直观地展示对比效果，让读者可以立即捕捉到作者想要强调的点。时间顺序关系则通过连接词"and"及其对应的一个例句来体现。在这里，"and"不仅仅是一个简单的连接词，它还承担了展现事件或论点按照时间顺序发展的任务。通过这种方式，文章构建了一个清晰的时间线，帮助读者理解事件或论点发展的顺序，从而更容易

把握文章的整体结构。因果关系在文章中通过两个连接词"and"和"so"来展示，其中"and"在一句例句中使用，而"so"则在两个例句中出现。这两个连接词的使用揭示了事件或论点之间的因果关系，即一个事件或论点是如何导致另一个事件或论点发生的。特别是"so"，它直接指示了结果，使得因果关系在文章中得到了清晰的表达。这种对逻辑关系的精细分布不仅显示了文章在逻辑表达上的丰富性，还体现了结构上的多样性。

通过这三种主要的逻辑关系，文章构建了一个坚实的框架，支撑起了复杂而有说服力的论述。这不仅使文章内容更加引人入胜，也大大提高了信息传递的效率和效果。对读者而言，这种清晰的逻辑结构和丰富的内容展示使阅读体验更加深刻和愉悦，增强了对文章主题和论点的理解与认同。

3. W_CHN_PTJ0_050_A2_0

关系类型	子类型	是否存在
相似性关系	相似关系	否
	对比关系	出现1次。 例如：People usually believe that studying is the main task to students <u>but</u> not earning money. （but 体现对比关系。but 前后两部分是截然不同的两方面——学生的主要任务是学习，而不是赚钱。）
	阐述关系	出现1次。 例如：However, it pays us a large quantity of time and energy for the jobs. Doing jobs must be tired; it is not good for our health. <u>In addition</u>, colleges are the place where we learn knowledge. （in addition 体现阐述关系，进一步阐述不做兼职的原因。）
	例证关系	出现1次。 例如：Some people guess that doing a part-time job can acquire many benefits, <u>such as</u> income, living experiments, etc. （such as 后举例兼职的好处，体现例证关系。）
	概括关系	出现1次。 例如：From what has been mentioned above, we can easily <u>come to the conclusion</u> that do part-time job is not a good choice to college students. We should focus more on study now. （该句从"come to the conclusion"和内容上可看出，对前文列举兼职的坏处进行概括，得出结论"做兼职对大学生来说不是一个好的选择，而应该更加注重学习"。）

续表

关系类型	子类型	是否存在
相似性关系	例外关系：概括在先	否
	例外关系：例外在先	否
时空连续性关系	顺序关系（前后）	出现1次。 例如：Last but not least, doing part-time job can not earn a large number of money. （last but not least 体现前后顺序关系。引出大学生兼职的最后一个坏处：做兼职挣不了很多钱。）
	顺序关系（后前）	否
因果关系	先因后果	出现1次。 例如：Nevertheless, it cannot deny that we may be succeeding with lots of income in the future. Thus, knowledge plays an important role in our life. （thus 体现先因后果的关系，thus 前是原因——我们将来可能收入很多，thus 后是结果——知识在我们的生活中很重要）
	先果后因	否
	妨碍期待	否
	妨碍不成	否

分析：该篇文章包括对比关系、阐述关系、例证关系、概括关系、前后顺序关系和先因后果关系六种逻辑关系，体现的逻辑关系较为多样。无体现概括关系的连接词，但可以从"come to the conclusion"和语义看出。除概括关系，每个关系都有一个连接词和一个对应的例句，thus在A2水平中用来表示先因后果关系较少。

简而言之，该篇文章展示了六种逻辑关系，包括对比关系、阐述关系、例证关系、概括关系、时间顺序关系和因果关系，显示了内容上的多样性。尽管概括关系没有直接的连接词表达，但通过"come to the conclusion"及其语境可以推断出其存在。除了概括关系，每种逻辑关系都通过一个特定的连接词和至少一个对应的例句进行展示。特别是，"thus"作为表示因果关系的连接词，在A2水平的文本中较少使用。这种多样化的逻辑关系表达和有限的连接词使用反映了文章结构的复杂性和层次性。

4. W_CHN_PTJ0_058_A2_0

关系类型	子类型	是否存在
相似性关系	相似关系	否
	对比关系	否
	阐述关系	出现1次。 例如：What's more, many people destroy their future for the lack of enough things to do. （what's more 体现阐述关系。进一步阐述同意兼职的原因。）
	例证关系	否
	概括关系	出现1次。 例如：College time is good time to become mature. We can feel much through earning money ourselves. On the other hand, we can collect much experience. All this is good for us. （划线句句中无典型地表示概括关系的词，但 all 指代前文内容，在语义上有概括的关系）
	例外关系：概括在先	否
	例外关系：例外在先	否
时空连续性关系	顺序关系（前后）	出现3次。 例（1）：Especially in China, students have little time to do things themselves before being a college student. （before 体现前后顺序关系。"学生很少有时间自己做事情"顺序在前，"成为大学生"顺序在后。） 例（2）：These people feel bored and don't know what to do after being set free suddenly. Then, they do some no-meanings to pull the time like playing computers day and night. They then form many bad habits. （该例子中两个 then 均表示前后的顺序关系。这些人感到无聊，不知道做什么，然后他们就做一些像整日打游戏这样没有意义的事情，然后他们就养成了坏习惯。）
	顺序关系（后前）	出现1次。 例如：These people feel bored and don't know what to do after being set free suddenly. （这些人"在突然获得自由"先发生但顺序在后，"感到无聊，不知道做什么"后发生但顺序在前，after 连接的两个部分体现后前的顺序关系。）

续表

关系类型	子类型	是否存在
因果关系	先因后果	出现1次。 例如：Finding work is good way to stop this from happening. So, college students of course should find part-time job. （so连接的两部分体现先因后果关系。so的前文说明了大学生需要兼职的原因，so后为结果：大学生应该做兼职工作。）
	先果后因	出现1次。 例如：Students should try to learn as much as they can during days in colleges. Because this is the time you needn't worry about too much life problems and have many chances to obtain new things. （because前先摆出结果，because后是该结果的原因，体现先果后因关系。）
	妨碍期待	否
	妨碍不成	否

分析：该篇文章有阐述关系、概括关系、前后顺序关系、后前顺序关系、先因后果关系和先果后因关系六类逻辑关系，类型较多。除概括关系外，其他五类关系均有代表性的连接词。这篇文章使用的连接词较多样。前后顺序关系的连接词有before和then两个，数量最多，其对应的例句数量也最多，有三句。体现后前顺序关系、先因后果关系和先果后因关系的连接词分别为after、so、because。该篇文章展现了六种不同的逻辑关系：阐述关系、概括关系、时间顺序关系（包括前后顺序和后前顺序）、因果关系和逆因果关系，体现了内容的多样性。除了概括关系外，其他五种关系都有各自代表性的连接词来进行标示，显示了连接词的多样使用。具体来说，前后顺序关系通过"before"和"then"这两个连接词来表达，这两个连接词的使用次数和对应的例句数量都是最多的，一共有三句。后前顺序关系则由"after"来体现；因果关系通过"so"表达；而逆因果关系则使用"because"来标示。这种丰富的逻辑关系和连接词的使用，增加了文章的清晰度和逻辑性。

5. W_CHN_PTJ0_117_A2_0

关系类型	子类型	是否存在
相似性关系	相似关系	否
	对比关系	否
	阐述关系	否
	例证关系	否
	概括关系	出现1次。 例如：However, I do not mean that high school study is not important, but <u>all in all</u>, I think there will be more advantages to have a part-time job when you are studied in the high school, because you can get trained earlier and more friends. （all in all 后作者概括自己的观点，体现概括关系。）
	例外关系：概括在先	否
	例外关系：例外在先	否
时空连续性关系	顺序关系（前后）	出现4次。 例1：<u>First of all</u>, taking part-time jobs make young people more independent, which is important for their further development. （first of all 体现前后的顺序关系。引出兼职对学生的第一个益处：更独立。） 例1：<u>Next</u>, students who have part-time jobs can afford their fees for their schooling, which in fact relieve the burdens of their parents. （next 体现前后的顺序关系。引出兼职对学生的第二个益处：减轻经济负担。） 例3：<u>Then</u> the most important I think, students can train themselves for future with a part-time job. （then 体现前后的顺序关系。引出兼职对学生的第三个益处：为未来的工作锻炼自己。） 例4：<u>Last but not least</u>, as friendship can provide you an easy way for future, we can meet more people from a part-time job and many of them can help us. （last but not least 体现前后的顺序关系。引出兼职对学生的最后一个益处：遇到更多将来可能提供帮助的朋友。）

续表

关系类型	子类型	是否存在
时空连续性关系	顺序关系（后前）	出现1次。 例如：As we all know, in China, many students can't find a job because of their lack of social experience <u>when</u> they graduate from college. （"许多学生因缺乏社会经验而找不到工作"时间在后，"学生毕业"时间在前，when连接的两部分体现后前的顺序关系。）
因果关系	先因后果	否
因果关系	先果后因	出现2次。 例1：The most things we learned for future is what we learned from the society instead of the school. <u>Because</u> what we learned from the society is what we are going to face. 例2：I think there will be more advantages to have a part-time job when you are studied in the high school, <u>because</u> you can get trained earlier and more friends. （这两个例子都是because前先摆出结果，because后解释该结果的原因。）
因果关系	妨碍期待	否
因果关系	妨碍不成	否

分析：该篇文章体现了概括关系、前后顺序关系、后前顺序关系和先果后因关系。体现概括关系的连接词为all in all；体现前后顺序关系的连接词为first of all，next，then和last but not least，连接词和例句的数量都是最多的，有四个，都用于列举论述点；体现后前顺序关系的连接词为when；体现先果后因关系的连接词为because，有两个例句。该文展现了概括关系、时间顺序关系（包括前后顺序和后前顺序）以及逆因果关系，涵盖了多样的逻辑构造。概括关系通过"all in all"来表达；时间顺序关系特别强调，使用了"first of all""next""then"和"last but not least"这四个连接词来列举和论述点，这组连接词及其对应的例句数量均为最多，共有四个；后前顺序关系通过"when"标明；逆因果关系则由"because"来阐述，具有两个相关的例句。这种多样性的逻辑关系和精确的连接词使用，为文章的结构和内容理解提供了清晰的框架。

二、B1-1水平

1. W_CHN_PTJ0_073_B1_1

关系类型	子类型	是否存在
相似性关系	相似关系	否
	对比关系	出现 3 次。 例 1：Many people regard that college students should do some part time job because college students should come into contact with society. <u>But</u> I oppose college student only do some part time job but not do their theoretical knowledge well. （下划线的 but 体现对比关系。but 前后是两个对于兼职工作不同的观点。） 例 2：If we have more time and energy, we can do some part time job for earning some money, accumulating social experience and so on. <u>But</u> if have some problem in our college study like studying or students' union, we should do our schoolwork first. （but 体现对比关系。but 前后是关于学习和兼职工作的两种不同的情况与做法。） 例 3：Many students don't want to do their college homework, so the part-time job became the best excuse of their laziness. <u>But</u> in other hands, college student have taken 12 years education in primary school and middle school and they have no chance to come into contact with society. （but 体现对比关系。but 前说明兼职的坏处：大学生会以兼职作为不做作业的借口。but 后说大学生之前没有机会接触过社会，间接说明兼职是接触社会的好机会。）
	阐述关系	否
	例证关系	否
	概括关系	出现 1 次。 例如：<u>Generally speaking</u>, in our college, we should do our college theoretical knowledge well firstly. （generally speaking 体现概括关系。概括前文关于学习和兼职工作的两种不同的情况与做法，得出作者自己的观点。）
	例外关系：概括在先	否
	例外关系：例外在先	否

续表

关系类型	子类型	是否存在
时空连续性关系	顺序关系（前后）	出现1次。 例如：Generally speaking, in our college, we should do our college theoretical knowledge well firstly. After that, if we have more time and energy, we can do some part time job for earning some money, accumulating social experience and so on. （after体现前后的顺序关系。that指代前文"我们首先应学好理论知识"，顺序在前，有精力和时间再去兼职，顺序在后。）
	顺序关系（后前）	否
因果关系	先因后果	出现2次。 例：As we all know, more and more people die from smoking, so now smoking is a new man killer. （so体现先因后果关系。因为越来越多的人死于吸烟，所以现在吸烟成为新的人类杀手。） Smoking also hurt your family and your child. So we should protect our family and give up smoking. （so体现先因后果关系。"吸烟还会伤害你的家庭和孩子"是因，"我们应该保护我们的家庭并戒烟"是果。）
	先果后因	出现1次。 例如：Many people regard that college students should do some part time job because college students should come into contact with society. （because体现先果后因关系。because前为结果：许多人认为大学生应该做一些兼职工作。because后为原因：大学生应该接触社会。）
	妨碍期待	否
	妨碍不成	否

分析：这篇文章通过精心选用的连接词和结构安排，展示了对比关系、概括关系、时间顺序关系、因果关系以及逆因果关系这五种丰富多样的逻辑关系。通过这些逻辑关系的组合使用，文章的结构和内容变得更加丰富和有层次，有效地增强了文章的论述深度和说服力。对比关系是通过"but"这个连接词实现的，其中包含了3个具体的例句。这种关系突出了不同观点、情况或对象之间的差异或对立面，使得文章能够全面地展现主题，让读者能够从不同角度理解问题。概括关系仅有1个例句，这种关系帮助作者从宏观上描述了一个情况或总结了一系列的观点，为读者提供了

一个清晰的、总体的理解框架，使得文章的论点更加明确和易于把握。时间顺序关系通过使用"after"这个连接词展现，相应地也有1个例句。这种关系说明了事件发生的先后顺序，为文章的叙述添加了时间线索，帮助读者理解事件或论点发展的逻辑顺序。因果关系通过"so"这个连接词表示，包括了2个例句。这种关系清楚地展示了原因和结果之间的直接联系，强调了某一事件或行为导致了另一事件的发生，增强了文章论证的逻辑性和说服力。逆因果关系则是通过"because"这个连接词体现的，具有1个例句。这种关系从结果出发，追溯到其原因，为读者提供了对事件深入理解的另一种途径，从而增加了文章的分析深度和复杂性。

这些不同的连接词和逻辑关系的应用，共同构成了文章的结构和表达方式，使得内容既丰富又具有逻辑性。通过对这些逻辑关系的细致分析和运用，作者不仅清晰地传达了信息，也提升了文章的吸引力，使读者能够更加容易地理解和接受文章的主要论点和观点。这种多样化的逻辑结构安排，体现了作者对文章内容和结构的深思熟虑，也展示了其高超的写作技巧。

2. W_CHN_PTJ0_079_B1_1

关系类型	子类型	是否存在
相似性关系	相似关系	否
	对比关系	出现1次。 例如：Most people believe that it is the performance of those college students which is more vital than any other aspects. However, this opinion is now being questioned by more and more enterprises and experts, who complain that the graduates can barely do anything when they start to work. （however 体现对比关系。前文是大多数人的观点，however 后说明越来越多企业和专家质疑大多数人认同的观点。）
	阐述关系	出现1次。 例如：In addition, especially for those who want to have further study, those best commercial colleges in the world treasure working experience most. （in addition 体现阐述关系。阐述作者同意大学生有兼职工作是很必要的这一观点的原因。）

续表

关系类型	子类型	是否存在
相似性关系	例证关系	否
	概括关系	否
	例外关系：概括在先	否
	例外关系：例外在先	否
时空连续性关系	顺序关系（前后）	否
	顺序关系（后前）	出现1次。 例如：That means, we will get more part-time and most of us will spent part time on playing, as a consequence, we will learn less and less, even not enough to feed ourselves <u>after</u> graduation. （after 体现后前的顺序关系。毕业后不能养活自己时间在后，毕业时间在前。）
因果关系	先因后果	出现1次。 例如：That means, we will get more part-time and most of us will spent part time on playing, <u>as a consequence</u>, we will learn less and less, even not enough to feed ourselves after graduation. （as a consequence 体现先因后果关系。as a consequence 后是"我们大多数人会把业余时间花在玩耍上"的结果。）
	先果后因	否
	妨碍期待	出现1次。 例如：It will inevitably influence our performance. <u>But</u> compared to the benefits it brings, these disadvantages can be ignored. （but 体现妨碍期待关系。兼职不可避免地影响我们的表现，妨碍物在先；与它带来的好处相比，这些缺点是可以忽略的，果在后。）
	妨碍不成	否

分析：该篇文章精彩地展现了多样化的逻辑关系构建，涵盖了对比关系、阐述关系、时间顺序关系、因果关系以及妨碍期待关系，通过精心挑选的连接词来表达这些关系，增强了文章的结构性和内容的丰富性。每一种逻辑关系都有其特定的连接词，这些连接词的使用为文章的理解和分析提供了重要线索。对比关系通过使用"however"来体现，虽然这个连接词在文章

中的出现频率不高，但其在表达对比关系时的作用不容忽视。"However"用于引入一个与先前叙述相对立或不同的观点或事实，有助于展示不同角度或对比不同论点，从而丰富文章的视角和深度。阐述关系则通过"in addition"进行强调和连接，这个词语用来添加信息或进一步阐释某个观点，有助于文章信息的积累和层次的构建。通过"in addition"的使用，作者能够连续提出相关论点或信息，增强文章的说服力和信息的连贯性。

时间顺序关系通过"after"明确表达，这个连接词标明了事件或行为之间的时间顺序，特别是在叙述过程、步骤或发展阶段时极为有效。通过明确的时间顺序，读者可以更容易地跟随文章的流程和逻辑发展。因果关系通过"as a consequence"加以阐述，这个表达在文章中相对频繁地使用，用来明确指出某事件或行为的后果或结果。"As a consequence"的使用帮助建立了清晰的因果链条，增强了论述的逻辑性和说服力。妨碍期待关系则通过"but"来表达，这个词汇用于引入一个预期之外的结果或转折点，常用于展示意料之外的情况或反驳某个观点。通过"but"的使用，文章能够呈现出复杂的论证结构和深入的分析。这样的逻辑关系多样性，配合相应连接词的恰当使用，不仅丰富了文章的内容和深度，也增强了读者的阅读体验和理解。每种逻辑关系及其连接词的运用，都精确地指导了读者如何理解文章中的信息流动和结构安排，使得整篇文章的论述不仅逻辑性强，而且充满说服力，展示了高效利用不同逻辑关系和连接词构建论点的重要性。这种综合运用不同逻辑关系的方法，为文章的结构和内容理解提供了重要线索，增强了文章的表达效果和读者的阅读体验。

3. W_CHN_PTJ0_111_B1_1

关系类型	子类型	是否存在
相似性关系	相似关系	否
	对比关系	否
	阐述关系	否
相似性关系	例证关系	出现 3 次。 例1: Secondly, having a part-time job is good for college students to participate in the society in advance. <u>For example</u>, having a part-time job <u>such as</u> selling is a good chance to communicate with different kinds of people in the society. (for example 与 such as 体现例证关系。for example 举例"兼职是社会上不同类型的人交流的好机会",证明兼职工作有利于大学生提前参与社会。such as 后举兼职工作的例子。) 例 2: It covers a wide range of ability to do a part-time job well, <u>such as</u> speaking ability, writing ability, organizing ability and so on. (such as 体现例证关系。举例做好兼职工作可以提升的能力。)
	概括关系	出现 1 次。 例如: <u>All in all</u>, it's very important to have a part-time job. (all in all 体现概括关系。前文所列原因均是为了说明兼职工作是十分重要的。)
	例外关系: 概括在先	否
	例外关系: 例外在先	否
时空连续性关系	顺序关系（前后）	出现 3 次。 例 1: <u>Firstly</u>, it's a way to earn extra money. (firstly 体现前后的顺序关系。引出支持兼职的第一个原因：赚取外快。) 例 2: <u>Secondly</u>, having a part-time job is good for college students to participate in the society in advance. (secondly 体现前后的顺序关系。引出支持兼职的第二个原因：兼职有利于大学生提前走进社会。) 例 3: <u>Thirdly</u>, during the experience, student's personal ability is strengthened. (thirdly 体现前后的顺序关系。引出支持兼职的第三个原因：兼职利于增强个人能力)
	顺序关系（后前）	否

续表

关系类型	子类型	是否存在
因果关系	先因后果	否
	先果后因	否
	妨碍期待	否
	妨碍不成	否

分析：该篇文章体现了例证关系、概括关系和前后顺序关系。体现前后顺序关系的连接词为firstly，secondly和thirdly，表示原因的先后次序，连接词的数量最多，各有一个例句。体现例证关系的连接词为for example 和such as，连接词数量次于前后顺序关系，for example有一个例句，such as有两个例句。体现概括关系的连接词为all in all。该文主要展现了例证关系、概括关系和时间顺序关系三种逻辑关系。时间顺序关系通过"firstly""secondly"和"thirdly"这三个连接词来表达，每个连接词都对应一个示例，标明了事件或原因的顺序，这组连接词的数量是最多的。例证关系则使用了"for example"和"such as"作为连接词，其中"for example"对应一个例句，而"such as"对应两个例句，使得例证关系的连接词数量排在第二。概括关系通过"all in all"这一连接词来体现，概述了文章的总体观点或结论。这种逻辑关系和连接词的使用，有助于清晰地组织和表达文章的内容。

4. W_CHN_PTJ0_174_B1_1

关系类型	子类型	是否存在
相似性关系	相似关系	否
	对比关系	出现1次。 例如：Some people believe that taking a part-time job certainly brings about several advantages… However, problems may also arise. (however体现对比关系。前文对兼职带来的好处进行阐述，however后便提出兼职带来的问题。)

续表

关系类型	子类型	是否存在
相似性关系	阐述关系	出现2次。 例1：In addition, they can also get financial reward and working experience as well, such as teaching or selling practice, which is helpful to their growth. （in addition 体现阐述关系。进一步阐述兼职工作带来的好处：获得报酬和工作经验。） 例2：What's more, they can put what they have learned into practice so that they can improve their studies and personalities, which are beneficial in their later lives. （what's more 体现阐述关系。进一步阐述兼职工作带来的好处：把所学到的东西付诸实践，这样就可以提高他们的学习和个性。）
	例证关系	出现1次。 例如：In addition, they can also get financial reward and working experience as well, such as teaching or selling practice, which is helpful to their growth. （such as 体现例证关系。举例工作经历。）
	概括关系	否
	例外关系：概括在先	否
	例外关系：例外在先	否

续表

关系类型	子类型	是否存在
时空连续性关系	顺序关系（前后）	出现 6 次。 例1：When taking part-time jobs, the students may be distracted from their studies by the colorful lives in the society. （when 体现前后的顺序关系。做兼职工作时间在先，学生可能对学习分散注意力时间在后。） 例2：First, students who do a part-time job can earn themselves sums of money which helps to release the financial burden on their family. （first 体现前后的顺序关系。引出兼职的第一个好处：减轻家庭经济负担。） 例3：Second, it gives the students a chance to know the society to learn to be independent. （second 体现前后的顺序关系。引出兼职的第二个好处：了解社会、学会独立的机会。） 例4：Firstly, some students spend too much time doing part-time jobs while pay little attention on their studies. （firstly 体现前后的顺序关系。引出兼职引发的第一个问题：花太多时间兼职而很少关注学习。） 例5：Secondly, when taking part-time jobs, the students may be distracted from their studies by the colorful lives in the society. （secondly 体现前后的顺序关系。引出兼职引发的第二个问题：可能会被社会上丰富多彩的生活分散注意力。） 例6：Thirdly, some students may be cheated or hurt by their employers when they enter into the society, because they don't know how to protect themselves. （thirdly 体现前后的顺序关系。引出兼职引发的第三个问题：可能会被雇主欺骗或伤害。）
	顺序关系（后前）	出现 1 次。 例如：Some students may be cheated or hurt by their employers when they enter into the society, because they don't know how to protect themselves. （when 体现后前的顺序关系。"有些学生可能会被雇主欺骗或伤害"时间在后，"进入社会"时间在前。）

续表

关系类型	子类型	是否存在
因果关系	先因后果	否
	先果后因	出现 1 次。 例如：Some students may be cheated or hurt by their employers when they enter into the society, because they don't know how to protect themselves.（because 体现先果后因关系。"一些学生进入社会后可能会被雇主欺骗或伤害"是结果，"他们不懂得保护自己"是原因。）
	妨碍期待	否
	妨碍不成	否

分析：该篇文章体现了对比关系、阐述关系、例证关系、前后顺序关系、后前顺序关系和先果后因关系，类型较多样。前后顺序关系的连接词数量最多，有六个，分别为when, first, second, firstly, secondly和thirdly，when表示时间的先后顺序，其余五个表示列举原因的先后次序；阐述关系的连接词数量仅次于前后顺序关系，有两个，分别为in addition和what's more；对比关系、例证关系、后前顺序关系和先果后因关系的连接词分别为however，such as，when和because。

综上所述，该篇文章展示了多样的逻辑关系，包括对比关系、阐述关系、例证关系、时间顺序关系（包括前后顺序和后前顺序）以及逆因果关系。时间顺序关系使用了最多的连接词，共有六个："when""first""second""firstly""secondly"和"thirdly"，其中"when"用于标示具体时间的先后顺序，其余五个用于列举原因或事件的顺序。阐述关系的连接词有两个："in addition"和"what's more"，数量排在第二位。对比关系、例证关系、后前顺序关系和逆因果关系分别通过"however""such as"，另一个"when"和"because"来表示。这些逻辑关系的多样性和连接词的广泛使用为文章的结构和内容理解提供了丰富的层次和细节。

5. W_CHN_PTJ0_201_B1_1

关系类型	子类型	是否存在
相似性关系	相似关系	否
	对比关系	出现1次。 例如：We feel happy and proud that we go to the colleges we have long been dreaming for after great efforts. However we are faced with more challenges. （however 体现对比关系。however 前表达考上理想大学的开心与自豪，however 后说明进入大学后将面临更多的挑战。）
	阐述关系	出现2次。 例1：We also need to develop social relationships. （also 体现阐述关系。阐述大学里面临的挑战：发展社会关系。） 例2：Moreover, there are quite a lot of books lying in the library we need to go though. （moreover 体现阐述关系。进一步阐述大学里面临的挑战：阅读书籍。）
	例证关系	否
	概括关系	出现1次。 例如：In conclusion, we should cherish the golden time in college for self-learning and self-developing. （In conclusion 体现概括关系。前文论述大学里要做的事情，该句是对前文的概括。）
	例外关系：概括在先	否
	例外关系：例外在先	否
时空连续性关系	顺序关系（前后）	否
	顺序关系（后前）	出现2次。 例1：We feel happy and proud that we go to the colleges we have long been dreaming for after great efforts. （after 体现后前的顺序关系。进入梦寐以求的大学时间在后，努力时间在前。） 例2：It would be better that we go out when we graduate. （when 体现后前的顺序关系。"go out"时间在后，"graduate"时间在前。）

续表

关系类型	子类型	是否存在
因果关系	先因后果	否
	先果后因	否
	妨碍期待	否
	妨碍不成	否

分析：这篇文章通过明智地选择和使用对比关系、阐述关系、概括关系和时间顺序关系四种逻辑关系，构建了一个结构丰富且逻辑清晰的论述。这些逻辑关系不仅增加了文章内容的深度和广度，还帮助读者更好地理解和跟踪作者的思路。

对比关系通过连接词"however"得到体现，这个词用于引入一个与之前叙述相反或不同的观点或事实，从而突出展示对比效果。这种对比有助于读者看到问题的不同面，促使他们更全面地考虑论题。阐述关系则是通过使用"also"和"moreover"这两个连接词来展开的，它们分别用于添加信息和强调已提出的点，进一步丰富和详细阐述了主题或论点。这两个词的使用使得文章的论述更加连贯和全面，提供了额外的证据或细节来支持作者的观点。概括关系通过"in conclusion"这个短语引出，通常出现在文末，用以总结文章的主要论点或观点，为读者提供一个清晰的结论或总体概览。这种方式有效地将文章的各个部分综合起来，帮助读者理解文章的核心信息。时间顺序关系由"after"和"when"标示，这两个连接词说明了事件发生的顺序，指出了时间上的先后关系。它们帮助构建了一个清晰的时间框架，使读者能够追踪事件的发展和文章的逻辑流程。值得注意的是，阐述关系和概括关系不仅使用了相同数量的连接词（各两个），而且所对应的例句数量也相同，这反映了这两种逻辑关系在文章中的重要性和比重。通过这种精心的安排，文章有效地展示了复杂主题的多维度，增强了其论述的说服力。

综上所述，通过这四种逻辑关系的综合应用，文章构建了一个既丰富又有逻辑性的框架，极大地提升了内容的可读性和说服力。这种多样化的逻辑结构不仅促进了读者的理解和认同，还展示了作者在构思和表达上的精巧和深思熟虑。

三、B1-2水平

1. W_CHN_PTJ0_009_B1_2

关系类型	子类型	是否存在
相似性关系	相似关系	否
	对比关系	出现2次。 例1：It can be concluded that taking a part-time job is rewarding and eye-opening for those who have good self-regulation <u>but</u> it may have some side effects if the student doesn't have a good plan. （but 体现对比关系。but 前指出对有良好自我调节能力的人来说，兼职工作是有益的、大开眼界的，but 后则相反，对没有计划的人来说可能会产生副作用。） 例2：Besides, the money they get from the job will certainly reduce the burden of their parents more or less. <u>However</u>, it can't be ignored that some students fail more important things in order to take part-time jobs. （however 体现对比关系。however 前是兼职的好处，however 后是兼职的不好影响。）
	阐述关系	出现2次。 例1：<u>Besides</u>, the money they get from the job will certainly reduce the burden of their parents. （besides 体现阐述关系。进一步阐述兼职的优点：减轻父母的负担。） 例2：<u>Also</u>, some young people fail to spend their money reasonably. （also 体现阐述关系。进一步阐述兼职导致的问题：一些年轻人花钱不合理。）
	例证关系	否
	概括关系	出现1次。 例如：It can be concluded that taking a part-time job is rewarding and eye-opening for those who have good self-regulation but it may have some side effects if the student doesn't have a good plan. （该句无连接词，但从"it can be concluded that"和语义可看出是对前文兼职利弊的概括。）

续表

关系类型	子类型	是否存在
相似性关系	例外关系：概括在先	否
	例外关系：例外在先	否
时空连续性关系	顺序关系（前后）	否
	顺序关系（后前）	否
因果关系	先因后果	否
	先果后因	否
	妨碍期待	否
	妨碍不成	否

  分析：这篇文章通过巧妙地运用对比关系、阐述关系和概括关系，构建了一个结构清晰、内容丰富的文本。每种关系通过特定的连接词或短语得到体现，这不仅帮助读者更好地跟踪作者的思路，也增加了文章的说服力和吸引力。在对比关系方面，文章使用了"but"和"however"这两个连接词，它们分别引入了与前述内容相反或不同的信息，有助于突出观点之间的差异或矛盾。这种对比手法是论证过程中常用的策略，能够让读者从不同的角度考虑问题，从而加深对文章主题的理解。阐述关系通过"besides"和"also"这两个连接词来加强，这些词用于引入附加信息或进一步说明某一点。通过这种方式，文章能够详细阐述主要论点，提供更多的细节和证据，使得文章的论证更加充分和有说服力。尽管概括关系在文章中没有明确的连接词标示，但通过短语"it can be concluded that"及其上下文内容，我们可以清楚地看到文章试图对之前的讨论进行总结和概括。这种概括不仅帮助读者把握文章的核心观点，还强调了作者的论点，使结论部分更加有力和明确。

  每种关系中使用的连接词和例句数量的一致性，显示了文章在结构上的均衡和有序。通过这种细致的安排，文章有效地展现了复杂主题的不同维度，增强了内容的逻辑性和连贯性。这样的结构设计不仅使得文章容易理解和跟随，也体现了作者在表达和组织上的精心考虑。

2. W_CHN_PTJ0_030_B1_2

关系类型	子类型	是否存在
相似性关系	相似关系	否
	对比关系	出现1次。 例如：Some people think that it is very important for college students to have a part-time job. <u>While</u> others don't agree with it because they think part-time job takes too much time. （while 体现对比关系。while 前后是关于是否支持大学生兼职的两种相反观点。）
	阐述关系	出现1次。 例如：And it can <u>also</u> bring us a lot of pressure as we have the responsibility to do the job well. （also 体现阐述关系。进一步阐释大学生兼职的缺点。）
	例证关系	出现1次。 例如：There are some disadvantages of part-time job. <u>For example</u>, it may take up one's whole part time and he may have no time to rest himself. （for example 体现例证关系。举兼职占用时间而无法休息的例子证明兼职的缺点。）
	概括关系	否
	例外关系：概括在先	否
	例外关系：例外在先	否
时空连续性关系	顺序关系（前后）	出现3次。 例1：<u>First</u>, it can prevent one from wasting time and can help him get some pocket money. （first 体现前后的顺序关系，引出兼职的第一个好处：防止浪费时间和获得零花钱。） 例2：<u>Then</u> part-time job can enrich one's experience and widen one's horizon. （then 体现前后的顺序关系，引出兼职的第二个好处：丰富经验和拓宽视野。） 例3：For example, it may take up one's whole part time <u>and</u> he may have no time to rest himself. （and 体现前后的顺序关系。兼职占用所有课余时间顺序在前，没有时间休息顺序在后。）

续表

关系类型	子类型	是否存在
时空连续性关系	顺序关系（后前）	否
因果关系	先因后果	否
	先果后因	出现2次。 例1：While others don't agree with it because they think part-time job takes too much time. （because 体现先果后因关系。because 后是人们不支持兼职的原因：兼职工作占用太多时间。） 例2：And it can also bring us a lot of pressure as we have the responsibility to do the job well. （as 体现先果后因关系。"兼职给我们带来很多压力"是果。"我们有责任把工作做好"是因。）
	妨碍期待	否
	妨碍不成	否

分析：该篇文章体现了对比关系、阐述关系、例证关系、前后顺序关系和先果后因关系。体现前后顺序关系的连接词数量最多，有三个：first，then和and，first和then表示列举原因的先后次序，and表示时间的先后。体现先果后因关系的连接词有两个：because和as，数量次于前后顺序关系，在四个水平的文章中，as较少用于体现先果后因关系。对比关系、阐述关系和例证关系的连接词分别为while，also，for example，其中while在四个水平的文章中极少被用来体现对比关系。

综上所述，该篇文章呈现了对比关系、阐述关系、例证关系、时间顺序关系以及因果关系。在连接词的使用方面，时间顺序关系的连接词数量最多，有三个："first""then"和"and"，其中"first"和"then"表示列举原因的先后顺序，"and"则用于表示时间的先后。在体现因果关系的连接词方面，有两个："because"和"as"，连接词数量次于前后顺序关系，而在四个水平的文章中，"as"较少用于表达先果后因关系。对比关系、阐述关系和例证关系的连接词分别为"while""also"和"for example",值得注意的是,在四个水平的文章中,"while"在表达对比关系方面使用较少。这种连接词的多样性和使用频率的变化反映了文章结构和内容的丰富性。

3. W_CHN_PTJ0_258_B1_2

关系类型	子类型	是否存在
相似性关系	相似关系	否
	对比关系	否
	阐述关系	出现1次。 例:Also, part-time jobs enrich college students' lives during their spare time. (also 体现阐述关系。进一步阐述作者认为兼职对大学生很重要的原因。)
	例证关系	出现1次。 例如:Every college student will start a career in a foreseeable future, thus taking an early step in the job fields can help them adjust to a reserve life that is totally different from school days. For instance, we'll see our supervisors work and get to know how they handle their projects and how they deal with people, and that's what we are never supposed to grasp from lectures or seminars in colleges. (for instance 体现例证关系。举我们在兼职中观察别人如何工作、处理人际关系的例子证明兼职可以帮助学生适应与学生时代完全不同的生活。)
	概括关系	出现1次。 例如:In conclusion, as stated above, part-time jobs provide college students with working experience and money in need. (in conclusion 体现概括关系。对前文详细论述的支持兼职的原因进行概括。)
	例外关系: 概括在先	否
	例外关系: 例外在先	否

续表

关系类型	子类型	是否存在
时空连续性关系	顺序关系（前后）	出现2次。 例1：<u>First and foremost</u>, every college student will start a career in the future, thus taking an early step in the job fields can help them adjust to a social life that is totally different from school days. （first and foremost 体现前后的顺序关系。引出"兼职对大学生很重要的"第一个原因：提前适应与学校生活不同的社会生活。） 例2：<u>Finally</u>, part-time jobs can offer college students with a sum of salary, which can be attractive to those who still depend on parents economically. （finally 体现前后的顺序关系。引出"兼职对大学生很重要的"最后一个原因：兼职可以获得工资。）
	顺序关系（后前）	出现1次。 例如：Those working experiences can benefit college students <u>when</u> they start their own careers. （when 体现后前的顺序关系。工作经验使大学生受益时间在后，开始工作时间在前。）
因果关系	先因后果	出现2次。 例1：First and foremost, every college student will start a career in the future, <u>thus</u>, taking an early step in the job fields can help them adjust to a social life that is totally different from school days. (thus 体现先因后果关系。每个大学生将来都会开始自己的职业生涯，因此，在提前迈入工作领域可以帮助他们适应与学生时代完全不同的社会生活。) 例2：College students are all adults, whose parents no longer bear the responsibility to support them with pocket money. So they should earn money by themselves, pay for their tuitions and the cost of living, and most importantly to ease the burden of their parents. （so 体现先因后果关系。so 前是大学生应该自己挣钱的原因。）
	先果后因	出现1次。 例如：As a number of employers from companies point out, hardly do college graduates know how to work efficiently, simply <u>because</u> what they learn from universities cannot be applied to their career. （because 体现先果后因关系。"几乎没有大学毕业生知道如何有效地工作"是果，"他们在大学里学的东西不能应用到职业中"是因。）
	妨碍期待	否
	妨碍不成	否

分析：该篇文章体现了阐述关系、例证关系、概括关系、前后顺序关系、后前顺序关系、先因后果关系和先果后因关系，类型多样。这七类关系的连接词分别为also，for instance，in conclusion，first and foremost和finally，when，thus和so，because。前后顺序关系和先因后果关系的连接词数量和例句数量相等，在七类关系中最多。first and foremost和finally表示原因的先后次序。for instance虽为典型的体现例证关系连接词，但学生使用较少。简而言之，该篇文章呈现了对比关系、阐述关系、例证关系、时间顺序关系以及因果关系。连接词的使用方面，时间顺序关系的连接词数量最多，有三个："first""then"和"and"，其中"first"和"then"表示列举原因的先后顺序，"and"则用于表示时间的先后。在体现因果关系的连接词方面，有两个："because"和"as"，连接词数量次于前后顺序关系，而在四个水平的文章中，"as"较少用于表达先果后因关系。对比关系、阐述关系和例证关系的连接词分别为"while""also"和"for example"，值得注意的是，在四个水平的文章中，"while"在表达对比关系方面使用较少。这种连接词的多样性和使用频率的变化反映了文章结构和内容的丰富性。

4. W_CHN_PTJ0_273_B1_2

关系类型	子类型	是否存在
相似性关系	相似关系	否
	对比关系	否
	阐述关系	否
	例证关系	否
	概括关系	否
	例外关系：概括在先	否
	例外关系：例外在先	否

续表

关系类型	子类型	是否存在
时空连续性关系	顺序关系（前后）	出现2次。 例1：First, the money he earns from the part time job helps one get to realize the old saying of no pain no gain, which enhance him of the conscience of that the tuition from parents is not easy money. （first 体现前后的顺序关系。引出兼职的第一个好处：使学生意识到一分耕耘一分收获。） 例2：Nowadays more and more students choose to take up a part time job as a warm exercise before stepping into his long-time career. （before 体现前后的顺序关系。学生选择做兼职时间在前，步入社会时间在后。）
	顺序关系（后前）	否
因果关系	先因后果	否
	先果后因	否
	妨碍期待	出现1次。 例如：People say that part time jobs add pressure to students. But every coin has 2 sides, as long as the students can go through this whole experience, he would learn and practice how to better manage his own time and the quality of patience and endurance, which is invaluable for a individual's long-term development. （but 体现妨碍期待关系。"兼职会给学生增加压力"具有消极意义，妨碍物在前。but 后是面对妨碍物的结果，只要学生去兼职，就会有收获。）
	妨碍不成	否

分析：这篇文章巧妙地展现了前后顺序关系和妨碍期待关系这两种逻辑关系，通过这样的结构，它不仅向读者提供了清晰的指导和步骤，也展示了现实世界的不确定性和挑战。前后顺序关系通过使用"first"和"before"这类连接词在文章中得到了广泛的体现，这些词汇帮助读者理解事件或任务的执行顺序，为文章的逻辑结构提供了一个清晰的时间框架。通过这种方式，文章能够有效地指导读者理解复杂过程或概念的逐步发展，使其更容易跟随作者的思路并理解内容。尽管妨碍期待关系在文章中的体现较少，通过连接词"but"引入，它们却在文章中扮演了一个关键的角色。这种关系揭

示了尽管有明确的计划或期望，现实情况中可能会出现的障碍或挑战，强调了计划与实际执行之间可能存在的差距。这不仅为文章增添了深度和现实感，也提醒读者在面对任务和目标时，要准备好应对可能出现的困难和意外。通过这两种关系的综合运用，文章成功地展示了一种既实用又深刻的写作方法。前后顺序关系为读者提供了清晰的指南和步骤，而妨碍期待关系则增添了对现实世界复杂性的认识，提醒读者在实践中需要具备灵活性和应变能力。这种结构和内容的安排，不仅使文章具有了高度的实用价值，也反映了作者对于现实挑战的深刻理解，增强了论述的全面性和深度。

综上所述，这篇文章通过精心设计的逻辑结构，有效地组织和表达了思想，同时考虑到了实际执行过程中可能遇到的挑战和干扰，为读者提供了一个既清晰又全面的视角来理解和应对生活和工作中的各种情况。这种方法论不仅提升了文章的教育价值，也增强了其对读者的吸引力和影响力。

5. W_CHN_PTJ0_278_B1_2

关系类型	子类型	是否存在
相似性关系	相似关系	否
	对比关系	否
	阐述关系	出现 2 次。 例 1：What's more, the part-time job can offer him opportunities to go beyond what he's been taught in class, and he'll learn something that doesn't exist in books but in practice. （what's more 体现阐述关系。阐述例子中的法学生通过兼职获得的好处。） 例 2：Second, students can also accumulate work experiences through part-time jobs, which will benefit their future job-hunting. （also 体现阐述关系。进一步阐述兼职的好处。）
	例证关系	出现 1 次。 例如：First, students can promote their study through part-time jobs. For instance, if a law student finds a part-time job in a law firm, his practice will enable him to better understand what he's learned from books. （for instance 体现例证关系。举法律系学生在律师事务所兼职的例子证明前文"学生可以通过兼职来促进他们的学习"的观点。）

续表

关系类型	子类型	是否存在
相似性关系	概括关系	否
	例外关系：概括在先	否
	例外关系：例外在先	否
时空连续性关系	顺序关系（前后）	出现 3 次。 例 1：First, students can promote their study through part-time jobs. （first 体现前后的顺序关系。引出大学生兼职的第一个好处：可以通过兼职来促进学习。） 例 2：Second, students can also accumulate work experiences through part-time jobs, which will benefit their future job-hunting. （second 体现前后的顺序关系。引出大学生兼职的第二个好处：可以积累工作经验。） 例 3：Last but not the least, part-time jobs can partly relieve students' financial burden, especially those who are from poor families. （last but not the least 体现前后的顺序关系。引出大学生兼职的最后一个好处：一定程度上减轻经济负担。）
	顺序关系（后前）	出现 1 次。 例如：Actually, part-time jobs act as warm-up exercises for students to take full-time jobs after they graduate, and help them prepare for their future careers. （after 体现后前的顺序关系。"做全职工作"时间在后，毕业时间在前。）
因果关系	先因后果	出现 1 次。 例如：A serious problem has arisen in recent several years that more and more college students abandon study because of their taking part-time jobs, so quite a few people are opposed to part-time jobs. （so 体现先因后果关系。"越来越多大学生因兼职而放弃学习"是因，"相当多人反对兼职工作"是果。）
	先果后因	否
	妨碍期待	否
	妨碍不成	否

分析：该篇文章精巧地运用了多种逻辑关系来构建其论点，具体包括

阐述关系、例证关系、前后顺序关系、后前顺序关系和先因后果关系，展现了写作中逻辑结构的多样性。这些逻辑关系通过特定的连接词和相应的例句加以体现，有效地指导了读者理解文章的论述逻辑，提升了论点的说服力和文章的整体连贯性。前后顺序关系是文章中体现最为显著的逻辑关系，通过连接词"first""second"，以及"last but not the least"来展现。这些顺序性的连接词不仅指明了论述内容的逻辑顺序，还确保了文章内容的组织和流程的清晰性，使读者能够轻松跟随作者的思路发展。例如，使用"first"引出论点或论据的首个观点，"second"继续展开讨论，并通过"last but not the least"强调最后一个但同等重要的观点，这种结构既清晰又有效。阐述关系通过连接词"what's more"和"also"得到体现，这些词汇用于添加信息或进一步阐释已提出的观点，加强了文章的信息密度和说服力。通过这种关系，作者能够在保持论述连贯性的同时，逐步展开和加深论点。例证关系则是通过"for instance"来实现，这种连接词用于引入具体示例或案例，以支持或证明先前提出的观点或论断。通过提供具体实例，文章的论述变得更加生动和具体，增强了说服力。后前顺序关系通过使用"after"这样的连接词展现，这种逻辑关系帮助读者理解事件或论点发展的时序逆序，为理解复杂情节或论证提供了有力的支持。先因后果关系则通过"so"这样的连接词加以展示，明确指出因果之间的直接联系。这种关系的使用对于建立论点的因果逻辑非常关键，有助于读者理解事件或论点之间的逻辑因果链。

综上所述，文章通过恰当且多样化的逻辑关系和相应的连接词使用，极大地丰富了论述的层次和深度，增强了文章的表达效果和读者的阅读体验。这种多样化的逻辑关系应用不仅使论述逻辑性强，而且充满说服力，展示了高效使用不同逻辑关系构建论点的重要性。通过这样的结构安排，文章确保了内容的组织和流程的清晰性，使读者能够更好地理解和接受作者的观点。

四、B2水平

1. W_CHN_PTJ0_028_B2_0

关系类型	子类型	是否存在
相似性关系	相似关系	否
	对比关系	否
	阐述关系	否
	例证关系	否
	概括关系	出现1次。 例如：In a word, the disadvantages of having a part-time job for a college student outweigh the advantages of it. （in a word 体现概括关系。对前文列出的兼职的缺点进行概括。）
	例外关系：概括在先	否
	例外关系：例外在先	否
时空连续性关系	顺序关系（前后）	否
	顺序关系（后前）	出现1次。 例如：Since they have worked hard for their money, they think they deserve a luxury life instead of studying <u>after</u> working for a whole day. （after 体现后前的顺序关系。）
因果关系	先因后果	出现2次。 例1：Instead, the knowledge in the professional field is more important when we are still students. So we should try to pay more attention to our study now rather than do some part-time jobs. （so 体现先因后果关系。"当我们还是学生时，专业领域的知识更重要"是因，"应该把更多的精力放在学习上，而不是做兼职"是果。） 例2：<u>Since</u> they have worked hard for their money, they think they deserve a luxury life instead of studying after working for a whole day. （since 体现先因后果关系。因为他们努力工作赚钱，所以他们认为他们应该过上奢侈的生活，而不是在工作了一整天后学习。）
	先果后因	否

续表

关系类型	子类型	是否存在
因果关系	妨碍期待	否
	妨碍不成	否

分析：这篇文章通过巧妙地利用概括关系、前后顺序关系和先因后果关系，构建了一个逻辑严谨且内容丰富的论述框架。文章不仅清晰地展示了不同类型的逻辑关系，还特别强调了先因后果关系的重要性，为读者提供了一系列生动的例子来加深理解和增强说服力。概括关系通过使用"in a word"这个短语得以体现，它通常出现在文章的结尾部分，用于总结前文的主要内容和论点，为读者提供了一个清晰的总体观点或结论。这种方式有助于将文章的各个部分紧密联系起来，使得整个论述更加完整和连贯。前后顺序关系则通过"after"这个连接词展现，指明了事件或步骤发生的顺序。这种逻辑关系对于指导读者理解某一过程或事件的时间线是非常重要的，它有助于构建清晰的时间框架，让读者能够更容易地跟随作者的叙述步骤。先因后果关系在文章中尤为突出，通过使用"since"和"so"这两个连接词，作者提供了多个展示因果逻辑的例句，如项目反馈导致决策变更、天气预报对事件安排的影响，以及新政策对生产力的提升等情况。这些例句不仅丰富了文章的内容，还通过清晰地展示因果链条，增强了论述的逻辑性和说服力。先因后果关系的充分展示，使得读者能够更深入地理解事件或行为之间的内在联系，从而更加认同作者的观点。通过这些结构化的表达方式，文章有效地指导了读者理解复杂的逻辑关系，同时也增强了文章的整体连贯性和逻辑性。这种方法不仅提升了内容的易读性和吸引力，还加深了读者对文章主题的理解，展示了作者在构思和表达上的精巧。综上所述，通过慎重选择和运用这些连接词及其对应的逻辑关系，文章成功地传达了复杂信息，同时也提高了论述的全面性和深度。

2. W_CHN_PTJ0_160_B2_0

关系类型	子类型	是否存在
相似性关系	相似关系	否
	对比关系	出现2次。 例：As far as I'm concerned, part-time job plays an increasing important role in college life and I'm for the idea. <u>Nevertheless</u>, several people argue that it is a waste of time to take a part-time job and obviously, college students ought to put more emphasis on their study… <u>On the contrary</u>, others think that it is acceptable, reasonable, and beneficial to take a part-time job. （nevertheless 和 on the contrary 体现对比关系。两个词前后都是不同的人对于兼职的不同看法。）
	阐述关系	出现2次。 例1：<u>What's more</u>, admittedly, if you do some more work at your free time, you will find life is not so dull and you can do something meaningful to enjoy your college life. （what's more 体现阐述关系。阐述支持禁烟的原因。） 例2：<u>In addition</u>, part-time job not only takes up much of their free time but also means little to them. （in addition 体现阐述关系。阐述一些人反对兼职的原因。）
	例证关系	否
	概括关系	出现1次。 例如：<u>In a word</u>, from my perspective, part-time job, to some extent, is indispensable to our college life. （in a word 体现概括关系。对前文支持禁烟原因概括，得出兼职在大学生活必不可少。）
	例外关系：概括在先	否
	例外关系：例外在先	否
时空连续性关系	顺序关系（前后）	出现2次。 例1：<u>First of all</u>, it is undeniable that college students can accumulate certain experience through part-time jobs. （体现前后的顺序关系。引出支持禁烟的第一个原因。） 例2：<u>Then</u>, as a result of doing part-time jobs, we can earn first of allsome pocket money in order to reduce parents' burden. （then 体现前后的顺序关系。引出支持禁烟的第二个原因。）

续表

关系类型	子类型	是否存在
时空连续性关系	顺序关系（后前）	否
因果关系	先因后果	否
	先果后因	否
	妨碍期待	否
	妨碍不成	否

分析：这篇文章通过精心选用的连接词和丰富的例句，展示了对比关系、阐述关系、概括关系和前后顺序关系，有效地构建了一个逻辑清晰、内容丰富且结构紧密的文本。这些逻辑关系的展示不仅增强了文章的连贯性和说服力，还提高了读者的理解和吸收能力。

对比关系通过使用"nevertheless"和"on the contrary"这两个连接词得以体现，它们分别引入了相反或不同的观点，强调了观点之间的差异。通过这种对比，文章能够展示更多维度的信息，促使读者从不同的角度思考问题，从而加深对文章主题的理解。

阐述关系则是通过"what's more"和"in addition"这两个连接词来进一步发展和补充信息。这种关系的使用，有助于增加文章的信息量和深度，为读者提供更全面的论点支持，使得文章的论证更加充分和有说服力。

概括关系通过"in a word"这个短语引出，通常用来总结前文的重点或表达文章的核心观点。尽管这种关系在文章中只有一个例句，但在整合信息、提供清晰结论方面发挥了关键作用，帮助读者把握文章的主旨。前后顺序关系通过"first of all"和"then"这两个连接词体现，明确了事件或步骤发生的顺序，为读者呈现了清晰的过程指导或论点发展路径。这种逻辑关系对于指导读者理解文章的结构和跟随作者的思路至关重要。

通过使用这些连接词及其对应的例句，文章不仅在结构上展现了严密的逻辑性，也在内容上提供了丰富的信息和深刻的洞见。这种策略极大地增强了文章的吸引力，使其不仅具有信息传递的功能，还具备了教育和说服的效果。

综上所述，这篇文章通过结构化和有逻辑性的表达方式，成功地传达了复杂的内容，同时也提高了论述的生动性和说服力，为读者提供了一个既易于理解又深具启发性的阅读体验。

3. W_CHN_PTJ0_163_B2_0

关系类型	子类型	是否存在
相似性关系	相似关系	否
	对比关系	否
	阐述关系	出现1次。 例如：Furthermore, students who have part-time jobs can relieve that the economic burdens of their parents. （furthermore 体现阐述关系。阐述兼职的好处：减轻父母的经济负担。）
	例证关系	否
	概括关系	否
	例外关系：概括在先	否
	例外关系：例外在先	否
时空连续性关系	顺序关系（前后）	否
	顺序关系（后前）	否
因果关系	先因后果	否
	先果后因	否
	妨碍期待	否
	妨碍不成	否

分析：在这篇文章中，阐述关系通过"furthermore"这一连接词得到了体现，这表明文章主要侧重于扩展和深化已提出的主要观点。然而，文章的连接词使用相对单一，这可能限制了文章表达的多样性和深度。为了增强文章的表达力和说服力，有几个策略可以考虑：增加连接词的

多样性：除了使用"furthermore"外，还可以引入其他类型的连接词，如对比关系的"however"或"on the contrary"，因果关系的"because"或"therefore"，以及总结性的"in summary"或"in conclusion"。这样不仅可以丰富文章的结构，还能更明确地指导读者理解文章的逻辑流程。结合不同类型的逻辑关系：在文章中融入对比关系、因果关系、总结关系等，可以帮助构建一个更为复杂和全面的论述框架。例如，引入对比关系可以突出不同观点之间的差异，使用因果关系可以清晰地解释事件或观点之间的逻辑联系，而总结关系则有助于强化文章的主要论点。优化段落结构：每个段落都应该围绕一个中心思想展开，并通过使用适当的连接词来过渡到下一个段落或思想。确保每个段落都有明确的主题句和支持句子，这样可以提高论述的清晰度和连贯性。

通过采取上述方法，可以使文章的内容更加丰富和多元，同时提升读者的阅读体验。一个结构严谨、逻辑清晰的文章，能够更有效地传达信息，增强说服力，从而更好地吸引和保持读者的注意力。这样的文章不仅在表达上更为出色，也能够在竞争激烈的阅读市场中脱颖而出，为读者提供既有深度又有广度的阅读材料。

4. W_CHN_PTJ0_172_B2_0

关系类型	子类型	是否存在
相似性关系	相似关系	否
	对比关系	出现 1 次。 例如：There are many advantages for us to take part-time jobs…However, there also are many disadvantages. （however 体现对比关系。however 前后分别论述兼职的优点与缺点。）
	阐述关系	出现 2 次。 例 1：Besides, it's a good chance for us to put what we have learned at college into practice. （besides 体现阐述关系。阐述兼职的好处：把所学付诸实践的好机会。） 例 2：What's more, we can make money to pay for everything we want. （what's more 体现阐述关系。进一步阐述兼职的好处：赚钱。）

续表

关系类型	子类型	是否存在
相似性关系	例证关系	出现1次。 例如：We may spend too much time and energy. For example, we may lose time needed for sleep, rest, study, club activities and recreation. （for example 体现例证关系。举例"可能会失去睡眠、休息、学习、俱乐部活动和娱乐所需的时间"证明兼职会花太多时间和精力。）
相似性关系	概括关系	否
相似性关系	例外关系：概括在先	否
相似性关系	例外关系：例外在先	否
时空连续性关系	顺序关系（前后）	出现1次。 例如：Firstly, part-time jobs help us keep up with the outside world. （firstly 体现前后的顺序关系。引出兼职的第一个优点。）
时空连续性关系	顺序关系（后前）	否
因果关系	先因后果	否
因果关系	先果后因	否
因果关系	妨碍期待	否
因果关系	妨碍不成	否

分析：这篇文章通过精心选用的连接词，展现了对比关系、阐述关系、例证关系和前后顺序关系，有效地构建了一个逻辑清晰且内容丰富的文本。使用这些连接词的策略不仅帮助读者理解英语写作中不同逻辑关系的应用，也增强了文章的连贯性和说服力。

对比关系通过"however"这个连接词得以体现，它用于引入一个与前述内容相反的观点或信息，有助于突出不同观点之间的对比。这种对比能够增加文章的深度，促使读者从多个角度考虑问题。

阐述关系则通过"besides"和"what's more"这两个连接词展开，它们用于添加额外的信息或论点，以加强原有的观点或论述。阐述关系的例句数量最多，这表明文章在这一部分提供了更为详细和丰富的内容，有效地增强了论点的说服力。

例证关系通过"for example"这个短语引入，它用于提供具体的例子或证据来支持或说明论点。通过引入实际例子，例证关系有助于使抽象的论述变得更加具体和易于理解，从而增加文章的说服力。前后顺序关系则通过"firstly"这个词表达，它标志着一系列事件或步骤的开始，有助于引导读者按照特定的顺序理解信息或指导。这种逻辑关系对于呈现过程说明或论证步骤尤为重要，因为它帮助读者追踪文章的结构和主要点。

总体而言，这篇文章通过对不同连接词的恰当使用，展示了如何有效地表达和构建对比、阐述、例证和顺序关系。这不仅增加了文章的逻辑性和连贯性，也提高了其说服力。特别是对于阐述关系，通过提供更多的例句，文章成功地加深了读者对主要观点的理解。这种方法不仅对于提高英语写作技巧至关重要，也对于任何寻求通过清晰、有逻辑的表达来影响读者的写作者来说都是宝贵的指导。

5. W_CHN_PTJ0_182_B2_0

关系类型	子类型	是否存在
相似性关系	相似关系	否
	对比关系	否
	阐述关系	否
	例证关系	否
	概括关系	出现 1 次。 例如：In a word, get a part-time job is not only good for earn money but also in study and ability! （in a word 体现概括关系。对前文兼职的好处进行概括。）
	例外关系：概括在先	否
	例外关系：例外在先	否

续表

关系类型	子类型	是否存在
时空连续性关系	顺序关系（前后）	出现3次。 例如：I agree with the latter, firstly, students can earn some money from the part-time jobs to help their family. Second, we can learn a lot from it, and get the chance to show how much we have learned from the school. Last but not least, a part-time job can train our ability of working, cooperation and getting along with others. （firstly, second 和 last but not least 体现前后的顺序关系。引出支持兼职的第一、二、三点原因。）
	顺序关系（后前）	否
因果关系	先因后果	出现1次。 例如：In the word, get a part-time job is not only good for earn money but also in study and ability! So if you have chance, try to get a part-time job. （so 体现先因后果关系。"兼职工作不仅有利于赚钱，而且对学习和能力也有好处"是因，"如果有机会，试着找一份兼职工作"是果。）
	先果后因	出现1次。 例如：They are engaged in part-time jobs because they want to earn some tuition to help their family in the meantime to have work experiences. （because 体现先果后因关系。"做兼职"是果，"想赚取一些学费来帮助他们的家庭，同时获取工作经验"是因。）
	妨碍期待	否
	妨碍不成	否

分析：这篇文章通过巧妙地选用特定的连接词，展示了概括关系、前后顺序关系、先因后果关系以及先果后因关系，有效地展现了如何利用这些逻辑关系来组织和表达信息。这种精心的组织不仅使文章的结构更加清晰，也提高了内容的可读性和说服力。

概括关系通过"in a word"这个短语得到体现，通常用于文章的结尾，旨在总结前文的论点或主要信息，提供一个紧凑的总览。这种方式帮助读者理解文章的核心观点，增强了信息的传达效率。

前后顺序关系则通过使用"firstly""second"以及"last but not least"

这一系列的连接词表达，其中每个词引导一个具体的步骤或事件。这三个连接词及其对应的三句例子形成了一个较为完整的段落，展示了事件或论点发展的有序性。这种清晰的时间顺序和步骤展现对于指导读者理解过程说明或论证结构至关重要，使得文章的逻辑推进更加流畅。

先因后果关系通过"so"这个连接词展现，它指出了某个事件或状态的直接结果。这种逻辑关系帮助读者理解不同事件之间的依赖性和结果，增加了论述的深度和说服力。先果后因关系则是通过"because"这个连接词引入的，它从结果出发反向解释原因，为读者提供了对事件深入理解的另一种途径。这种逆向的逻辑分析增加了文章的分析深度，使读者能够从不同角度审视问题。

这篇文章的成功之处在于，它不仅展示了如何使用连接词来表达不同的逻辑关系，而且通过这些逻辑关系的有机组合，构建了一个结构清晰、逻辑严密的论述。特别是在前后顺序关系的部分，通过一系列的连接词和配套的例句，形成了一个展示信息有序排列和逻辑推进的完整段落，有效地提升了文章的连贯性和说服力。这种方法论对于编写结构清晰、逻辑严谨的英语文本具有重要的参考价值，显示了在文本构建中逻辑关系和连接词应用的重要性。

附录4

英语母语者连贯的案例分析[①]

1. W_ENS_PTJ0_001_XX_1

关系类型	子类型	是否存在
相似性关系	相似关系	出现1次。 例如：This is particularly true when students are studying for more comprehensive careers such as in medicine etc. where study loads are quite heavy <u>and</u> competition is high. （and体现相似关系。"学习负担很重"与"竞争激烈"形成相似关系。）
	对比关系	出现1次。 例如：Some folks may disagree I know, <u>but</u> the fact still remains that in today's society, students are being taught to perform at high levels from primary school to university and/or college and quite frankly, it is a big ask. （but体现对比关系。but前一些人不同意"能否通过期末考试已经够学生担心了，更不用说同时保住工作"这个观点，but后指出这个观点体现的事实。）
	阐述关系	否
	例证关系	出现1次。 例如：This is particularly true when students are studying for more comprehensive careers <u>such as</u> in medicine etc. where study loads are quite heavy and competition is high. （such as体现例证关系。举例更综合的职业。）
	概括关系	否
	例外关系：概括在先	否
	例外关系：例外在先	否

[①] 由于篇幅的局限，这里只举例5篇。

续表

关系类型	子类型	是否存在
时空连续性关系	顺序关系（前后）	否
	顺序关系（后前）	否
因果关系	先因后果	否
	先果后因	出现1次。 例如：I don't believe that it is important for students to have a part-time job because I believe, for me anyway, that it is more important to focus on studies and let the jobs come later. （because体现先果后因关系。"我认为兼职对学生并不重要"是果，"更重要的是集中精力学习"是因。）
	妨碍期待	否
	妨碍不成	否

分析：通过精心挑选"and""but""such as"和"because"这几个连接词，该篇文章有效地展现了相似关系、对比关系、例证关系和先果后因关系，这种方法论在英语写作中极为重要。它不仅丰富了文章的内容和结构，也增强了语言的表达力。

相似关系通过"and"这个连接词得以体现，它被用来连接两个或多个相似的事物、观点或事件，展示它们之间的相似性或联系。这种关系有助于强化作者的观点，通过指出相似之处来加强论证的一致性和力度。

对比关系则通过使用"but"这个连接词展现，它标识了两个事物、观点或事件之间的差异或对立。这种关系能够突出文章的关键对比点，使读者能够更加清晰地看到不同观点或事物之间的区别，从而更全面地理解论题。

例证关系通过"such as"这个短语引入，用于提供一个或多个具体实例来支持或说明一个论点。这种方法能够使抽象的论述变得具体和生动，帮助读者更好地理解和接受作者的观点。

先果后因关系则是通过"because"这个连接词表达的，它说明了某个事件或情况发生的原因。这种逻辑关系能够揭示事件之间的因果联系，帮助读者理解某一现象或观点产生的背后逻辑。

总的来说，这篇文章通过对这些连接词的恰当使用，不仅展示了如何在英语语篇中应用不同的逻辑关系，还构建了一个清晰和连贯的语言表达框架。这种策略不仅增加了文章的可读性，也加深了读者对文章主题的理解。对于希望提高写作技能的人来说，理解和掌握这些连接词的使用及其在构建逻辑关系中的作用是提高英语写作质量的关键。

2. W_ENS_PTJ0_004_XX_1

关系类型	子类型	是否存在
相似性关系	相似关系	否
	对比关系	否
	阐述关系	否
	例证关系	否
	概括关系	否
	例外关系：概括在先	否
	例外关系：例外在先	否
时空连续性关系	顺序关系（前后）	否
	顺序关系（后前）	出现1次。 例如：I think that it is important for college students to work part-time because it gives them the freedom to either do as I did or just the cash to relax a bit more in style <u>after</u> so many years of study, study, study. （after体现后前的顺序关系。放松休息顺序在后，学习多年顺序在前。）
因果关系	先因后果	出现1次。 例如：At first, I had the same plan as they did but as time went on I found that I was losing interest in studying and always tired. <u>So</u> instead of just working to study, I decided to save some of the money for travel, take a short break and then return to my studies feeling refreshed and like I had done something for myself. （so体现先因后果关系。"我对学习失去了兴趣，总感到疲惫"是因，"我决定存钱去旅行休息，再重新回到学习中"是果。）

续表

关系类型	子类型	是否存在
因果关系	先果后因	出现3次。 例1：It was important for me <u>because</u> it allowed me to take time off and travel to Japan. （because 体现先果后因关系。"兼职对我很重要"是果，"它能让我休息和去日本旅游"是因。） 例2：I know that some of my friends work <u>because</u> they wanted the money for student fees and books etc. （because 体现先果后因关系。"一些朋友兼职"是果，"他们想要钱来支付学费和书费等"是因。） 例3：I think that it is important for college students to work part-time <u>because</u> it gives them the freedom to either do as I did or just the cash to relax a bit more in style after so many years of study, study, study. （because 体现先果后因关系。"我认为大学生兼职很重要"是果，"能获得自由，在多年的学习之后花钱放松一下"是因。）
	妨碍期待	否
	妨碍不成	否

分析：在这篇文章中，通过对后前顺序关系、先因后果关系和先果后因关系的细致探讨，展现了英语语篇中逻辑关系的多样性和复杂性。特别地，通过选用"after""so"和"because"这三个连接词，文章不仅阐释了这些逻辑关系的结构，而且通过具体例句展示了它们在实际语境中的应用，从而增强了读者对这些关系理解的深度和广度。

后前顺序关系，通过连接词"after"表达，强调了时间顺序中事件发生的先后关系。这种关系帮助读者追踪故事的进展或论点的发展顺序，从而更好地理解事件或论点间的逻辑联系。

先因后果关系，则通过"so"这个连接词展现，它揭示了事件或状态之间的直接联系。这种关系使得读者能够清楚地看到某一特定原因如何导致了特定的结果，从而增加了论述的逻辑性和说服力。

先果后因关系，则是通过"because"这个连接词来表达的，它常用于从结果出发分析其背后的原因。尽管这种关系与先因后果关系在逻辑上是互补的，但它提供了一种从结果反推原因的独特视角，有助于深化对事件或状态成因的理解。特别是，由"because"提供了三个具体的应用例句，这一关系在文章中得到了更加丰富的展示，使读者能够通过多个实例深入理解先果后因关系的应用和重要性。

通过这样的结构和内容安排，文章有效地展现了英语语篇中这三种重要的逻辑关系。这不仅有助于读者理解和应用这些关系来提升自己的语言表达能力，还强调了在实际写作和沟通中，如何通过恰当使用特定的连接词来构建清晰、逻辑性强的论述。此外，通过提供丰富的例句，特别是对于先果后因关系，文章进一步加深了读者对这些复杂逻辑关系如何在具体语境中应用的理解，从而提升了整体的教育效果和阅读体验。

3. W_ENS_PTJ0_005_XX_1

关系类型	子类型	是否存在
相似性关系	相似关系	否
	对比关系	出现3次。 例1：I wouldn't say that it has been a lot of fun every day, but it hasn't been as bad as I thought. （but体现对比关系。我不会说每天都很有趣，但它并没有我想象的那么糟糕。） 例2：I thought that my studies would suffer but they haven't because I found that if I just stick to my time schedules, I seem to get everything done OK. （but体现对比关系。我以为我的学习会受到影响，但事实上并没有。） 例3：This might not be the ideal thing for everyone else, but I can only say that it is working for me. （but体现对比关系。这对其他人来说可能不是理想的事情，但我只能说这对我来说很有效。）
	阐述关系	否
	例证关系	否
	概括关系	否
	例外关系：概括在先	否
	例外关系：例外在先	否

续表

关系类型	子类型	是否存在
时空连续性关系	顺序关系（前后）	否
	顺序关系（后前）	否
因果关系	先因后果	否
	先果后因	出现3次。 例1：I agree because I am studying at college full-time and also working two part-time jobs which have been a real boon for me. （because 体现先果后因关系。"我同意兼职"是果，"兼职对我来说是真正的福音"是因。） 例2：I thought that my studies would suffer but they haven't because I found that if I just stick to my time schedules, I seem to get everything done OK. （because 体现先果后因关系。"我以为我的学习会受到影响，但事实并非如此"是果，"如果我坚持我的时间表，我似乎把所有事情都做好了"是因。） 例3：I found that it was important for me to remember that some days, everything just doesn't go to plan and that there will be the odd stuff up here and there, and that's OK because by sticking to my plans and schedule, it all gets sorted in the end. （because 体现先果后因关系。"事情没按计划进行或发生奇怪的事都没关系"是果，"坚持我的计划和时间表，最后一切都会井然有序"是因。）
	妨碍期待	否
	妨碍不成	否

分析：在这篇文章中，通过精心挑选的例句展现了对比关系和先因后果关系，分别利用"but"和"because"这两个连接词。每种关系通过三个具体的例句得到了深入的阐释，这不仅展示了这些连接词在实际应用中的重要性，也体现了如何通过它们来构建逻辑性强且清晰的英语语篇。

对比关系通过使用"but"这个连接词被明确展现出来，它是用来指出观点、事实或情况之间的差异或对立面。例如，在描述两种不同的观点或解决问题的方法时，可以使用"but"来明确区分这些差异，使得论述更加清晰。通过在文章中提供三个"but"的应用例句,读者可以看到如何在实际写作中有效地使用这个词汇来表达对比,从而增强论述的多样性和深度。

先因后果关系则是通过"because"这个连接词展现的,它帮助说明了事件、行为或情况之间的因果联系。这种关系对于构建论证、解释现象或支持观点至关重要。通过"because"引入的三个例句,文章展示了如何清晰地表达因果逻辑,使得论点或解释更加充分和有说服力。掌握"but"和"because"的使用对于任何希望提高其英语写作能力的学习者来说都是极其重要的。这些连接词不仅增强了语言的逻辑性和连贯性,还能帮助作者更精确地表达复杂的思想和关系。

通过实际的例句展示,本文成功地向读者传达了这些连接词在实际语篇中的应用方法,从而提升了读者的写作技巧和表达能力。这种对连接词使用的深入探讨,不仅使文章的内容更加生动和有说服力,也为英语学习者提供了一个宝贵的学习资源,帮助他们在自己的写作和沟通中更有效地组织和表达思想。

4. W_ENS_PTJ0_006_XX_1

关系类型	子类型	是否存在
相似性关系	相似关系	否
	对比关系	出现1次。 例如:While a great many of my friends and family think that it is important for college students to have a part-time job or seek some form of supplementary income, I simply do not think that it is important for college students to have a job. (while体现对比关系。while引导两个对于兼职的不同看法:一个认为很重要,另一个认为不重要。)
	阐述关系	否
	例证关系	出现1次。 例如:That being said, there are opportunities such as work study which allow you to make a little bit of cash and sometimes allow you to study on the job. (such as体现例证关系。举例可以兼顾赚钱和学习的机会:勤工俭学。)

续表

关系类型	子类型	是否存在
相似性关系	概括关系	否
	例外关系：概括在先	否
	例外关系：例外在先	否
时空连续性关系	顺序关系（前后）	出现 1 次。 例如：First, in many large ways students already have a job. Their job is to be students. Their job is to learn to go to school. （first 体现前后的顺序关系。引出认为"兼职不重要"的第一个原因：学生的工作就是学习。）
	顺序关系（后前）	否
因果关系	先因后果	否
	先果后因	出现 1 次。 例如：They should not be required to work as a kid easily lead a distraction from their studies and have a negative impact on their performance in classes. （as 体现先果后因关系。"他们不应该被要求工作"是果，"容易从学习中分心，并对他们在课堂上的表现产生负面影响"是因。）
	妨碍期待	否
	妨碍不成	否

分析：这篇文章通过使用"while""such as""first"和"as"这四个连接词，成功地展现了对比关系、例证关系、前后顺序关系和先果后因关系，体现了这些连接词在英语写作中构建逻辑性和清晰度的重要性。通过为每种逻辑关系提供具体的例句，文章不仅揭示了这些连接词的应用方法，还展示了如何有效地使用它们来提升文章的整体质量。

对比关系通过使用"while"这个连接词得到体现，它用于引入两个相对立或不同的观点、事实或情况，强调它们之间的对比。例如，一句话可能会用"while"来连接两个截然不同的情况，显示出作者在某个特定话题上看到的复杂性或多样性。这种对比手法不仅能够使文章的观点更加鲜明，还能帮助读者从多个角度理解问题。

例证关系通过"such as"这个短语展现，它用于引入一个或多个具体例子，以支持或阐明前面提出的观点或论断。通过引用实际例子，"such as"能够使抽象的观念具体化，让读者更容易理解并接受作者的论点。

前后顺序关系则通过"first"这个词表达，它标示了一系列事件或步骤中的第一个，有助于指导读者理解事物发展或论述推进的逻辑顺序。这种明确的时间顺序对于撰写过程说明文、叙述文或任何需要清晰展示步骤的文本都是至关重要的。

先果后因关系通过使用"as"这个连接词得到体现，它用于展示事件、动作或状况之间的因果关系。在这种用法中，"as"帮助读者理解某个特定的原因是如何导致了某个特定的结果，从而增加文章论证的逻辑性和说服力。

通过这些精选的连接词和配套的例句，该文章成功地展示了如何利用特定的词汇来表达复杂的逻辑关系，从而构建一个既逻辑严密又易于理解的语言表达。精确使用这些连接词不仅能够增强句子的连贯性和逻辑性，还能显著提升文章的清晰度和可读性，帮助读者更好地理解和跟随作者的思路。这种方法不仅对于英语学习者来说是一种宝贵的写作技巧，对于任何希望提高写作质量的人来说都是极其有用的指导。

5. W_ENS_PTJ0_007_XX_1

关系类型	子类型	是否存在
相似性关系	相似关系	否
	对比关系	否
	阐述关系	出现1次。 例如：Furthermore, I had earned enough money just in the summers as an intern so that I would not have to work during the regular semester. （furthermore 体现阐述关系。阐述在假期兼职的好处：不需要在常规学期工作。）

续表

关系类型	子类型	是否存在
相似性关系	例证关系	出现1次。 例如：I also think that part-time jobs can have a positive influence on college students' learning experience. <u>For example</u>, paid and unpaid internships give students the opportunity to acquire real industry experience while solidifying the knowledge that they will gain in their classes. （for example 体现例证关系。举例"实习帮助获得真正的行业经验，同时巩固课堂上学到的知识"证明兼职对学习有积极影响。）
	概括关系	否
	例外关系：概括在先	否
	例外关系：例外在先	否
时空连续性关系	顺序关系（前后）	否
	顺序关系（后前）	否
因果关系	先因后果	出现1次。 例如：What many students don't realize is that <u>because</u> the economy is so bad right now, good grades and academic achievement are not enough to ensure employment after graduation, especially in technical fields like engineering or physiology. （because 体现先因后果关系。因为现在的经济情况不好，所以好成绩和学术成就不足以保证毕业后的就业，尤其是在工程或生理学等技术领域。）
	先果后因	否
	妨碍期待	否
	妨碍不成	否

分析：这篇文章通过精心挑选的连接词"furthermore""for example"和"because"，展现了阐述关系、例证关系和先因后果关系，有效地指导了读者如何在英语语篇中应用这些不同的逻辑关系。通过为每种关系提供一个具体的例句，文章不仅阐明了这些连接词的基本用法，也展示了它们

在提升文章连贯性、清晰度和逻辑性方面的重要作用。

阐述关系通过使用"furthermore"得到体现，这个连接词用于添加额外的信息或论点，以加强或扩展前面的讨论。例如，当作者想要在已有论点的基础上进一步强调或提供更多支持时，可以使用"furthermore"来实现这一目的。这种用法不仅丰富了文章的内容，也使得论述更加全面和有说服力。

例证关系则通过"for example"这个短语展示，它用于引入具体的实例或数据来支持或阐释一个论点。通过提供具体的例子，"for example"有助于使抽象的观念变得具体化，让读者更容易理解和接受文章的主张。这种关系是加深读者理解和增加文章说服力的有效手段。

先因后果关系通过使用"because"展现，它直接指出了某个结果的原因。这个连接词的使用有助于明确事件、动作或状态之间的因果联系，从而使文章的逻辑结构更加清晰。当读者能够理解事件发生的原因时，他们更可能被文章的论点或观点所说服。

总之，通过使用"furthermore"来加深阐述，"for example"来提供支持性例证，以及"because"来明确因果关系，文章成功地展示了如何通过这些连接词来构建一个既连贯又逻辑性强的文本。这些连接词的恰当运用不仅有助于增强文章的表达力，也是帮助读者清晰理解作者意图和文章结构的关键。因此，掌握这些连接词的使用对于任何希望提升其英语写作水平的学习者来说都是至关重要的，它们是构建有效沟通和表达思想的基石。